尼山薩蠻傳

Nšnisan Saman I Bithe

莊吉發譯注

滿　語　叢　刊
文史哲出版社印行

國家圖書館出版品預行編目資料

尼山薩蠻傳=Nšnisan Saman I Bithe / 莊吉發譯注 -- 增訂再版. -- 臺北市：文史哲, 民 106.05
頁： 公分.（滿語叢刊；12）
ISBN 978-986-314-371-0 (平裝)

539.528　　106009057

滿 語 叢 刊 12

尼 山 薩 蠻 傳

Nšnisan Saman I Bithe

譯注者：莊吉發
出版者：文史哲出版社
http:// www.lapen.com.tw
e-mail:lapen@ms74.hinet.net
登記證字號：行政院新聞局版臺業字五三三七號
發行人：彭正雄
發行所：文史哲出版社
印刷者：文史哲出版社
臺北市羅斯福路一段七十二巷四號
郵政劃撥帳號：一六一八〇一七五
電話886-2-23511028・傳真886-2-23965656

實價新臺幣三〇〇元

民國六十六年（1993）三月初版
民國一〇六年（2017）五月增訂再版

ISBN 978-986-314-371-0　　65112

尼山薩蠻傳

NIŠAN SAMAN I BITHE

序

薩蠻，或作薩滿，或作珊蠻，或作薩瑪，滿洲語讀如 *saman* 。徐珂編著「清稗類鈔」，以其教旨與佛氏相似，而疑其爲「沙門」之音轉（註一）。惟所謂薩蠻，意卽巫人，或稱祝神人。所以名其爲教者，則爲歐美學者對此一類宗教型態所用之學名。薩蠻信仰，卽人類對天與自然及靈魂崇拜中最古之一種宗教型態。胡耐安撰「邊疆宗教概述」一文指出薩蠻係屬於原始教型，亦卽屬於巫之範疇，惟非出自西南巫。薩蠻原係東北亞以迄西亞草原族群之共同信仰，以西伯利亞爲傳播中心區，而向四周伸展（註二）。伊利阿第（*Dr.Mircea Eliade*）所撰「薩蠻教」文中則謂薩蠻教雖在北極地方及北亞細亞地區之宗教中表現最爲完整，惟其範圍實不限於前述區域，卽印尼、北美洲印第安人之部落及印度南部孟達人之中，皆有薩蠻教之流傳。此外自古代印度、中國、波斯與塞族之中，亦可見其蹤跡（註三）。中國史籍中述及薩蠻信仰者亦屢見不鮮，「多桑蒙古史」曾云：

「珊蠻者，其幼稚宗教之教師也，兼幻人、解夢人、卜人、星者、醫師於一身。此輩自以各有其親狎之神靈，告彼以過去、現在、未來之秘密。擊鼓誦咒，逐漸激昂，以至迷罔。及至神靈附身也，則舞躍瞑眩，妄言吉凶，人生大事，皆詢此輩巫師，信之甚切。設其預言不實，則謂有使其術無效之原因，人亦信之。」（註四）

古代蒙古人相信人之死亡，即由此世渡至彼世，其生活與此世相同。人類災禍，乃因惡鬼爲厲所致，故求薩蠻禳之。相傳成吉思汗曾請薩蠻，以與上天往來。窩闊台汗得疾時，亦曾命薩蠻卜之。薩蠻告以其疾乃金國山川之神爲祟，窩闊台汗許以人民財寶等物禳之，但卜之不從，其疾愈重。蒙古人信仰薩蠻，由來固早，即維吾兒人之信奉薩蠻，亦淵源有自。「多桑蒙古史」附錄「世界侵略者傳」及「史集」二書所載維吾兒人之信仰云：

「當時畏吾兒人信仰名曰珊蠻之術士，與今之蒙古人同。珊蠻自言術能役鬼，鬼能以外事來告。我曾以此事質之多人，諸人皆言聞有鬼由天窗入帳幕中，與此輩珊蠻共話之事。有時且憑於此輩術士之身，蒙古人愚闇，頗信珊蠻之語。即在現時，成吉思汗系諸王多信仰其人，凡有大事，非經其珊蠻與星者意見一致者不行，此輩術士兼治疾病。」（註五）

自從蒙古人皈依佛教，維吾兒人改宗伊斯蘭教後，呼倫貝爾、貝加爾湖及東北亞通古斯族聚居地區，皆深染其習。亞古德人、索倫人、達呼爾人、鄂倫春人、布里雅特人、布特哈人、塔塔爾人、都干人、二腰子、黑斤人即赫哲人等迷信薩蠻尤甚（註六）。其中塔塔爾人內又有白薩蠻與黑薩蠻之分，前者與天神往來，後者則與鬼魂連繫（註七）。清代宮庭中有一種「薩蠻太太」，宮中發生邪祟之事時，即由「薩蠻太太」降神作法袚除。此外，年時節令亦由「薩蠻太太」降神作法（註八）。

薩蠻曾立三界：上界爲諸神所居，中界爲人類所居，下界爲惡魔所居。上界又分七層或九重，其主神爲玉皇大帝，統治無量數恒河沙世界，具無量數恒河沙智慧，不現形體，不著跡象，居於上界最高處，以下諸天，則百神以次居之。下界惡魔頭目爲閻羅王，主罰罪人，威覆人世。玉皇大帝恐其肆虐於人類，時遣諸神省察之，以防其惡行。薩蠻居於中界而通於上下界，能爲人禱於天神，以求庇護，又可與閻羅王相通，以收回人之魂靈。迷信薩蠻者，相信人之有疾病，乃因人於夢寐之際，魂靈飛越，若爲鬼魔捕獲，久而不釋，則其人必死。薩蠻祖先在下界，曾以子孫爲閻羅王侍者，故薩蠻凡有建白，皆可與閻羅王直接相通。薩蠻相信有一種「世界之樹」，此樹爲天、地與冥府交通之樞軸，薩蠻魂靈出竅後即藉「世界之樹」而昇天，或入冥府（註九）。

薩蠻治病，或占卜疑難時，皆需穿著特異之服裝，然後作法。「龍沙紀略」記載薩蠻降神作法之情景云：

> 降神之巫曰薩滿，帽如兜鍪，緣檐垂五色繒條，長蔽面，繒外懸二小鏡，如兩目狀，著絳布裙。鼓聲闐然，應節而舞。其法之最異者，能舞鳥於室，飛鏡驅祟。又能以鏡治疾，遍體摩之，遇病則陷肉不可拔，一振蕩之，骨節皆鳴，而病去矣。」
>
> （註一〇）

薩蠻作法治病情形，「黑龍江外紀」記載亦詳：

「達呼爾病，必曰祖宗見怪，召薩瑪跳神禳之。薩瑪擊太平鼓作歌，病者親族和之，詞不甚了了，尾聲似曰耶格耶。無分晝夜，徹四鄰。薩瑪曰祖宗要馬，則殺馬以祭，要牛則椎牛以祭。至於驪黃牝牡，一唯其命，往往有殺無算而病人死家亦敗者。然續有人病，無牛馬，猶殺山羊以祭，薩瑪之令終不敢違。伊徹滿洲病，亦請薩瑪跳神，而請札林一人爲之相。札林，唱神歌者也，祭以羊腥用鯉。薩瑪降神亦擊鼓。神來則薩瑪無本色，如老虎神來猙獰，媽媽神來嘍咻，姑娘神來靦覥，各因所憑而肖之。然後札林跽陳祈神救命意，薩瑪則啜羊血嚼鯉，執刀鎗白梃，卽病者腹上指畫，而默誦之，病可小愈，然不能必其不死。小兒病，其母黎明以杓擊門大呼兒名曰博德珠，如是七言，數日病輒愈，謂之叫魂，處處有之。博德珠，家來之謂。」（註一一）

「伊徹滿洲」，滿文讀如 *ice manju*，意卽新滿洲。「博德珠」係滿洲語 *boo de jio* 之音譯，札林，滿文讀如 *jari*，意卽唱神歌之人。

尼山薩蠻傳（*nišan saman i bithe*）係以北亞部族薩蠻觀念爲基礎之文學作品。原書爲滿文書寫之手稿本，不僅爲探討北亞民俗之罕見作品，且爲研究滿洲方言之珍貴資料。韓國明知大學成百仁教授譯註「滿洲薩蠻神歌」序文中於尼山薩蠻傳手稿本發現之經過，敍述甚詳。一九〇八年，俄羅斯滿文教授格勒本兹可夫（*A.V。Grebenščikov*），自史密德（*P。P，Šmidt*）處獲悉有尼山薩蠻傳手稿後，即赴滿洲尋覓，於數年內先後獲得三種手稿本。一九〇八年，所獲第一種手稿本，係得自齊齊哈爾東北默色爾（*Meiser*）村滿洲人能德山青克哩（*Nèndèšan Čžinkeri*）處。此即齊齊哈爾手稿本，計二十三葉，每葉長一七公分，寬八．三公分，每葉五行。格勒本茲可夫將其裝裱在大型素紙上，以便保存。齊齊哈爾手稿本之第一個特徵爲敍述簡單，其故事內容係自出外打圍之奴僕爲員外帶回其子死訊開始，至尼山薩蠻向蒙古爾代爲員外之子爭取壽限爲終結。第二個特徵爲滿文單語之使用方法，與一般滿文之習慣不同，有時可將動詞之現在式、過去式及副動詞之語尾，脫離動詞之語幹。一九〇九年，格勒本茲可夫又在愛琿附近，自滿洲人德新格（*Desinge*）處獲得第二種手稿本，此即愛琿手稿本，計二卷，五十葉，每葉十二行，長二四公分，寬二一．五公分。在第二卷之末附有墨筆所繪穿著完整服裝之尼山薩蠻畫像（見附圖）。第一卷，理論性之敍述較多，文筆流暢，惟開端部分敍述簡略，其內容係以員外之子在野外身故上擔架爲開端。第二卷，敍述簡略，且欠流暢。一九一三年，格勒本茲可夫又獲得第三種手稿本。成百仁教授指出此手稿原爲教授滿文之滿洲人德克登額之手稿。德克登額在弗拉第夫斯托克（*Vladivostok*）就記憶所及書寫成稿後交與格勒本茲可夫。第三手稿本計九十三葉，每葉十二行，長二一．八公分，寬七公分。以墨色油布爲封面，係西式裝本。封面居中書明「尼山薩蠻傳一册」（*nišan saman i bithe emu debtelin*），右方書明「教習蔔老爺的」（*tacibukū ge looye ningge*），左方以鉛筆書明「弗拉第夫斯托克，一九一三。」或因第三手稿本原爲葛老爺所有。此手稿本內容與前述二種手稿本大略相同，惟其開端與結尾，與前二種手稿本略異。民國六十三年，成百仁教授曾將尼山薩蠻傳第三手稿本譯成韓文，書名題爲「滿洲薩蠻神歌」。譯本之末附有滿文原稿景印本，本書即據該景印本譯出漢文，爲便於查閱原稿，復將該稿景印出版，逐頁注出羅馬拼音，單字意義，然後譯成漢文，滿漢對照，其疏漏及未逮之處，尚望方家不吝教正。本書漢文譯稿，承　胡格金台先生詳加訂正，並蒙漢城檀國大學辛勝夏教授將漢文譯稿與韓文譯本對照校閱，無任銘感，謹此誌謝。

中華民國六十六年三月一日

莊　吉　發　識

註　　　釋

（註　一）徐珂編著「清稗類鈔」宗教類，頁六四。民國五十五年六月，臺灣商務印書館。

（註　二）胡耐安撰「邊疆宗教概述」，見「邊疆論文集」第二冊，頁九七四。民國五十三年一月，國防研究院。

（註　三）伊利亞第（*Dr. Mircea Eliade*）撰，札奇斯欽譯「薩蠻教」，見「新思潮」第四十五期，頁一〇八。民國四十四年一月，中華文化出版事業委員會。

（註　四）多桑著，馮承鈞譯「多桑蒙古史」第一卷，第一章，頁三三。民國五十四年八月，臺灣商務印書館。

（註　五）同前書，第一卷，附錄五，頁一八一。

（註　六）劉義棠著「中國邊疆民族史」，頁六六三，民國五十八年十一月，中華書局；魏聲龢著「吉林地理記要」下卷，頁二四，中華書局；「清稗類鈔」，宗教類，頁六四。

（註　七）「薩蠻教」，「新思潮」第四十五期，頁一一〇。

（註　八）「邊疆宗教概述」，「邊疆論文集」，第二冊，頁九七五。

（註　九）「新思潮」第四十五期，頁一一四。

（註一〇）方式濟撰「龍沙紀略」，見「明清史料彙編」，初集，第八冊，頁二三。民國五十六年三月，文海出版社。

（註一一）西清著「黑龍江外紀」，「小方壺齋輿地叢鈔」（六）頁四〇一。民國五十一年四月，廣文書局。

滿 洲 字 母 表

共通字母

母音字

	獨立	語頭	語中	語尾
a	ᠠ	ᠠ	ᠠ	ᠠ ᠠ
e	ᡝ	ᡝ	ᡝ	ᡝ ᡝ
i	ᡳ ᡳ	ᡳ	ᡳ	ᡳ
o	ᠣ	ᠣ	ᠣ	ᠣ ᠣ
u	ᡠ	ᡠ	ᡠ	ᡠ ᡠ
ū	ᡡ	ᡡ	ᡡ	ᡡ

子音字

	語頭	語中	語尾
n	ᠨ	ᠨ ᠨ	ᠨ ᠨ
k	ᡴ (a, o, ū) ᡴ (e, i, u)	ᡴ ᡴ ᡴ	ᡴ ᡴ
g	ᡤ (a, o, ū) ᡤ (e, i, u)	ᡤ ᡤ	—
h	ᡥ (a, o, ū) ᡥ (e, i, u)	ᡥ ᡥ	—
b	ᠪ	ᠪ	ᠪ
p	ᡦ	ᡦ	—
s	ᠰ	ᠰ	ᠰ
š	ᡧ	ᡧ	—
t	ᡨ (a, i, o) ᡨ (e, u, ū)	ᡨ ᡨ ᡨ	ᡨ
d	ᡩ (a, i, o) ᡩ (e, u)	ᡩ ᡩ	—
l	ᠯ	ᠯ	ᠯ
m	ᠮ	ᠮ	ᠮ
c	ᠴ	ᠴ	—
j	ᠵ	ᠵ	—
y	ᠶ	ᠶ	—
r	ᡵ	ᡵ	ᡵ
f	ᡶ (a, e) ᡶ (i, o, u)	ᡶ (a, e) ᡶ (i, o, u)	—
w	ᠸ (a, e)	ᠸ (a, e)	—
ng	—	ᠩ	ᠩ

特殊字

	獨立	語頭	語中	語尾
k'	—	ᠺ	ᠺ	—
g'	—	ᡬ	ᡬ	—
h'	—	ᡭ	ᡭ	—
ts'	—	ᡮ	ᡮ	—
ts'y	ᡮᡟ	ᡮᡟ	ᡮᡟ	ᡮᡟ
dz (dzy)	ᡯ	ᡯ	ᡯ	ᡯ
ž	—	ᡰ	—	—
sy	ᠰᡟ	ᠰᡟ	ᠰᡟ	ᠰᡟ
c'	—	ᡱ	ᡱ	—
j'	—	ᡷ	ᡷ	—

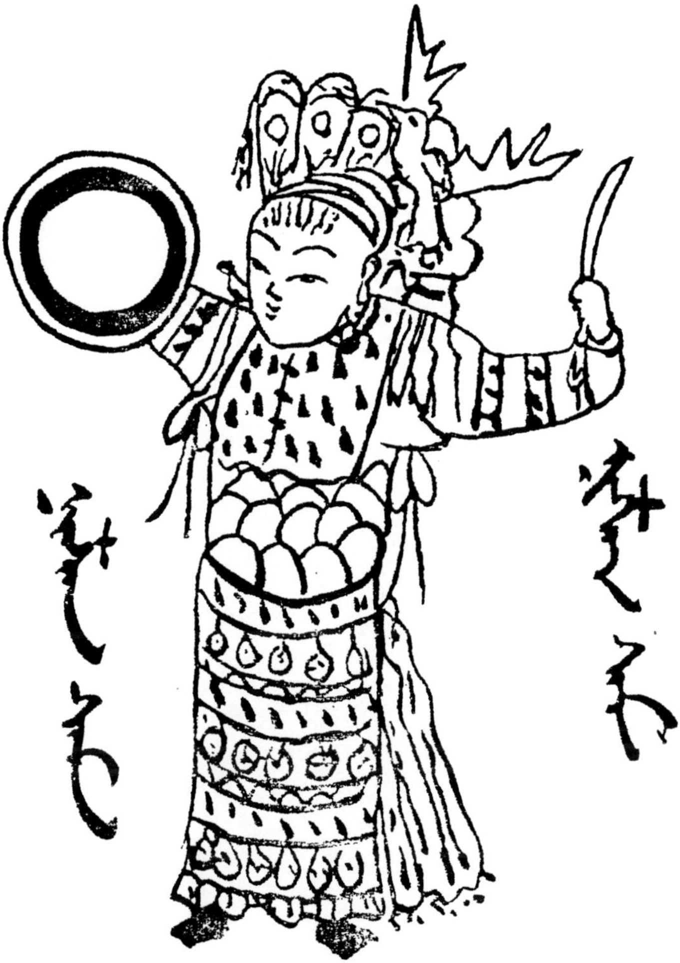

附圖　薩蠻畫像

原載愛琿手稿本第二卷

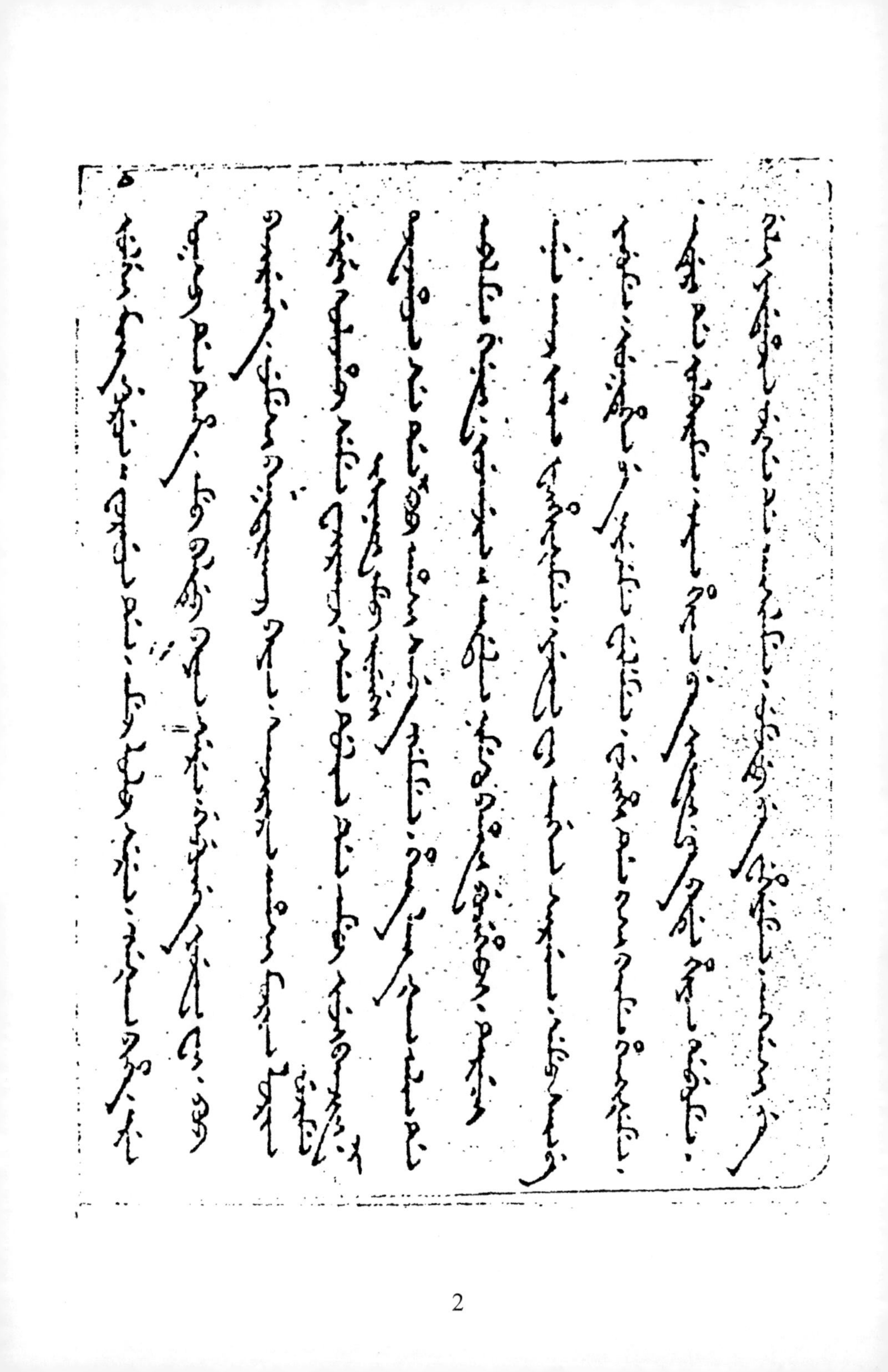

julgei ming gurun i forgon de, emu lolo sere, gašan bihe,
古的 明 國 的 時節 於 一 羅洛 說是 鄉村 來着
ere tokso de tehe, emu baldu bayan sere, gebungge yuwan
此 村 莊 於 住了 一 巴爾杜 巴 顏 說是 有名的 員
wai, boo banjirengge, umesi baktarakū bayan, takūrara
外 家 生活的 極 容不下 富 使喚的
ahasi morin lorin jergi toloho seme wajirakū, se dulin
奴僕們 馬 騾 等 數 云 不 完 歲 一半
de emu jui banjifi, ujime tofohon se de isinafi emu
於 一 子 生 了 養 十 五 歲 於 至 一
inenggi boo ahasi sabe gamame, heng lang šan alin
日 家 奴 僕 們 把 們 拿 橫 攔 山 山
de abalame genefi, jugūn i andala nimeku bahafi
於 打 圍 去 了 路 的 半 途 病 得 了
bucehebi, tereci enen akū jalin facihiyašame, yuwan wai
死 了 其後 子嗣 無 爲 焦 急 員 外
eigen sargan, damu sain be yabume, juktehen be niyeceme
夫 妻 祇 善 把 行 廟 把 修補
weileme, fucihi de kesi baime hengkišeme, enduri
造 佛 於 恩 求 連 叩 頭 神
de jalbarame, ayan hiyan be jafafi, ba bade hiyan
於 祝 禱 芸 香 香 把 拿 了 處 處 香
dabume, geli yadahūn urse de aisilame, umudu be
點 火 又 貧 窮 衆人 於 援 助 孤兒 把
wehiyeme, anggasi be
扶 助 寡 婦 把

在從前明朝的時候，有一個叫做羅洛的鄉村，住在這個村莊的是一位名叫 已爾杜巴顏的員外（注 1），家裏生活的非常富裕，使喚的奴僕馬騾等數也數不完，中年時生了一子，養到十五歲時，有一天帶著家員外夫妻衹行善事，修造寺廟，向佛膜拜求恩，向神祈禱，拿了芸裏的奴僕們到橫攔山去打圍，途中得病死了，其後為無子嗣而焦急香，到處燒香，又幫助貧窮的人，扶助孤兒，救護家婦，

在从前明朝的时候，有一个叫做罗洛的乡村，住在这个村庄的是一位名叫已尔杜巴颜的员外（注 1），家里生活的非常富裕，使唤的奴仆马骡等数也数不完，中年时生了一子，养到十五岁时，有一天带着家员外夫妻只行善事，修造寺庙，向佛膜拜求恩，向神祈祷，拿了芸里的奴仆们到横拦山去打围，途中得病死了，其后为无子嗣而焦急香，到处烧香，又帮助贫穷的人，扶助孤兑，救护家妇，

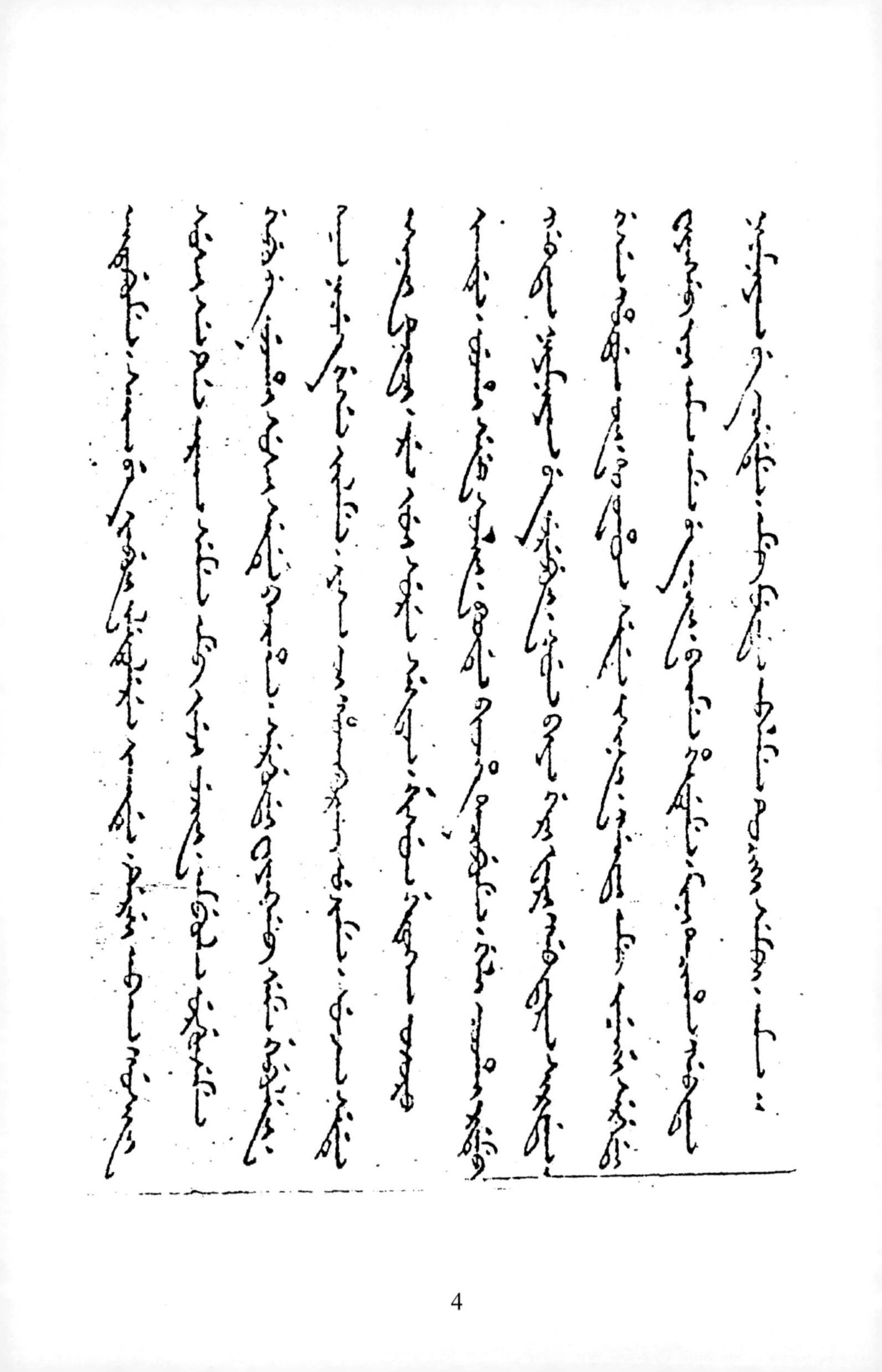

[illegible]

aitubume, sain be yabufi iletulere jakade, dergi
救護 善把 行了 彰顯 之故 上
abka gosifi susai se de arkan seme emu jui ujifi
天 眷愛 五十 歲 於 好容易 云 一 子 養了
ambula urgunjeme gebu be uthai susai sede banjiha,
廣大 喜悅 名把 就 五十 於歲 生的
sergudai fiyanggo seme gebulefi, tana nicuke gese
色爾古代費揚古 云 命名 東珠 珍珠 似
jilame yasa ci hokobulakū ujime, sunja sede
慈愛着 眼 從 不使離去 養着 五 於歲
isinafi tuwaci, ere jui sure sektun, gisun getuken ojoro
到了 看時 此 子 聰明 伶俐 言語 明白 因爲
jakade uthai sefu solifi, boode bithe tacibume, geli
之故 就 師傅 請了 在家 書 教着 又
coohai erdemu gabtan niyamniyan be urebufi, šun biya
武 德藝 步射 馬箭 把使熟練 日 月
geri fari gabtara sirdan i gese hodon ofi, tofohon sede
倏 忽 射的 箭 的 似 速 因 十五 於歲
isinafi, gaitai emu inenggi sergudai fiyanggo ini ama
到了 忽然 一 日 色爾古代費揚古 他的 父
eme be acafi, baime hendume, mini taciha gabtan
母 把 會見了 求 說 我的 學的 步射
niyamniyan be cendeme, emu mudan abalame tuciki
馬箭 把 試看 一 次 打圍 欲出
sembi, ama i
云 父 的

因行善彰

因行善彰顯，所以上天垂愛，五十歲時好容易地得了一子，極為歡喜，就把名字命名所生的色爾古代費揚古（注 2)。愛如珍珠，（注 3)，不讓他離開眼睛地著，到了五歲時看來這個兒子聰明伶俐，言語明白，因此就聘請了師傅，在家裏教書，又練習武藝步射馬箭。日月忽，疾如射箭（注 4)，到了十五歲時，忽然有一天已爾古代費揚古見了他的父母，懇求說：試看我所學的步射馬箭，想出去打圍一次，不知父親的

因行善彰显，所以上天垂爱，五十岁时好容易地得了一子，极为欢喜，就把名字命名所生的色尔古代费扬古（注 2)。爱如珍珠，（注 3)，不让他离开眼睛地着，到了五岁时看来这个儿子聪明伶俐，言语明白，因此就聘请了师傅，在家里教书，又练习武艺步射马箭。日月倏忽，疾如射箭（注 4)，到了十五岁时，忽然有一天已尔古代费扬古见了他的父母，恳求说：试看我所学的步射马箭，想出去打围一次，不知父亲的

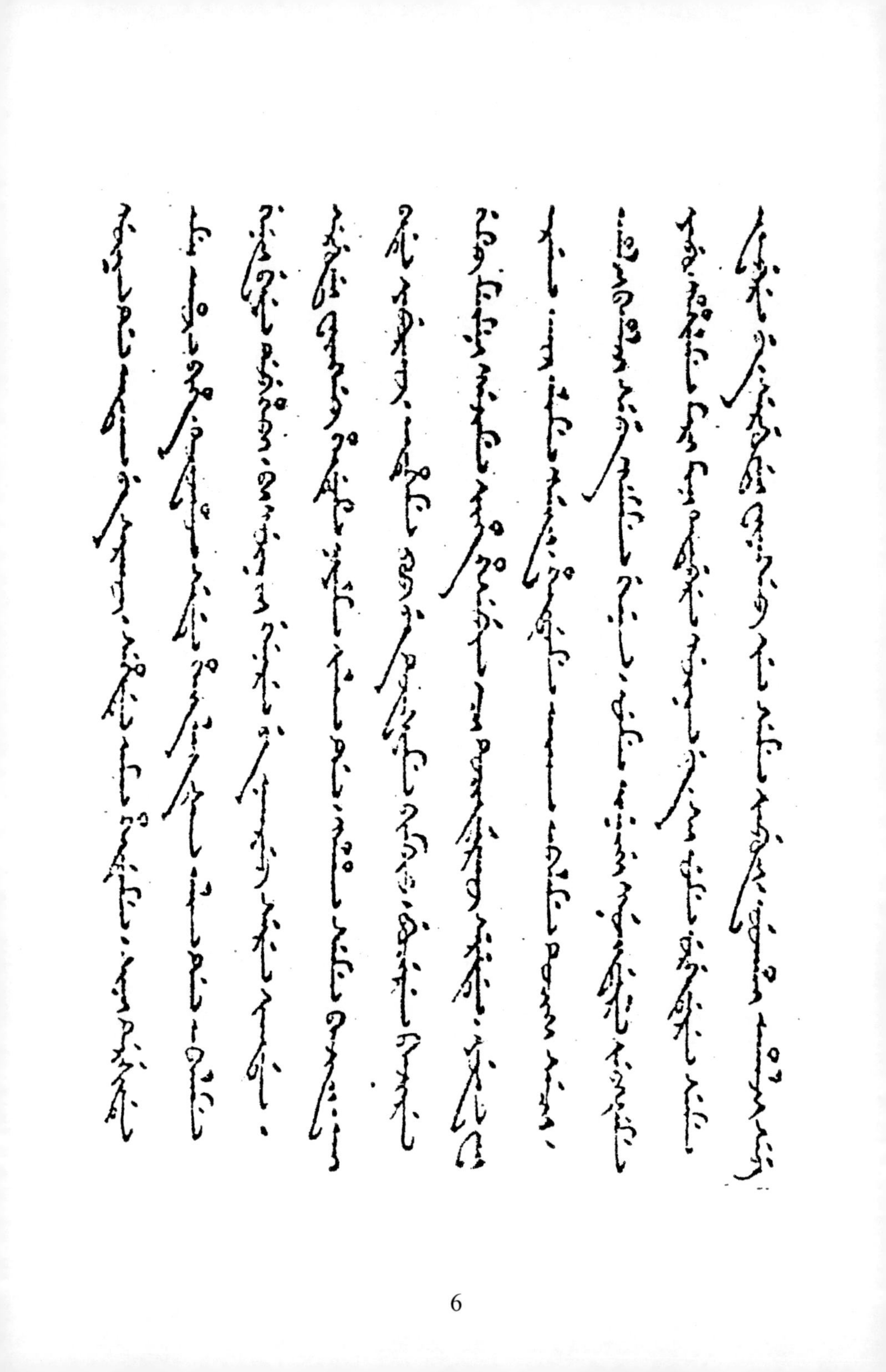

gūnin de antaka be sarakū, sehede ama hendume, sini
意 於 何 如 把 不 知 說了時 父 說 你的
dergide emu ahūn bihe, tofohon sede heng lang šan alin
於上 一 兄 來着 十 五 於歲 橫 攔 山 山
de abalame genefi beye dubehebi, bi gūnici genere be
於 打圍 去了 身 終了 我 想來 去 把
nakareo sere jakade, sergudai fiyanggo hendume niyalma
停止罷說是 之故 色爾古代費揚古 說 人
jalan de, haha seme banjifi, ai bade yaburakū,
世 於 男 云 生了 何 於地 不走
enteheme boo be tuwakiyame bimbio bucere banjire gemu
永久 家把 看守 在嗎 死 生 皆
meimeni gajime jihe hesebun ci tucinderakū serede,
各自 拿來 來了 命 從 不出 說時
yuwan wai arga akū alime gaifi, hendume aika abalame
員 外 計無 受 接 說 若是 打圍
tuciki seci, ahalji bahalji sebe gamame gene, ume
欲出 若說 阿哈爾濟 巴哈爾濟 把們 拿去 去 不要
inenggi goidara jebkešeme yabu, hahilame mari mini
日 遲久 謹防 行 趕緊令轉回 我的
tatabure gūnin be, si ume urgedere seme afabure be,
懸 念 把 你 勿 辜負 云 交付 把
sergudai fiyanggo je seme jabufi, uthai ahalji sebe
色爾古代 費揚古 是 云 回答 就 阿哈爾濟 把們

意思如何？父親說：在你的上面原來有一位哥哥，十五歲時到橫攔山去打圍身終，我想不必去吧！色爾古代費揚古說：人在世上，生為男子，何處不行走，永遠守著家嗎？死生都逃不出各自帶來的命運。員外沒法子接受了，交待說：若是想要出去打圍時，帶著阿哈爾濟、巴哈爾濟等去吧！日子不要久，小心而行，趕緊回來，你不要辜負我的掛念。色爾古代費揚古回答說：是，就喚阿哈爾濟等

意思如何？父亲说：在你的上面原来有一位哥哥，十五岁时到横拦山去打围身终，我想不必去吧！色尔古代费扬古说：人在世上，生为男子，何处不行走，永远守着家吗？死生都逃不出各自带来的命运。员外没法子接受了，交待说：若是想要出去打围时，带着阿哈尔济、巴哈尔济等去吧！日子不要久，小心而行，赶紧回来，你不要辜负我的挂念。色尔古代费扬古回答说：是，就唤阿哈尔济等

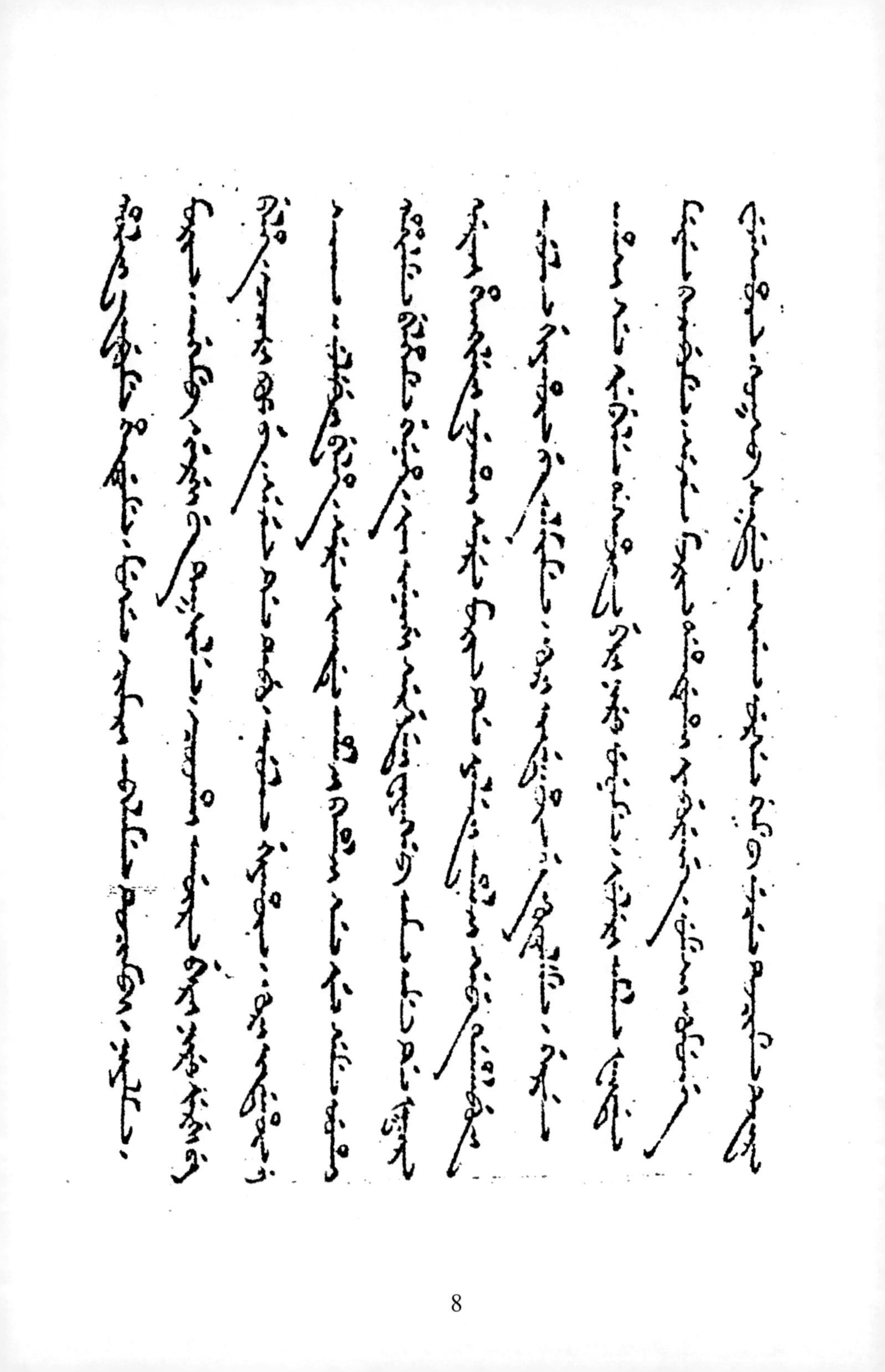

hūlafi afabume hendume, muse cimari abalame tucimbi,
呼喚 交付 說 我們 明日 打圍 出
niyalma morin enggemu jergi be teksile, coohai agūra
人 馬 鞍 等 把 整齊 兵的 器械
beri niru jergi be belhe, cacari boo be, sejen de tebu,
弓 箭 等 把 預備了 幕 舍 把 車 於 使盛
aculan giyahūn, kuri indahūn be saikan i ulebufi belhe,
隼 鷹 黎狗 狗 把 好好地 的 餵養 預備了
sere jakade ahalji bahalji se je seme uthai hahilame
說是 之故 阿哈爾濟 巴哈爾濟 等 是 云 就 趕緊
belheme genehe, jai inenggi sergudai fiyanggo ama eme
預備 去了 次 日 色爾古代 費揚古 父 母
de fakcara doroi henkilefi uthai sure morin de yalufi
於 離別 禮的 叩頭了 就 白馬 馬 於 騎了
ahalji sebe dahalabufi aculan giyahūn be almime, kuri
阿哈爾濟 把們 使跟隨 隼 鷹 把 斜背 黎狗
indahūn be kutuleme, geren ahasi se jebele dashūwan beri
狗 把 牽着 衆 衆奴僕 們 撒袋 弓韣 弓
niru unume, juleri amala faidan meyen bajibume, sejen
箭 背着 前 後 隊 伍 編派 車
morin dahanduhai yaburengge, umesi kumungge wenjeshūn,
馬 隨 即 行的 很 熱鬧 富裕
tokso sakda asigan urse gemu uce tucime tuwara
村莊 老 少 衆人 皆 房門 出 看的

交待說：我們明天出去打圍，整頓人、馬、馬鞍等，預備兵械、弓、箭等，把布棚裝在車上，將隼、鷹、黎狗好好的餵飽預備（注 5）。阿哈爾濟、巴哈爾濟說聲是就趕緊預備去了。次日，色爾古代費揚古向父母叩首行了辭別禮就騎了白馬（注 6），令阿哈爾濟等跟隨，托著隼、鷹，牽著黎狗，眾奴僕們背著撒袋、弰叉、弓、箭，編排前後隊伍，車馬緊隨行走的很是熱鬧，村莊老少的人都無不出房門看的

交待说：我们明天出去打围，整顿人、马、马鞍等，预备兵械、弓、箭等，把布棚装在车上，将隼、鹰、黎狗好好的喂饱预备（注 5）。阿哈尔济、巴哈尔济说声是就赶紧预备去了。次日，色尔古代费扬古向父母叩首行了辞别礼就骑了白马（注 6），令阿哈尔济等跟随，托着隼、鹰，牵着黎狗，众奴仆们背着撒袋、弰叉、弓、箭，编排前后队伍，车马紧随行走的很是热闹，村庄老少的人都无不出房门看的

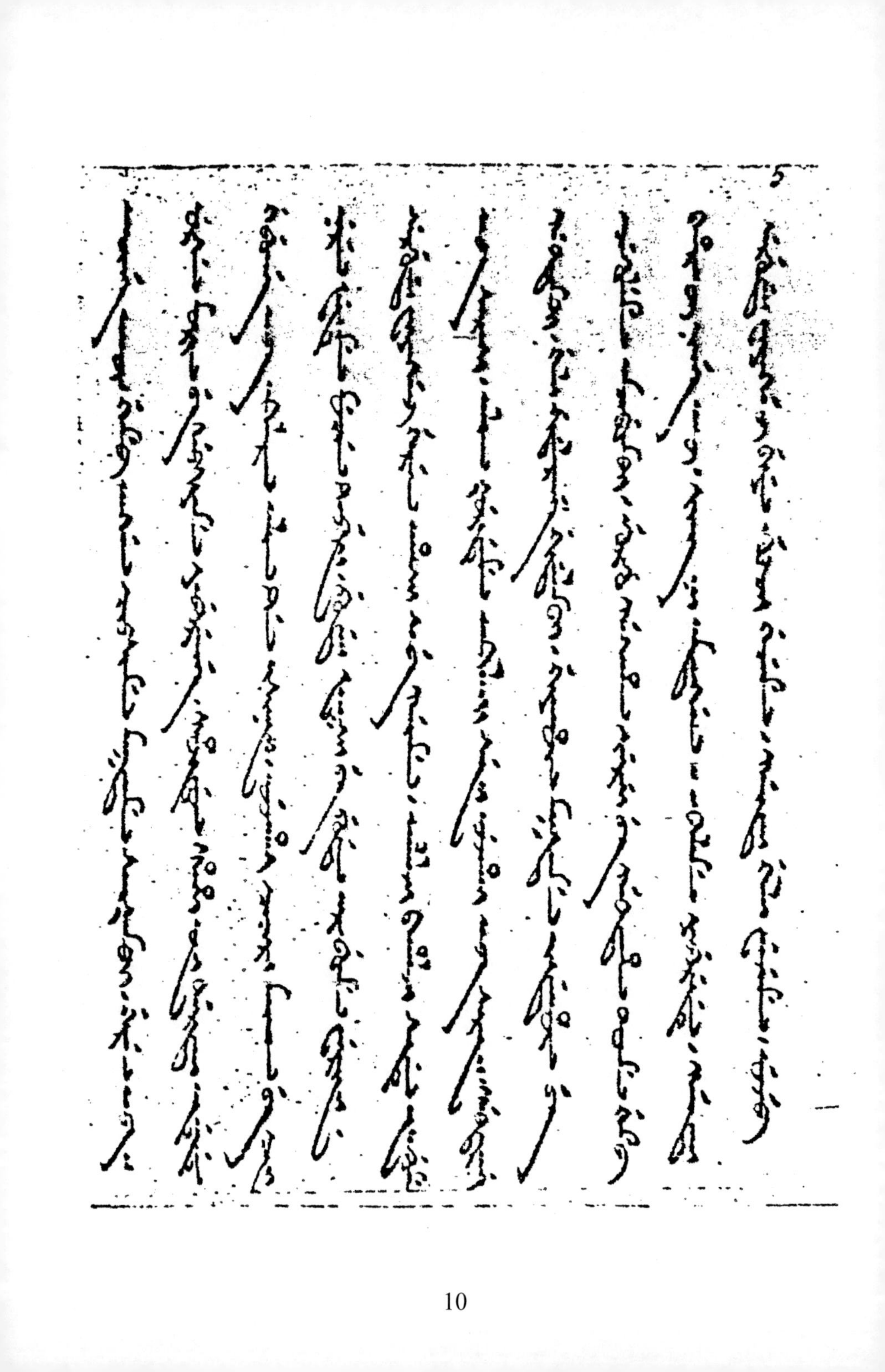

[illegible]

akūngge akū, gemu angga cibsime maktame saišambi, geren
沒有的 無 皆 口 嗟嘆 稱讚 誇奬 衆
aba i urse morin be dabkiyame yaburengge, hūdun hahi
狩獵的衆人 馬 把 拍 馬 行的 速 急
ofi dartai endende gebungge aba abalara alin de isinafi,
因 暫時 倏忽間 有名的 狩獵 打圍 山 於 去到了
uthai cacari maikan be cafi nere feteme mucen tebufi,
就 布棚 帳房 把 支起 鍋坑 刨 鍋 使盛
budai faksi be buda arabume werifi, sergudai fiyanggo
飯的 匠人 把 飯 使作 留了 色爾古代 費揚古
geren ahasi sabe gaime, ahalji bahalji sade afabume
衆 奴僕們 把們 領 阿哈爾濟 巴哈爾濟 於們 交付
aba saraki, alin šurdeme abalaki sefi uthai aba sarafi,
圍 欲展開 山 周圍 欲打圍 說了 就 圍 撒了
gabtarangge gabtambi, geli gidalarangge gidalambi,
射箭的 射箭 又 鎗扎的 鎗扎
giyahūn maktame indahūn be cukuleme amcabumbi, gurgu
鷹 拋 狗 把 嗾 使追 獸
gasha jergi be gabtaha tome gemu baharakū ningge akū。
鳥 等 把 射的 每 皆 不得 的 無
jing ni amtangga i abalame yaburede, gaitai sergudai
正 的 有 趣 的 打圍 行時 忽然 色爾古代
fiyanggo beye gubci geceme, gaitai geli wenjeme, uju
費揚古 身 全 凍 忽然 又 發燒 頭

都口中嘖嘖讚嘆誇奬。因衆獵人拍馬走的很急速，一會兒到了著名的打圍的山，即支起布棚帳房，刨坑按鍋，留下伙夫做飯。色爾古代費揚古領著衆奴僕們，交待阿哈爾濟、巴哈爾濟等撒圍，在山的周圍打圍，即撒了圍，射箭的射箭，又鎗扎的鎗扎，拋鷹嗾狗使之追逐，所射的每個鳥獸等無不獲得的。正在有興致的行圍時，色爾古代費揚古忽然全身冰冷，忽然又發燒，頭

都口中啧啧赞叹夸奖。因众猎人拍马走的很急速，一会儿到了著名的打围的山，即支起布棚账房，刨坑按锅，留下伙夫做饭。色尔古代费扬古领着众奴仆们，交待阿哈尔济、巴哈尔济等撒围，在山的周围打围，即撒了围，射箭的射箭，又鎗扎的鎗扎，抛鹰嗾狗使之追逐，所射的每个鸟兽等无不获得的。正在有兴致的行围时，色尔古代费扬古忽然全身冰冷，忽然又发烧，头

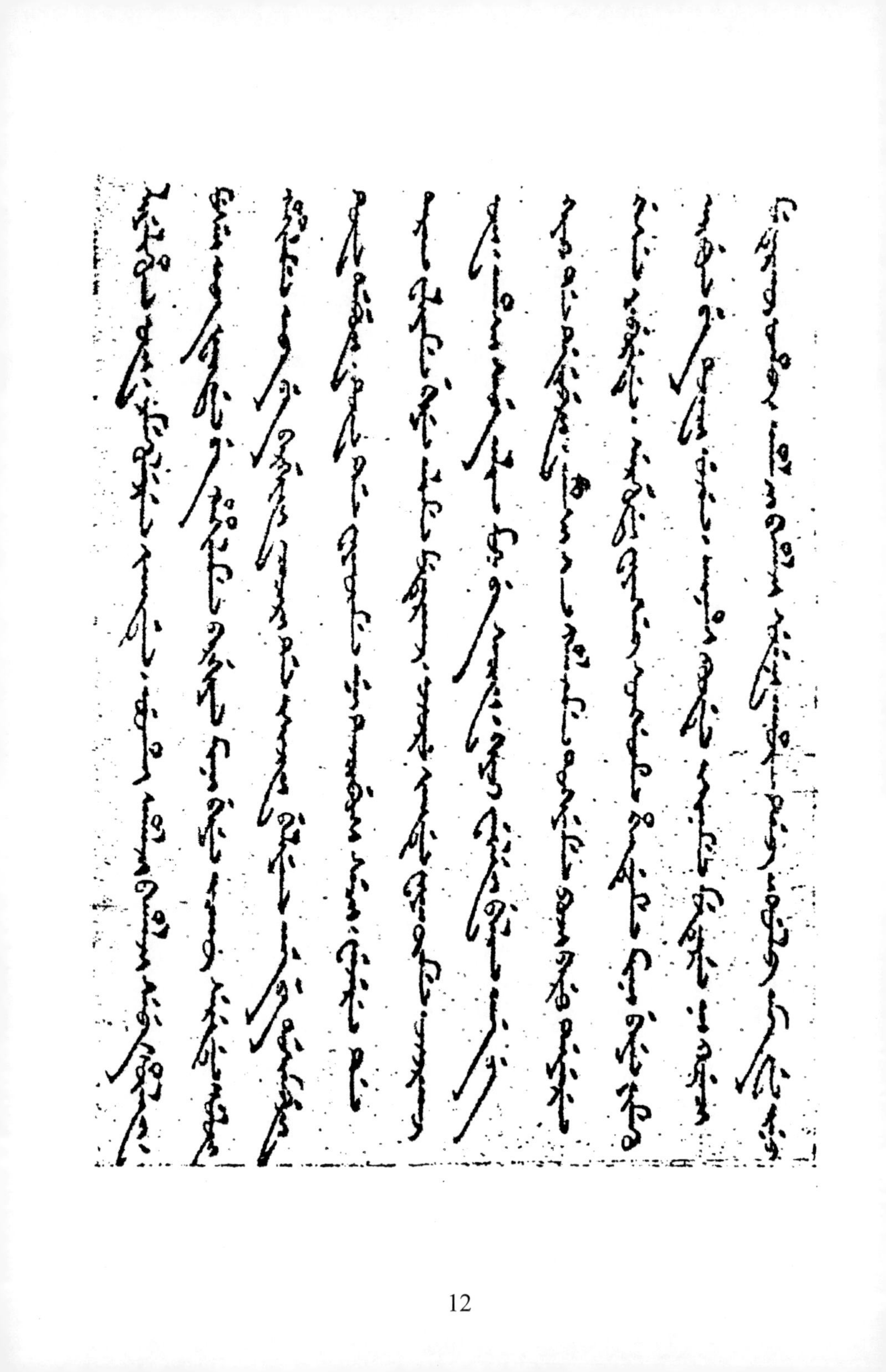

liyelihun ofi, nimekulere jakade, uthai ahalji bahalji
昏迷 因 生病 之故 卽 阿哈爾濟 巴哈爾濟
sebe hūlafi, musei aba faidan be hahilame bargiya
把們 喚 我們的 獵 陣 把 趕緊 收
mini beye icakū serede golofi hahilame aba be bargiyafi
我的 身 不順適 說時 怕了 趕緊 圍 把 收了
cacari de isinjifi beliyen age be dosimbufi tuwa dabufi,
布棚 於 來到 獃 阿哥 把 使入 火 點了
tuwa de fiyakūme nei tucibuki seci, wenjere de taran
火 於 烤 汗 欲使出 說時 發燒 於 大汗
waliyame beye alime muterakū, ojoro jakade fiyakūme
吐出 身 受 不能 因爲 這樣 烤
ojorakū ofi, ahasi sabe alin moo be sacifi, kioo
不可 因 衆奴僕 把們 山 木 把 砍了 轎
weilefi belin age be kioo de dedubufi, ahasi sa
做了 獃 阿哥 把 轎 於 使臥 衆奴僕 們
halanjame tukiyeme booi baru deyere gese yaburede,
輪流 擡着 家的 向 飛的 如 行時
sergudai fiyanggo songgome hendume mini beye nimeku
色爾古代 費揚古 哭着 說 我的 身 病
arbun be tuwaci ujen, ainahai boode isiname mutere ni
形相 把 看時 重 如何 於家 到 能 呢
bodoci muterakū oho, ahalji bahalji suweni ahūn deo i
算時 不能 了 阿哈爾濟巴哈爾濟 你們的 兄 弟 的
dolo emke we inu
內 一 誰 也

昏生病，所以卽喚阿哈爾濟、巴哈爾濟等說：我們趕緊收獵隊，我的身體不舒適，這樣說時眾人懼怕了，趕緊收圍到布棚裏讓獃阿哥進去點火，想要烤火使汗出來，因發燒時出大汗，身體不能承受，所以不能烤火，而叫眾奴僕們砍了山木，做了轎子讓獃阿哥臥在轎裏，眾奴僕們輪流擡著向家裏如飛而行時，色爾古代費揚古哭著說：看來我的身體病勢很重，怎麼能到達家裏呢？料已不能到了，阿哈爾濟、巴哈爾濟你們兄弟內一位誰也

昏生病，所以卽唤阿哈尔济、巴哈尔济等说：我们赶紧收猎队，我的身体不舒适，这样说时众人惧怕了，赶紧收围到布棚里让呆阿哥进去点火，想要烤火使汗出来，因发烧时出大汗，身体不能承受，所以不能烤火，而叫众奴仆们砍了山木，做了轿子让呆阿哥卧在轿里，众奴仆们轮流抬着向家里如飞而行时，色尔古代费扬古哭着说：看来我的身体病势很重，怎么能到达家里呢？料已不能到了，阿哈尔济、巴哈尔济你们兄弟内一位谁也

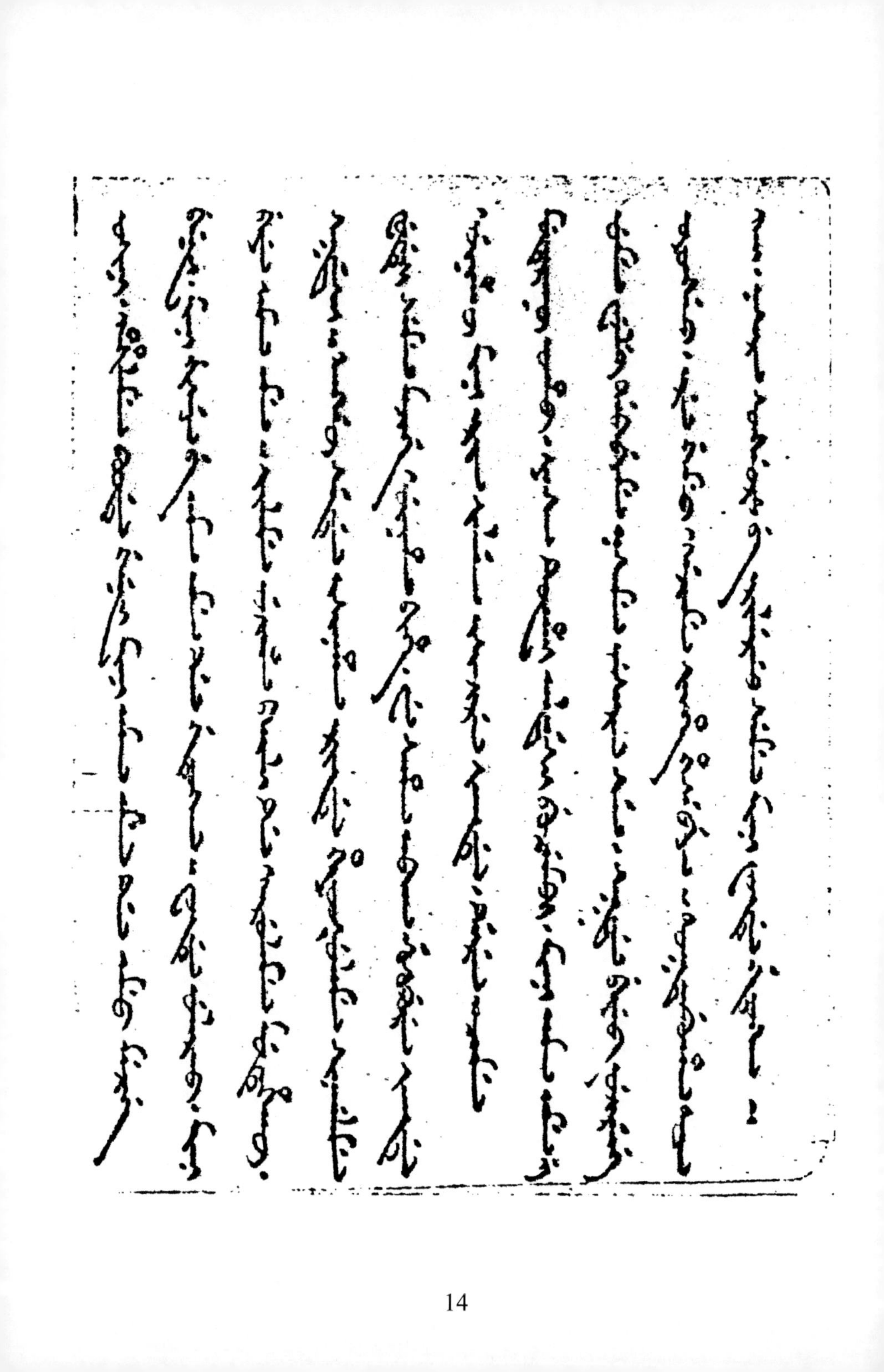

[illegible]

okini hahilame boode genefi mini ama eme de emumejige
這樣 趕緊 於家 去了 我的 父 母 於 一信息
benefi, mini gisun be ama eme de getuken i fonde ularao
送 我的 言 把 父 母 於 明白的替 請轉告
mini beye ama eme i jilame ujiha baili de karulame
我的身 父 母的 慈愛養的 恩 於報答
mutehekū, sakdasi i tanggū sede isinaha erinde
未能 老人們 的 百 於歲 到了 時候
hiyoosulame siragalame fudeki seme majige gūniha bihe,
行孝 服喪 欲送 云 略 想了來着
we saha abka gukubure jakade gūnihakū mini erin jalgan
誰知了 天 使亡 之故 不意 我的 時 壽命
isinjire jakade, dere acame muterakū oho, yasa tuwahai
來到 之故 面 會見 不能 了 眼 一看
aldasi bucembi, mini ama eme be ume fulu dababume
半途 死 我的 父 母 把 勿 多餘 使過
nasame usara se, sakda beyebe ujirengge oyonggo, ere
嘆息 傷痛 吧 老 把身 養的 要緊 此
gemu gajime jihe hesebun i toktobuha ton kai, nasara
皆 帶來 來的 命 的 定 數 啊 嘆息
songgoro be erilereo seme mini fonde getuken i
哭的 把 請節制 云 我的 替 明白 的

可以，趕緊到家農去給我的父母送一個信息，把我的話替我明白的轉告父母吧！我自己未能報答父母慈養之恩，原有區區之心想在老人家百歲時穿孝送終，誰知天要亡我，不意我的壽限已到，因此已經不能見面了，眼看著短命而死，不要讓我的父母過度悲傷，保養老身要緊，這都是帶來的命定的數啊！替我明白的轉告，請節哀吧！

可以，赶紧到家农去给我的父母送一个信息，把我的话替我明白的转告父母吧！我自己未能报答父母慈养之恩，原有区区之心想在老人家百岁时穿孝送终，谁知天要亡我，不意我的寿限已到，因此已经不能见面了，眼看着短命而死，不要让我的父母过度悲伤，保养老身要紧，这都是带来的命定的数啊！替我明白的转告，请节哀吧！

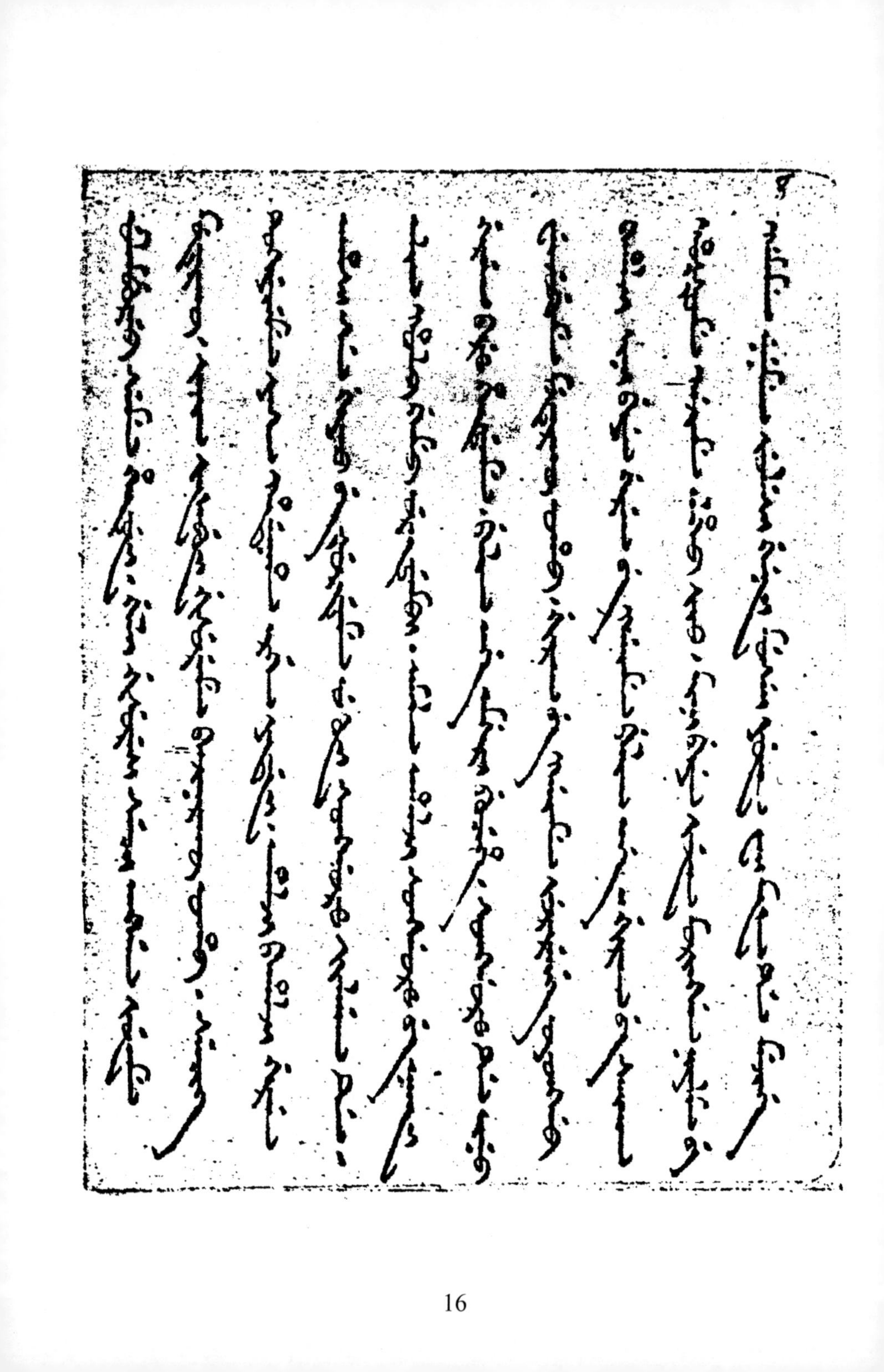

ulambureo seme hendufi, geli gisureki seci angga juwame
請轉告 云 說了 又 欲說 說時口 開
muterakū, jain jafabufi gisureme banjinarakū oho sencike
不 能 牙關 使拿了 說 不 成 了 下頦
tukiyeceme yasa hadanaha ergen yadafi, ahalji bahalji geren
擡着 眼 直瞪 氣 盡了 阿哈爾濟巴哈爾濟 衆
ahasi se kioo be šurdeme ukufi songgoro jilgan de, alin
衆奴 們 轎 把 周圍 環拱 哭的 聲 於 山
holo gemu uradumbi, amala ahalji songgoro be nakafi
谷 皆 響應 後 阿哈爾濟 哭的 把 停了
geren baru hendume, belin age emgeri bucehe, songgoro de
衆 向 說 獃 阿哥 既已 死了 哭的 於
inu weijubume muterakū oho, giran be gaime jurarengge
亦 使活過來 不能 了 屍體 把 取 啓程的
oyonggo bahalji sini beye geren be gaime belin age i
要緊 巴哈爾濟 你的 身 衆 把 取 獃 阿哥 的
giran be saikan hošsome gajime elheo jio, mini beye
屍體 把 好好的 哄誘 帶來 請徐緩 來 我的 自身
juwan moringga niyalma be gamame neneme julesi genefi
十 騎馬的 人 把 拿去 先 往前 去
musei yuwan wai mafa de mejige
我們的 員 外 爺 於 信息

還想要說時，口不能張開，牙關咬緊，說不成話了。下頦擡著（注7），眼睛直瞪，氣絕了。阿哈爾濟、巴哈爾濟眾奴僕們環繞轎子周圍哭泣的聲音，山谷都響應，後來阿哈爾濟停止哭泣，向眾人說：獃阿哥既已死了，哭也不能救活了，帶著屍體啟程要緊，巴哈爾濟你自己領著大家把獃阿哥的屍體好好地誘帶著緩緩地來吧！我自己帶著十個騎馬的人先行前往，去給我們的員外老爺告訴消息，

还想要说时，口不能张开，牙关咬紧，说不成话了。下颏抬着（注7），眼睛直瞪，气绝了。阿哈尔济、巴哈尔济众奴仆们环绕轿子周围哭泣的声音，山谷都响应，后来阿哈尔济停止哭泣，向众人说：呆阿哥既已死了，哭也不能救活了，带着尸体启程要紧，巴哈尔济你自己领着大家把呆阿哥的尸体好好地诱带着缓缓地来吧！我自己带着十个骑马的人先行前往，去给我们的员外老爷告诉消息，

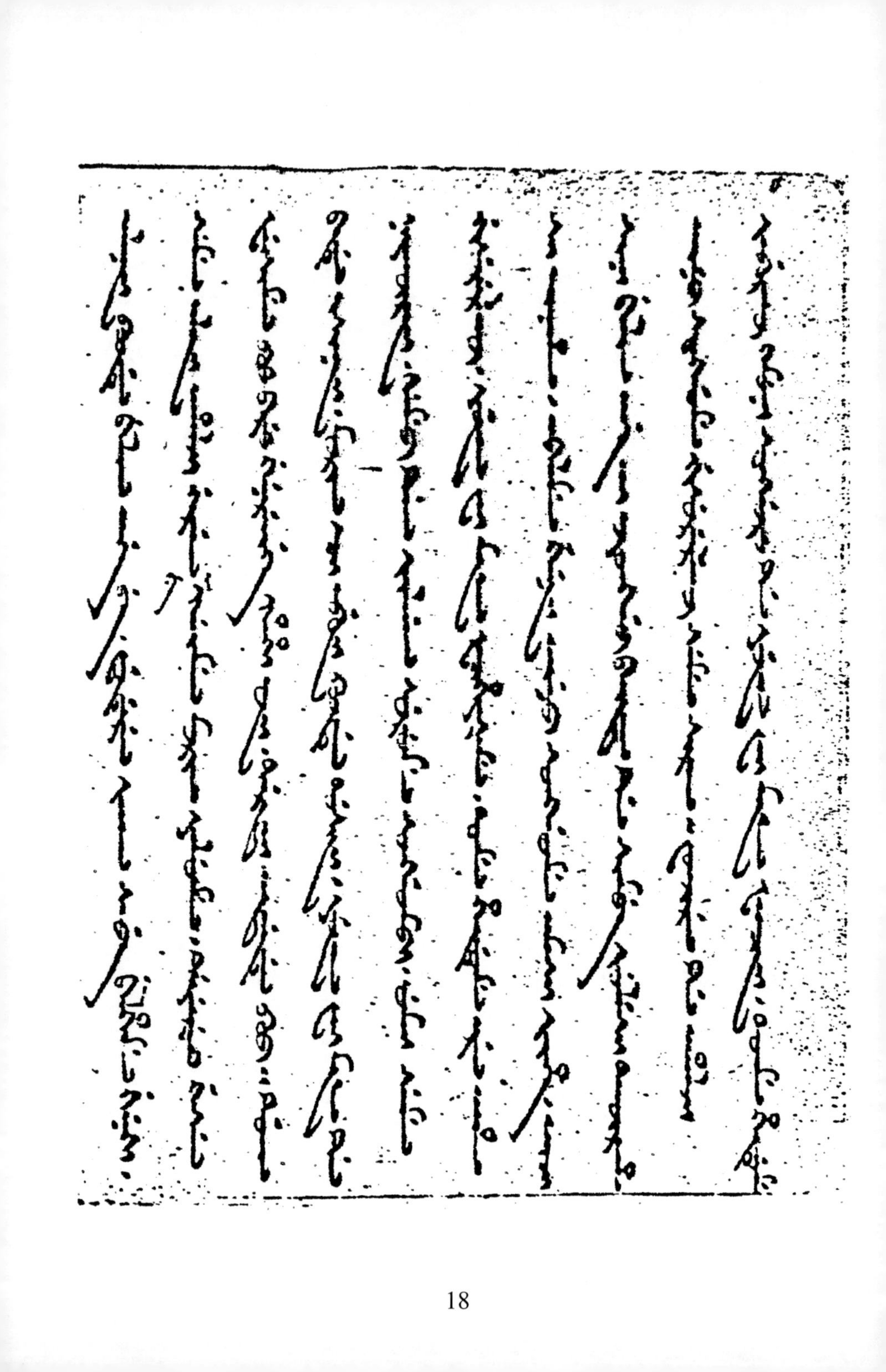

alanafi boode belin age be, fudere jaka sabe belheme
去告訴 於家 獃 阿哥 把 送 物 把們 預 備
geneki, seme alafi ahalji geren be gaime morin yalume,
欲去 云 告訴 阿哈爾濟 衆 把 取 馬 騎
deyere gese feksime boo baru generengge hahi ofi, dartai
飛 似 跑 家 向 去的 急 因 暫時
andande boo i duka bade isinafi, morin ci ebufi boode
一會兒 家 的 門 於地 去到了 馬 從 下 於家
dosifi, yuwan wai mafa de niyakūrafi, damu den jilgan
入了 員 外 爺 於 跪 了 祇 高 聲
surume songgombi, umai seme gisurerakū, yuwan wai mafa
喊 叫 哭 全 然 不 說 員 外 爺
facihiyašame, tome hendume ere aha si ainaha, abalame
著 急 罵着 說 此 奴才你 怎麼了 打 圍
genefi ainu songgome amasi jihe, eici sini belin age
去了 爲何 哭 着 回 來 來了 或者 你的 獃 阿哥
ai oyonggo baita de simbe julesi takūraha ainu songgome
何 要緊 事 於 把你 往 前 差遣了 爲何 哭 着
gisurerakū seme siran i fonjire de ahalji jaburakū kemuni
不 說 云 接續 的 問 時 阿哈爾濟 不 答 仍
songgoro de yuwan wai mafa fancafi, tome hendume
哭 於 員 外 爺 生氣 罵着 說

在家裏預備給獃阿哥送終的物件等。阿哈爾濟領著大家騎著馬如飛地向家裏因疾馳的很急，所以轉瞬之間到了家門口的地方。下馬進入屋裏，向員外老爺跪下，祇是高聲哭喊（注 8），什麼都不說。員外老爺著急著罵說：這個奴才你怎麼了，去打了圍，為什麼哭著回來了，或許是你的獃阿哥有什麼要緊的事差你前來？為什麼哭著不說話呢？接連的追問時，阿哈爾濟不回答，仍然哭泣，員外老爺生氣罵說：

在家里预备给呆阿哥送终的物件等。阿哈尔济领着大家骑着马如飞地向家里因疾驰的很急，所以转瞬之间到了家门口的地方。下马进入屋里，向员外老爷跪下，只是高声哭喊（注 8），什么都不说。员外老爷着急着骂说：这个奴才你怎么了，去打了围，为什么哭着回来了，或许是你的呆阿哥有什么要紧的事差你前来？为什么哭着不说话呢？接连的追问时，阿哈尔济不回答，仍然哭泣，员外老爷生气骂说：

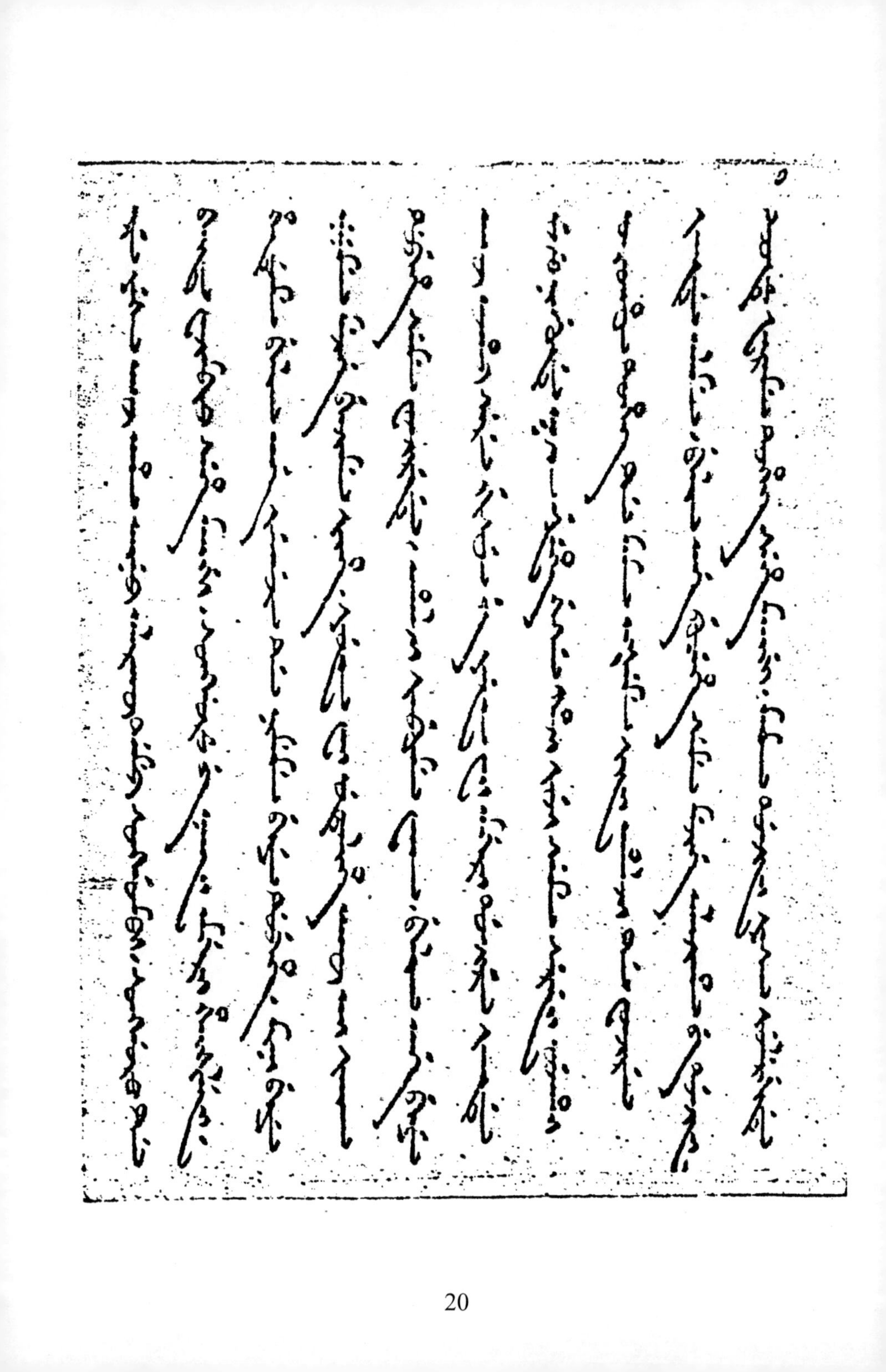

ere yeken akū aha ainu alarakū damu songgombi, songgoro
此 行止 無奴才爲何 不告訴 祇 哭 哭的
de baita wajimbio sehe manggi, songgoro be nakafi emgeri
於 事 完嗎 說了 後 哭的 把 停了 一次
hengkilefi, hendume belin age jugūn de nimeme beye dubehe
叩頭了 說 獃 阿哥 路 於 病 身 終了
mini beye neneme mejige benjime jihe, yuwan wai utulihe
我的 自己 先 信息 送來 來了 員 外 留神
akū ai jaka dubehe seme fonjirede, ahalji jabume waka,
沒 何 物 終了 云 問 時 阿哈爾濟 答 非
belin age beye akū oho sere gisun be yuwan wai emgeri
獃 阿哥 身 無 了 說了 言 把 員 外 旣已
donjire jakade uju ninggude akjan guwehe gese haji jui
聽了 之故 頭 在上頭 雷 響 似 愛 子
seme surefi uthai oncohon tuheke de mama ekšeme jifi
云 喊叫 就 仰面 跌倒 時 祖母 急忙 來了
ahalji de fonjire jakade alame, belin age bucehe seme
阿哈爾濟 於 問的 之故 告 獃 阿哥 死了 云
mejige alanjiha be donjifi tuttu farame tuheke sehe
信息 來告了把 聽了 因此 昏 跌倒 說了
manggi, mama donjifi yasa julergide
後 祖母 聽了 眼 於前

這個無賴奴才，為什麼不告訴，只是哭泣呢？哭就完事嗎？於是停止哭泣，叩了一下頭說：獃阿哥在路上生病身終，我自己先送信息來了。員外沒留神，問是什麼東西終了？阿哈爾濟回答說：不是，是獃阿哥身故了。員外一聽了這話，頭頂上猶如雷鳴，喊了聲愛子就仰面跌倒了。老太太急忙來問阿哈爾濟，告訴說：聽到來告訴獃阿哥死了的消息，所以昏倒了。老太太聽了後眼前

这个无赖奴才，为什么不告诉，只是哭泣呢？哭就完事吗？于是停止哭泣，叩了一下头说：呆阿哥在路上生病身终，我自己先送信息来了。员外没留神，问是什么东西终了？阿哈尔济回答说：不是，是呆阿哥身故了。员外一听了这话，头顶上犹如雷鸣，喊了声爱子就仰面跌倒了。老太太急忙来问阿哈尔济，告诉说：听到来告诉呆阿哥死了的消息，所以昏倒了。老太太听了后眼前

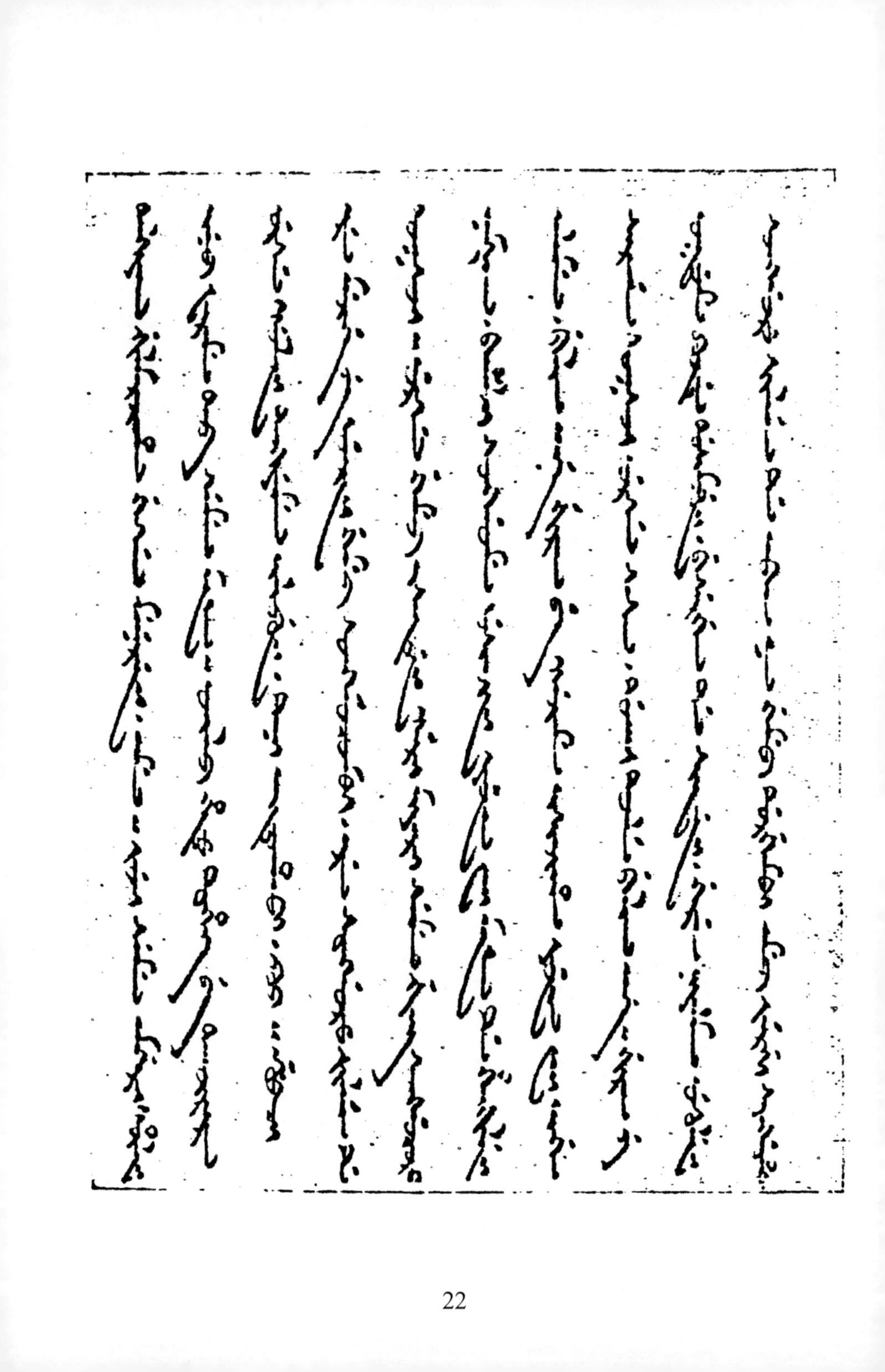

talkiyan ***gilmarjiha*** *gese menerefi, eme i jui seme emgeri*
電 閃了 似 麻木 母的子 云 一次
hūlafi inu farame tob seme mafa i oilo hetu tuheke be
叫了 也 昏 正合著 老翁的上面横 跌倒 把
takūrara urse golofi tukiyeme ilibufi, teni aituhabi, boo
使喚的 衆人 怕了 擡着 使立 才 活過來 家
i gubci ere mejige be donjifi gemu songgocombi, ere
的 全 此 信息 把 聽了 皆 齊哭 此
songgoro jilgan de toksoi i urse gemu isandufi gari
哭的 聲 於 村莊 的衆人 皆 齊集 零
miyari seme ging songgocoro namšan, bahalji songgome
散 云 正 齊哭的 隨即 巴哈爾濟 哭着
dosinjifi yuwan wai mafa de hengkilefi alame, belin age
進來了 員 外 老翁 於 叩頭 告訴 獃 阿哥
giran be gajime isinjiha yuwan wai eigen sargan toksoi
屍體 把 帶來 到來了 員 外 夫 妻 村莊
urse sasa, dukai tule belin age i giran be okdome boode
衆人 齊 門的 外 獃 阿哥 的 屍體 把 迎 於家
dosimbufi, besergen de sindafi, geren niyalma ukulefi
使入 床 於 放了 衆 人 沿了
songgoro jilgan de abka na gemu durgembi emu jergi
哭的 聲 於 天 地 皆 震動 一 次
songgoho
哭了

猶如閃電而麻木了，呼了一聲母親的孩子也發昏正好橫倒在老爺的身上，使喚的眾人嚇得扶起來，才甦醒過來。全家的人聽到了這個消息都一齊哭起來，村莊的眾人聽到這哭聲，都來聚集了，哎呀啊唷紛紛叫喊接著正在哭泣時，巴哈爾濟哭著進來，向員外老爺叩頭稟告獃阿哥的屍體帶著來到了，員外夫妻同村莊的眾人一齊到門外把獃阿哥的屍體接入屋裏，放在床上，眾人環繞哭泣的聲音，天地都震動。哭了一場

犹如闪电而麻木了，呼了一声母亲的孩子也发昏正好横倒在老爷的身上，使唤的众人吓得扶起来，才苏醒过来。全家的人听到了这个消息都一齐哭起来，村庄的众人听到这哭声，都来聚集了，哎呀啊唷纷纷叫喊接着正在哭泣时，巴哈尔济哭着进来，向员外老爷叩头禀告呆阿哥的尸体带着来到了，员外夫妻同村庄的众人一齐到门外把呆阿哥的尸体接入屋里，放在床上，众人环绕哭泣的声音，天地都震动。哭了一场

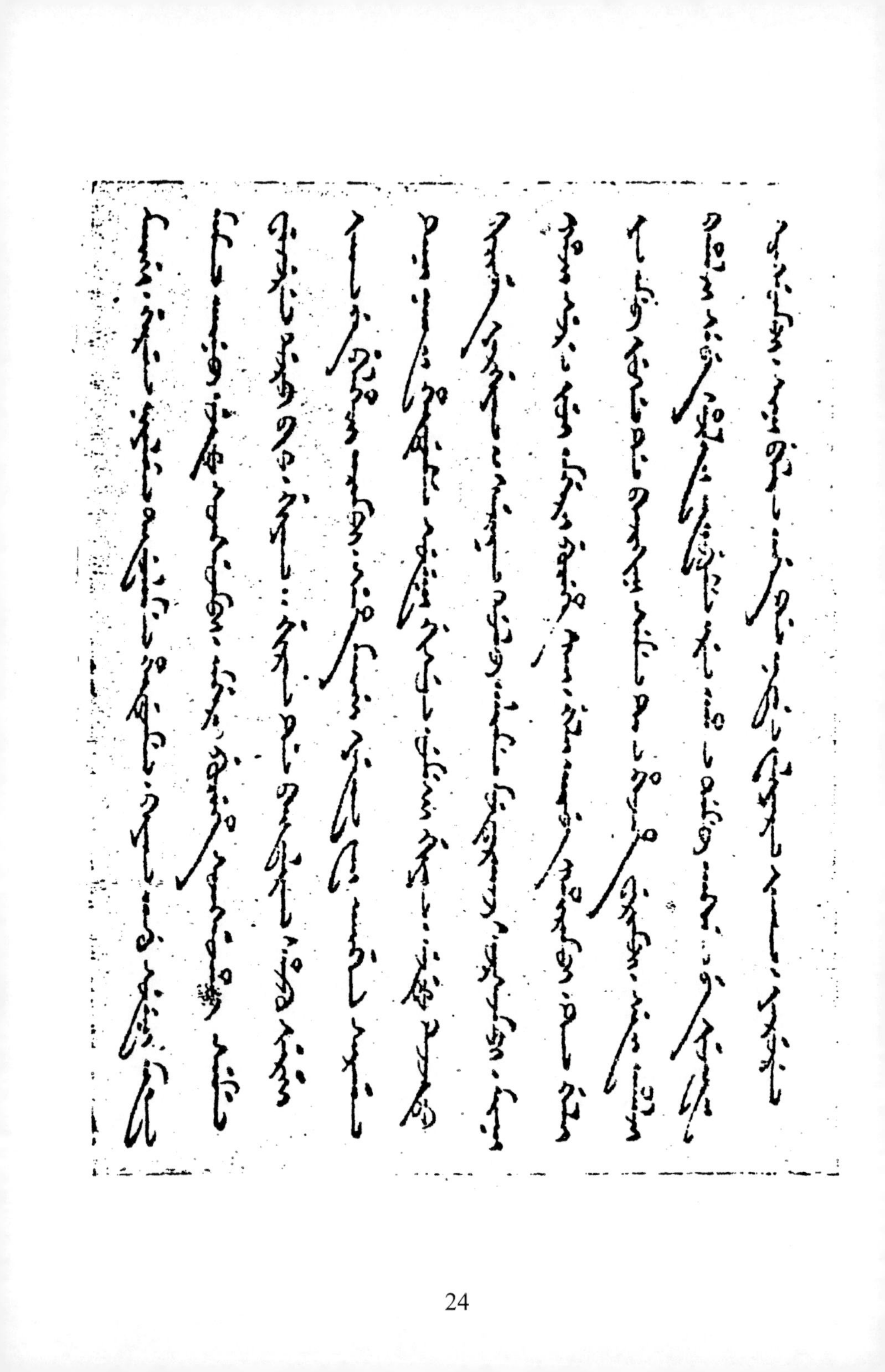

manggi, geren niyalma tafulame hendume, bayan agu
後 衆 人 勸告着 說 巴顏 老兄
suweni mafa mama aimu utu songgombi, emgeri bucehe
你們的老翁老太太爲何這樣哭 泣 旣已 死了
songgoho seme weijure doro bio? giyan i giran de
哭了 云 活過來 理 有嗎 理 的 屍體 於
baitalara hobo jergi jaka be belheci acambi, sehe manggi
用的 棺 等 物 把 預備時 應當 說了 後
yuwan wai eigen sargan teni nakafi hendume suweni
員 外 夫 妻 才 停了 說 你們的
gisun umesi giyan, udu tuttu bicibe yargiyan i gūnin
言 很 理 雖 如此 雖則 實 在 的 意
dolo alime muterakū korsombi mini haji sure jui emgeri
內 受 不能 悲傷 我的 親愛 聰明 子 旣已
bucehe kai, geli aibe hairambi, te geli ya emu juse de
死了 啊 又 把何 愛惜 今 又 誰 一 孩子 於
banjikini seme ten hethe werimbi, sefi ahalji bahalji
生活呢 云 房基 家產 存留 說了 阿哈爾濟 巴哈爾濟
sebe hūlafi afabume ere aha damu angga be juwafi
把們 喚了 交 待 此 奴才 祇 口 把 張開了
songgombi, sini belin age de nadan waliyara jaka, yarure
哭 泣 你的 獃 阿哥 於 七 祭 的 物 引的

後，眾人勸告說：巴顏老兄你們老爺老太太為什麼這樣哭呢？既已死了，哭了有活過來的道理嗎？應當預備屍體所用的棺材等物，員外夫妻才停了，說：你們的話很有理，雖然那樣，內心實在不勝悲傷，我親愛聰明的孩子既已死了啊，還愛借什麼呢？現在還為那一個孩子的生活而留下房產呢？喚阿哈爾濟、巴哈爾濟等交待說：這奴才祇是張口哭泣，給你的獃阿哥七種祭祀的物品，引導的

后，众人劝告说：巴颜老兄你们老爷老太太为什么这样哭呢？既已死了，哭了有活过来的道理吗？应当预备尸体所用的棺材等物，员外夫妻才停了，说：你们的话很有理，虽然那样，内心实在不胜悲伤，我亲爱聪明的孩子既已死了啊，还爱借什么呢？现在还为那一个孩子的生活而留下房产呢？唤阿哈尔济、巴哈尔济等交待说：这奴才只是张口哭泣，给你的呆阿哥七种祭祀的物品，引导的

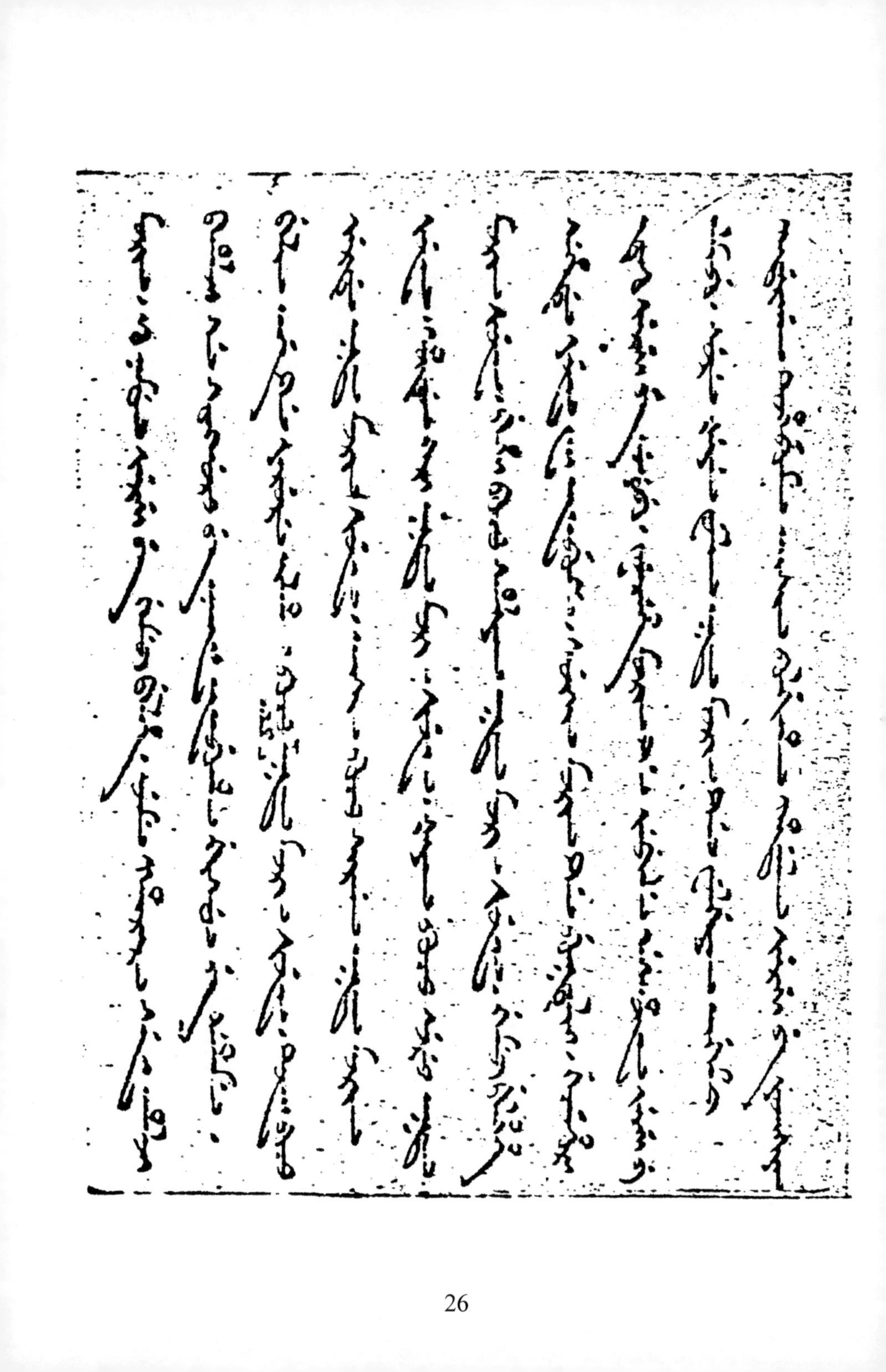

morin, ku namun jergi be gemu belhe, ume hairara sefi
馬 庫 庫 等 把 皆 預備了 勿 愛惜 説了
ahalji bahalji se songgoro be nakafi afabuha gisun be
阿哈爾濟 巴哈爾濟 等 哭 把 停了 交待的 言 把
dahame, belin age de yarure ilha boco alha akta morin
隨 獃 阿哥 於 騎的 花 色 花馬 騸馬 馬
juwan tuwai boco jerde akta morin juwan, aisin boco
十 火 的 色 紅馬 騸馬 馬 十 金 色
sirga akta morin juwan, hūdun keri akta morin juwan,
銀合 騸馬 馬 十 快 黎花騸馬 馬 十
šayan boco suru akta morin juwan, behei boco sahaliyan
白 色 白馬 騸馬 馬 十 墨的 色 黑
akta morin juwan, gemu belhehe sehede yuwan wai
騸馬 馬 十 皆 預備了 説了時 員 外
afabume, gūsin morin de buktelii, gecuheri etuku jergi be
交 待 三十 馬 於 皮包 蟒 緞 衣 等 把
unubu, funcehe morin de jebele dashūwan jergi be alamibu,
使負 餘 的 馬 於 箭袋 弓袋 等 把 使 背
sure šeyen fulan akta morin de fulgiyan enggemu kadargan
白 雪白 青馬 騸馬 馬 於 紅 馬鞍 緹 胸
tuhebume aisin bolgiha hadala jergi be yongkiyan
使 弔 金 鍍金 轡 等 把 完全

馬、庫房等都預備好，不必愛惜。説了後，叫阿哈爾濟、巴哈爾濟等聽從停止哭泣的話。引導獃阿哥的花色花紋的騸馬十匹，火色紅騸馬十匹，金色銀合騸馬十匹，快速黎花騸馬十匹（注 9），白色白騸馬十匹，墨色黑騸馬十匹，都預備好了的時候，員外交待把三十匹馬上背負皮包、蟒緞衣服等，其餘的馬上扛負撒袋、弓袋，雪白青騸馬吊著紅鞍緹胸鍍金轡等完全

马、库房等都预备好，不必爱惜。说了后，叫阿哈尔济、巴哈尔济等听从停止哭泣的话。引导呆阿哥的花色花纹的骟马十匹，火色红骟马十匹，金色银合骟马十匹，快速黎花骟马十匹（注 9），白色白骟马十匹，墨色黑骟马十匹，都预备好了的时候，员外交待把三十匹马上背负皮包、蟒缎衣服等，其余的马上扛负撒袋、弓袋，雪白青骟马吊着红鞍缇胸镀金辔等完全

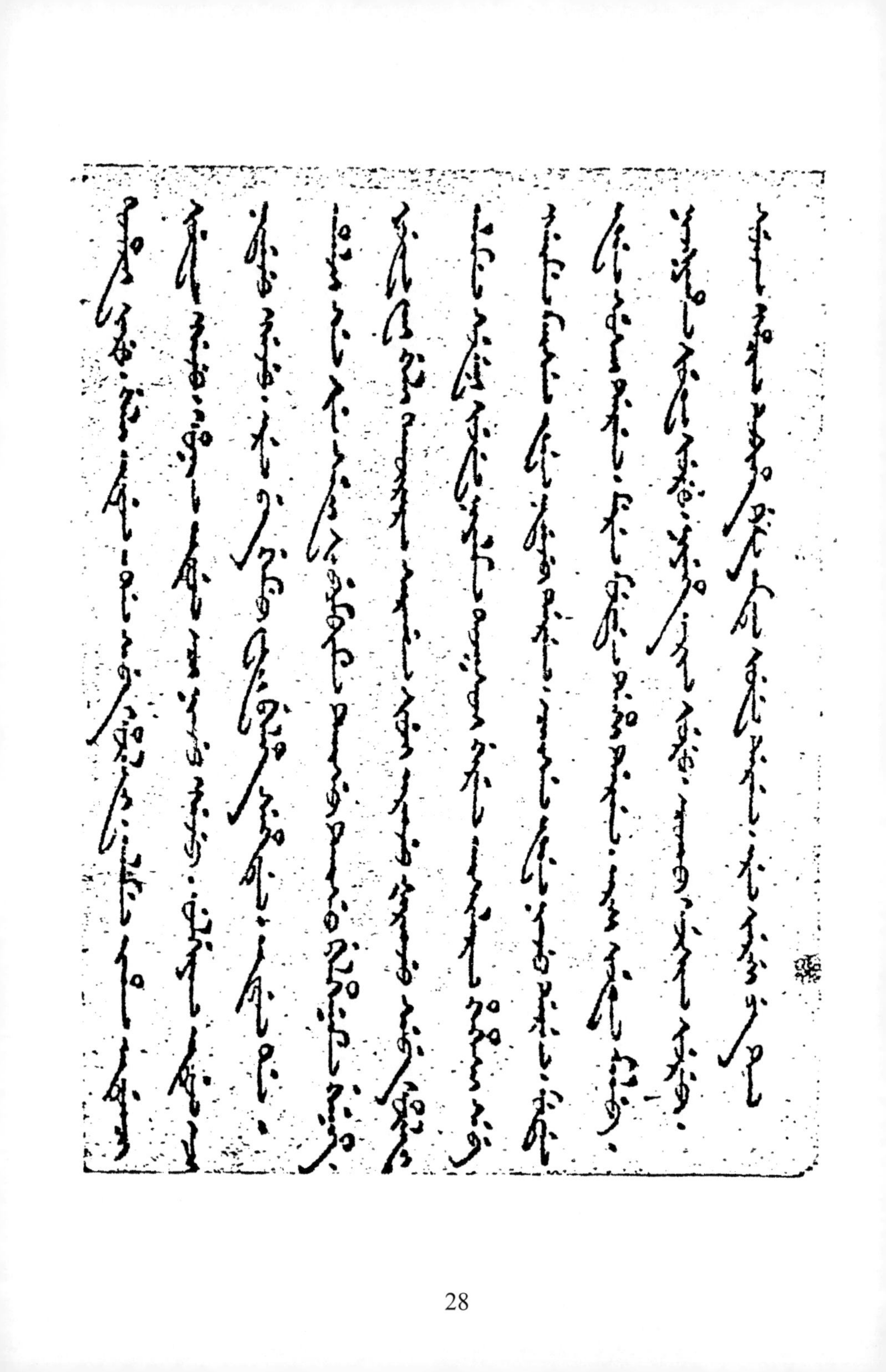

tohofi yaru, geli adun i da sabe hūlafi, alame ihan
套備 引 又 牧群的長 把們 喚了 告訴 牛
adunci juwan gaju, honin adun ci ninju gaju, ulgiyan
從牧群 十 帶來 羊 群 從 六十 帶來 猪
adun ci nadanju gaju, ere be gemu wafi belhe sehede, adun
牧群 從 七十 帶來 此 把 皆 殺了 預備了 說了時 牧群
da, ahalji se je sefi jabumbime teisu teisu belheneme
長 阿哈爾濟 等 是 說了 而答着 各自 各自 預備
genehe, yuwan wai geli takūrara sargan jui aranju šaranju
去了 員 外 又 差遣的 女 子 阿蘭珠 莎蘭珠
sebe hūlafi alame suweni juwe niyalma toksoi geren
把們 喚了 告訴 你們的 二 人 村莊的 衆
aisilara hehesi sebe gaime maise efen nadanju deren, caise
帮助的 衆女人 把們 帶着 麥子 餑餑 七十 桌 饊子
efen ninju deren, mudan efen susai deren, mere mudandehi
餑餑 六十 桌 搓條 餑餑 五十 桌 蕎麥 搓條餑 四十
deren, arki juwan malu, niongniyaha juwan juru, niyehe
桌 燒酒 十 瓶 鵞 十 雙 鴨
orin juru, coko gūsin juru, sunja hacin tubihe buya emte
二十 雙 鷄 三十 雙 五 種 果 小 各一
juwe deren, ere jergi be te
二 桌 此 等 把 今

套上引行。又喚牧群長告訴說：由牛群帶來十頭，由羊群帶來六十隻，由豬群帶來七十隻，把這些都殺了預備好。牧群長、阿哈爾濟等回答說：是，而各自預備去了。員外又叫使喚的女子阿蘭珠、莎蘭珠等告訴說：你們二人把村莊裏幫助的眾婦女們帶來，把麥子餑餑七十桌、饊子餑餑六十桌、搓條餑餑五十桌、蕎麥搓條餑餑四十桌，燒酒十瓶，鵞十對、鴨二十對、鷄三十對、五種小果，每樣二桌，現在把這些

套上引行。又唤牧群长告诉说：由牛群带来十头，由羊群带来六十只，由猪群带来七十只，把这些都杀了预备好。牧群长、阿哈尔济等回答说：是，而各自预备去了。员外又叫使唤的女子阿兰珠、莎兰珠等告诉说：你们二人把村庄里帮助的众妇女们带来，把麦子饽饽七十桌、馓子饽饽六十桌、搓条饽饽五十桌、荞麦搓条饽饽四十桌，烧酒十瓶，鹅十对、鸭二十对、鸡三十对、五种小果，每样二桌，现在把这些

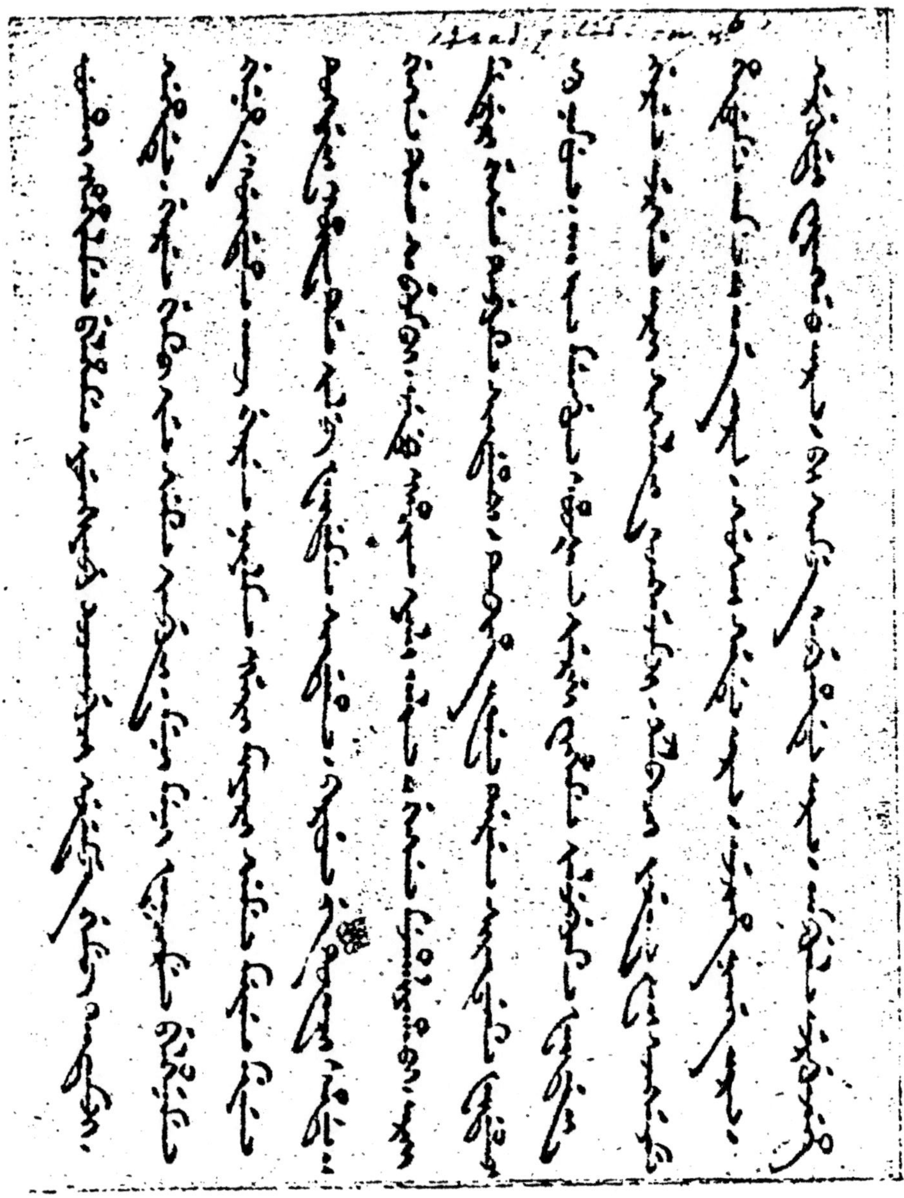

uthai hahilame belheme yongkiyabu tookabuci suwembe
就 趕緊 預備 使完全 若遲誤 把你們
gemu tantambi, sehede geren gemu je seme jabufi meni
皆 責 打 說了時 衆人 皆 是 云 回答了 各自
meni fakcame belheneme genehe, goidaha akū geren niyalma
各自 散開 預備去 去了 久 不 衆 人
gari miyari seme meyen meyen tukiyefi hūwa de jalu
紛紛 然 隊 隊 擡了 院 於 滿
faidame sindaha, barun be tuwaci hada i gese den sabumbi,
排着 放了 形勢 把 看時 山峰 的 似 高 看見
udu hacin yali alin i gese muhaliyahabi, arki mederi gese
幾 種 肉 山 的 似 堆了 燒酒 海 似
tebume sindahabi, tubihe efen deren sirandume faidahabi,
裝着 放了 果 餑餑 桌 相繼 排了
ku namun, aisin menggun hoošan jergi fiheme jalubume
庫 庫 金 銀 紙 等 充滿 滿
faidafi geren urse arki sisalafi songgombi, dalbaci yuwan
排了 衆 衆人 燒酒 澆了 哭 從旁 員
wai songgome hendume, ama i age ara, susai sede ara,
外 哭着 說 父 的阿哥 啊喇 五十 歲時 啊喇
ujihe ningge ara, sergudai fiyanggo ara, bi simbe
養的 的 啊喇 色爾古代 費揚古 啊喇 我 把你
sabuhade ara, ambula urgunjehe
看了時 啊喇 很 歡喜了

就趕緊預備完全，若是遲誤時，把你們都責打。眾人都回答說：是，各自分開預備去了。不久，眾人呼呼喊喊地一隊一隊擡到院子裏滿滿地排放了，樣子看起來像山峰似的高，幾種肉堆積如山，燒酒像海似地裝著，水果、餑餑一桌接一桌地排列著，庫房裏滿滿地排了金銀紙等，眾人澆酒哭泣，員外從旁邊哭著說：父親的阿哥啊喇！五十歲時啊喇！所生的啊喇！巴爾古代費揚古啊喇！我看見了你時啊喇！非常歡喜

就赶紧预备完全，若是迟误时，把你们都责打。众人都回答说：是，各自分开预备去了。不久，众人呼呼喊喊地一队一队抬到院子里满满地排放了，样子看起来像山峰似的高，几种肉堆积如山，烧酒像海似地装着，水果、饽饽一桌接一桌地排列着，库房里满满地排了金银纸等，众人浇酒哭泣，员外从旁边哭着说：父亲的阿哥啊喇！五十岁时啊喇！所生的啊喇！巴尔古代费扬古啊喇！我看见了你时啊喇！非常欢喜

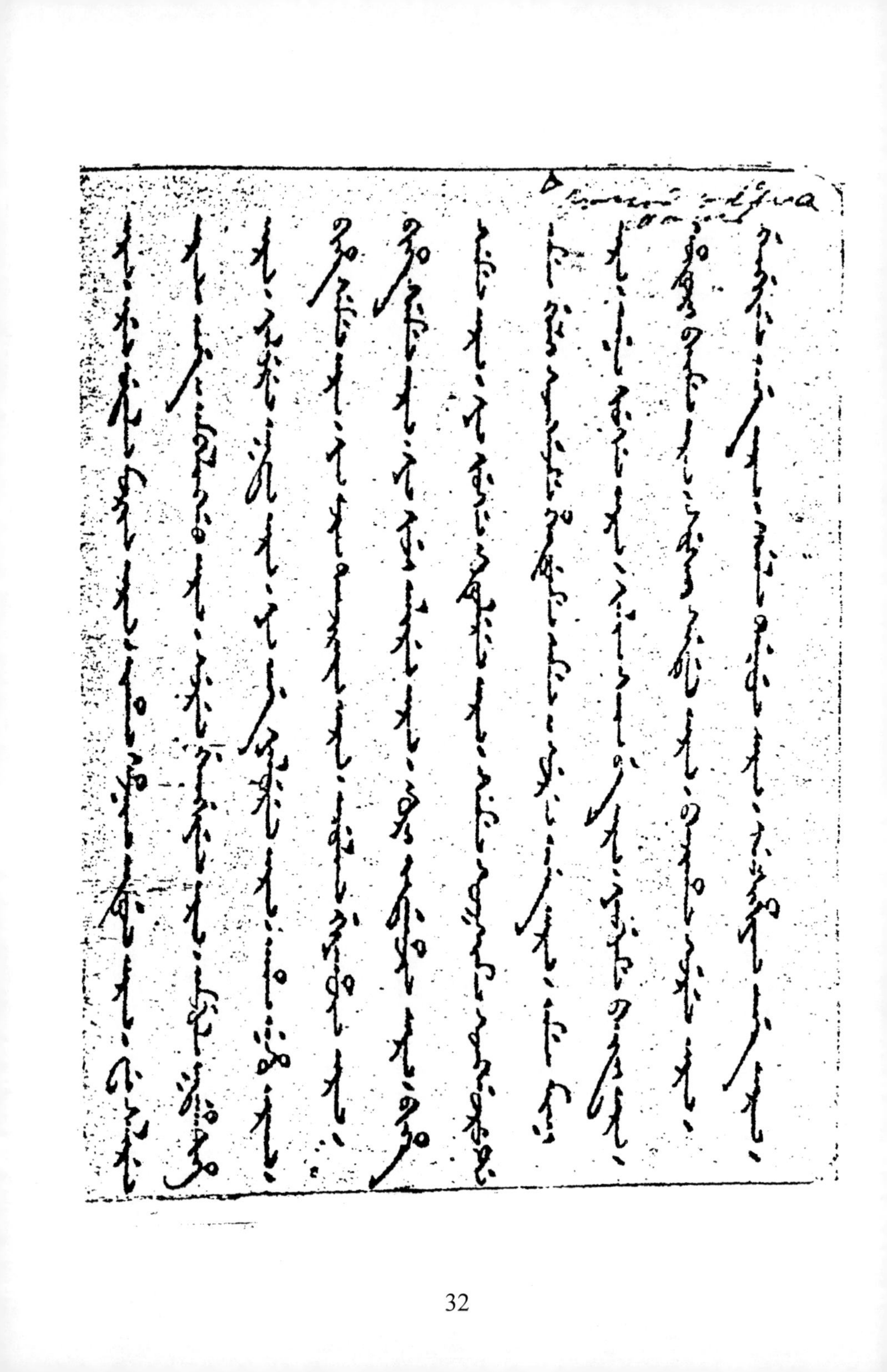

[illegible]

ara, ere utala morin ara, ihan honin adun ara, we
啊喇 此 如許 馬 啊喇 牛 羊 牧群 啊喇 誰
salire ara, age i ambalinggo ara, sure genggiyen ara,
執掌 啊喇 阿哥 的 大方 啊喇 聰明 清明 啊喇
ambula akdahabihe ara, yalure akta ara, ya age yalure
廣大 靠著了來著 啊喇 騎的 騸馬 啊喇 誰 阿哥 騎
ara, aha nehu ara, bihe seme ara, ya ejin takūrara
啊喇 奴才 婢 啊喇 來着 云 啊喇 誰 主 使喚
ara, aculan giyahūn ara, bihe seme ara, ya jui alire
啊喇 隼 鷹 啊喇 來着 云 啊喇 誰 子 托
ara, kuri indahūn ara, bihe seme ara, ya juse kutulere
啊喇 黎狗 狗 啊喇 來着 云 啊喇 誰 衆子 牽
ara, seme soksime songgoro de eme geli songgome hendume
啊喇 云 嗚咽 哭泣 於 母 又 哭泣 說
eme i sure age ara, eme mini ara, enen juse ara, jalin
母 的聰明阿哥 啊喇 母 我的 啊喇 嗣 衆子 啊喇 爲
sain be ara, yabume baifi ara, hūturi baime ara, susai
善 把啊喇 行着 求了啊喇 福 求着 啊喇 五十
sede ara, banjiha sure ara, genggiyen age ara, gala dacun
歲時啊喇 生的 聰明 啊喇 清 明 阿哥啊喇 手 敏捷
ara, gabsihiyan age ara,
啊喇 捷 健 阿哥啊喇

啊喇！這些馬啊喇！牛羊牧群啊喇！誰來掌管啊喇！阿哥的大方啊喇！聰明啊喇！很信賴來著啊喇！騎的騸馬啊喇！那個阿哥騎啊喇！奴僕婢女啊喇！雖然有啊喇！那個主子使喚啊喇！（注 10）隼鷹啊喇！雖然有啊喇！那個孩子架托啊喇！黎狗啊喇！雖然有啊喇！那些孩子牽拉啊喇！而嗚咽哭泣時，母親又哭著說：母親的聰明阿哥啊喇！母親我的啊喇！子嗣啊喇！行著求啊喇！求福啊喇！五十歲時啊喇！生的聰明啊喇！清明的阿哥啊喇！手敏捷啊喇！捷健的阿哥啊喇！

啊喇！这些马啊喇！牛羊牧群啊喇！谁来掌管啊喇！阿哥的大方啊喇！聪明啊喇！很信赖来着啊喇！骑的骟马啊喇！那个阿哥骑啊喇！奴仆婢女啊喇！虽然有啊喇！那个主子使唤啊喇！（注 10）隼鹰啊喇！虽然有啊喇！那个孩子架托啊喇！黎狗啊喇！虽然有啊喇！那些孩子牵拉啊喇！而呜咽哭泣时，母亲又哭着说：母亲的聪明阿哥啊喇！母亲我的啊喇！子嗣啊喇！行着求啊喇！求福啊喇！五十岁时啊喇！生的聪明啊喇！清明的阿哥啊喇！手敏捷啊喇！捷健的阿哥啊喇！

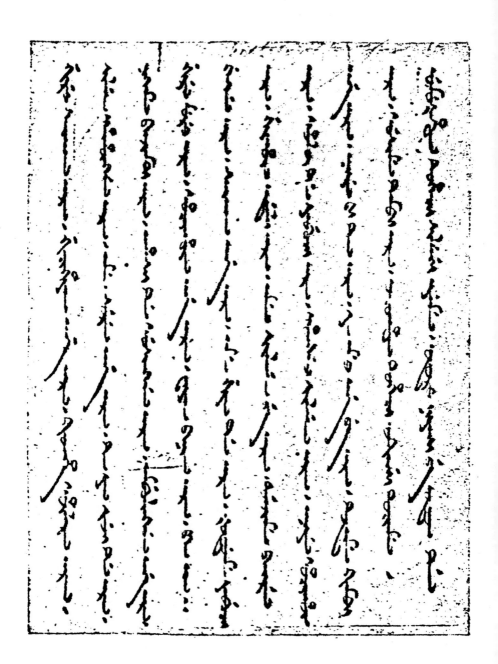

giru saikan ara, gicihiyan age ara, bithe hūlara ara,
骨格 好看 啊喇 華美 阿哥啊喇 書 念的 啊喇
jilgan haihūngga ara, eme sure age ara, te ya jui de
聲 柔 和 啊喇 母 聰明阿哥 啊喇 今 那個 子 於
ara, nikeme banjimbi ara, ahasi de gosingga ara,
啊喇 靠着 生 活 啊喇 衆奴 於 仁愛 啊喇
ambulingga age ara, giru muru ara, hocohūn age ara,
大方 阿哥啊喇 骨格 模樣 啊喇 俊 秀 阿哥 啊喇
fiyan banin ara, pan an i gese ara, sainkan age ara,
顏色 性情 啊喇 潘 安 的 似 啊喇 好 看 阿哥 啊喇
eme giya de ara, šodome yabuci ara, giyahūn adali
母 街 於 啊喇 閒走 行時 啊喇 鷹 像
ara, eme jilgan be ara, donjime baire ara, holo de yabuci
啊喇 母 聲 把 啊喇 聽着 求 啊喇 谷 於 行時
ara, honggo jilgan ara, eniye hocohūn age ara, eniye bi
啊喇 鈴 聲 啊喇 母 俊 秀 阿哥啊喇 母 我
te ara, ya emu age be ara, tuwame bimbi ara,
今啊喇 那 一 阿哥 把 啊喇 看 着 存 着 啊喇
gosime tembi ara, oncohon tuheci obinggi tucime,
仁愛 存 啊喇 仰 面 跌倒時 泡 沫 出
umušhun tuheci silenggi eyeme, oforo niyaki be
俯 跌倒時 唾 沫 流着 鼻 鼻涕 把
oton
盆

樣子好看啊喇！華美的阿哥啊喇！念書的啊喇！聲音柔和啊喇！母親的聰明的阿哥啊喇！現在對那個孩子啊喇！倚靠生活啊喇！對衆奴僕仁慈啊喇！大方的阿哥啊喇！模樣啊喇！俊秀的阿哥啊喇！臉色性情啊喇！猶如潘安啊喇！好看的阿哥啊喇！母親在街啊喇！閒走時啊喇！如同鷹似地啊喇！母親把聲音啊喇！請聽啊喇！行於山谷時啊喇！鈴聲啊喇！母親俊秀的阿哥啊喇！母親我現在啊喇！把那一個阿哥啊喇！看著啊喇！慈愛著啊喇！仰面跌倒時吐泡沫（注 11），俯臥跌倒時流唾沫，把鼻涕擤到木盆裏，

样子好看啊喇！华美的阿哥啊喇！念书的啊喇！声音柔和啊喇！母亲的聪明的阿哥啊喇！现在对那个孩子啊喇！倚靠生活啊喇！对众奴仆仁慈啊喇！大方的阿哥啊喇！模样啊喇！俊秀的阿哥啊喇！脸色性情啊喇！犹如潘安啊喇！好看的阿哥啊喇！母亲在街啊喇！闲走时啊喇！如同鹰似地啊喇！母亲把声音啊喇！请听啊喇！行于山谷时啊喇！铃声啊喇！母亲俊秀的阿哥啊喇！母亲我现在啊喇！把那一个阿哥啊喇！看着啊喇！慈爱着啊喇！仰面跌倒时吐泡沫（注 11），俯卧跌倒时流唾沫，把鼻涕擤到木盆里，

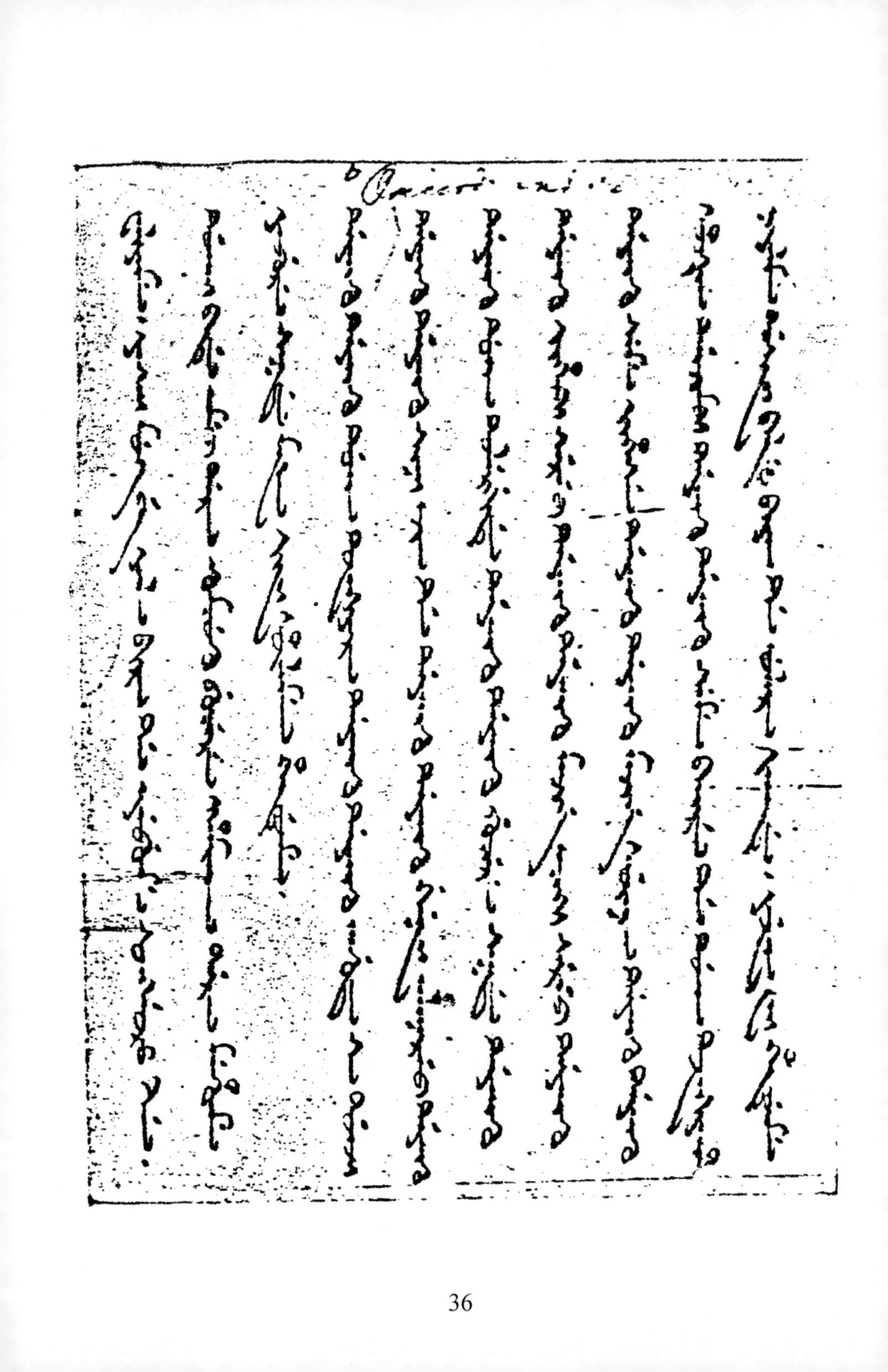

waliyame, yasai muke be yala bira de eyebume songgoro
吐出着 眼的 水 把 亞喇河 於 放水 哭的
de, dukai bade emu dara kumcuku bucere hamika dara
於 門的 於地 一 腰 羅鍋腰 死的 將近了 腰
mehume yabure sakda mafa jifi hūlame hendume deyangku
俯身 行走 老 老翁 來了 念着 德揚庫
deyangku duka tuwakiyara, deyangku deyangku aguta sadonji
德揚庫 門 看守的 德揚庫 德揚庫 衆老兄們 聽
deyangku deyangku sini ejen de, deyangku deyangku genefi
德揚庫 德揚庫 你的 主 於 德揚庫 德揚庫 去了
alanareo, deyangku deyangku duka tulergide, deyangku
請去告訴 德揚庫 德揚庫 門 於外面 德揚庫
deyangku bucere sakda, deyangku deyangku jihebi sereo
德揚庫 死的 老人 德揚庫 德揚庫 來了 請說
deyangku deyangku majige acaki sereo, deyangku deyangku
德揚庫 德揚庫 稍微 欲見 請說 德揚庫 德揚庫
seme jihese, deyangku deyangku majige gūnin, deyangku
云 來吧 德揚庫 德揚庫 稍微 意 德揚庫
deyangku hoošan deijimbi, deyangku deyangku, seme baire
德揚庫 紙 燒 德揚庫 德揚庫 云 求
de duka tuwakiyaha niyalma dosifi baldu bayan de ulara
於 門 看守的 人 入了 巴爾杜巴顏 於 傳
jakade, yuwan wai hendume
之故 員外 說

把眼淚流到亞喇河的哭泣時，有一個羅鍋腰快要死俯著腰行走的老翁來到門口地方唱著說：德揚庫德揚庫！守門的德揚庫德揚庫（注 12）！眾老兄們請聽德揚庫德揚庫！對你的主人德揚庫德揚庫！請去告訴德揚庫德揚庫！在門的外面德揚庫德揚庫！快要死的老人德揚庫德揚庫！請說來了德揚庫德揚庫！請說要見一會兒德揚庫德揚庫！說來了德揚庫德揚庫！區區之意德揚庫德揚庫！要燒紙德揚庫德揚庫！請求時，因守門的人進去轉告巴爾杜巴顏，所以員外說：

把眼泪流到亚喇河的哭泣时，有一个罗锅腰快要死俯着腰行走的老翁来到门口地方唱着说：德扬库德扬库！守门的德扬库德扬库（注 12）！众老兄们请听德扬库德扬库！对你的主人德扬库德扬库！请去告诉德扬库德扬库！在门的外面德扬库德扬库！快要死的老人德扬库德扬库！请说来了德扬库德扬库！请说要见一会儿德扬库德扬库！说来了德扬库德扬库！区区之意德扬库德扬库！要烧纸德扬库德扬库！请求时，因守门的人进去转告巴尔杜巴颜，所以员外说：

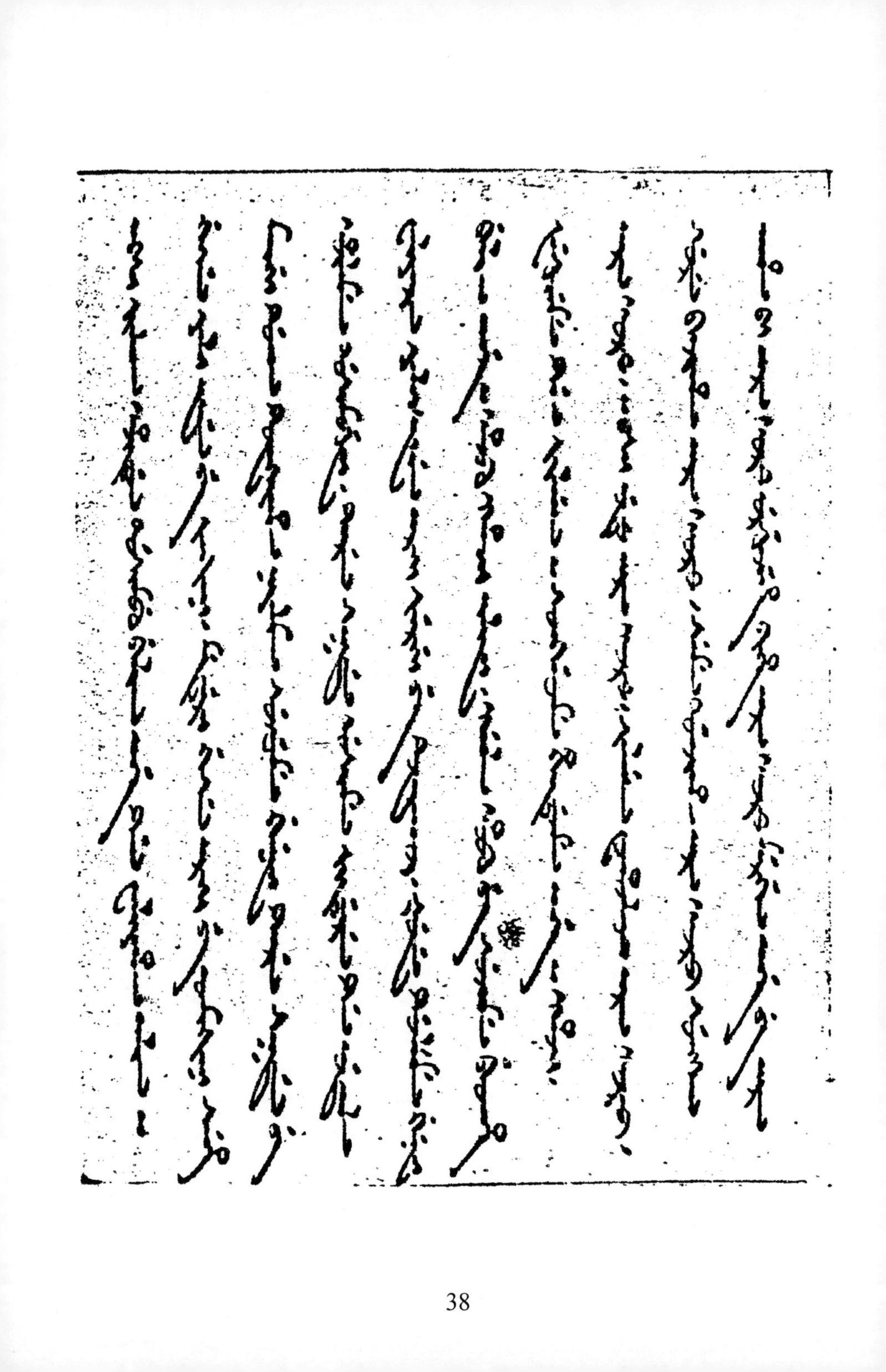

absi jilakan hudun dosimbu belin age de waliyaha alin i
何其 可憐 快 使入 獃 阿哥 祭的 山 的
gese yali efen be jekini, mederi gese arki be omikini
似 肉 餑餑 把 吃吧 海 似 燒酒 把 喝吧
sehe manggi duka tuwakiyaha niyalma sujume genefi tere
說了 後 門 看守的 人 跑 去了 那
sakda be hūlame dosimbufi, tere sakda dosime jidere de
老人 把 喚 使入了 那 老人 入 來 時
utala waliyara yali, efen arki jergi be tuwarakū, šuwe
這些 祭的 肉 餑餑 燒酒 等 把 不看 直
duleme genefi belin age i hobo hanci ilifi, gala hobo be
過 去了 獃 阿哥的 棺 附近 立了 手 棺 把
sujame bethe fekuceme den jilgan i songgome hendume
支着 脚 跳着 高 聲 的 哭着 說
age i haji, ara koro, absi udu ara koro, jalgan
阿哥的 親愛 啊喇 傷心 怎麼 幾個 啊喇 傷心 壽命
foholon ara koro, sure banjiha ara koro, seme donjiha
短 啊啊 傷心 聰明 生的 啊喇 傷心 云 聽了
ara koro, sungken aha bi ara koro, urgunjehe bihe ara
啊喇 傷心 老 奴 我 啊喇 傷心 歡 喜了 來着 啊喇
koro, mergen age be ara
傷心 智慧 阿哥 把 啊喇

多麼可憐，快讓他進來，叫他吃祭獃阿哥像山似的肉、餑餑，叫他喝像海似的燒酒吧！守門的人跑去喊那老人進來。那老人進來時不看這些祭肉、餑餑、燒酒等物，一直走過去，到靠近獃阿哥的棺材站立，手拄著棺材，腳跺著高聲哭著說：阿哥的親愛啊喇傷心呀！（注 13）怎麼幾個啊喇傷心呀！壽命短啊喇傷心！生的聰明啊喇傷心呀！這樣聽了啊喇傷心呀！老奴才我啊喇傷心呀！高興來著啊喇傷心呀！把有智慧的阿哥啊喇

多么可怜，快让他进来，叫他吃祭呆阿哥像山似的肉、饽饽，叫他喝像海似的烧酒吧！守门的人跑去喊那老人进来。那老人进来时不看这些祭肉、饽饽、烧酒等物，一直走过去，到靠近呆阿哥的棺材站立，手拄着棺材，脚跺着高声哭着说：阿哥的亲爱啊喇伤心呀！（注 13）怎么几个啊喇伤心呀！寿命短啊喇伤心！生的聪明啊喇伤心呀！这样听了啊喇伤心呀！老奴才我啊喇伤心呀！高兴来着啊喇伤心呀！把有智慧的阿哥啊喇

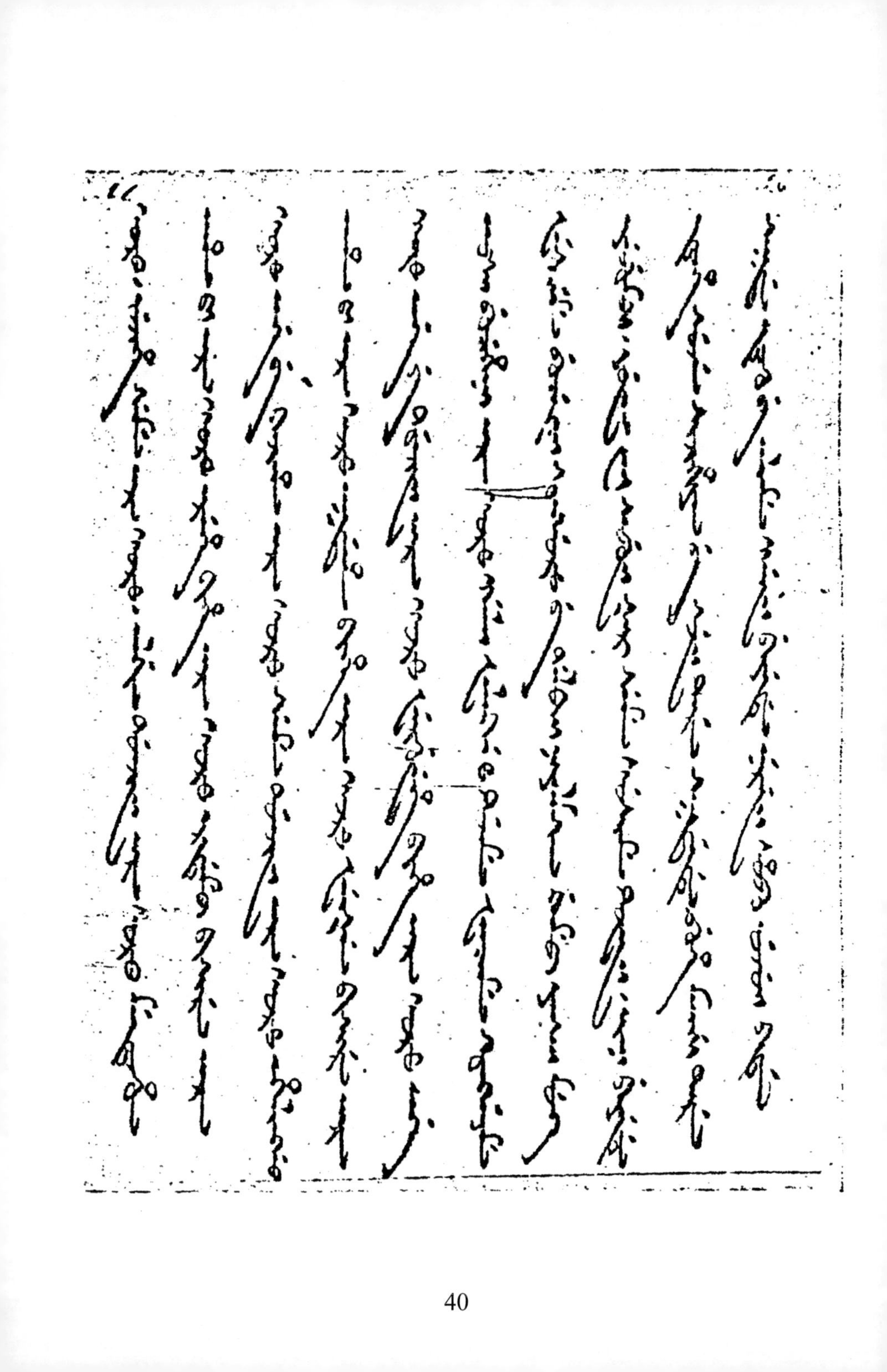

koro, ujihe seme ara koro, algin donjifi ara koro,
傷心 養的 云 啊喇傷心 聲名 聽了 啊喇 傷心
mentuhun aha bi ara koro, erehe bihe ara koro erdemu
愚昧的 奴才我啊喇傷心 指望 來着 啊喇傷心 才德
bisire ara koro, age be banjiha ara koro, seme donjifi
所有 啊喇傷心阿哥把 生 的 啊喇傷心 云 聽了
ara koro, ehelinggo aha bi ara koro, akdaha bihe ara
啊喇傷心 庸劣 奴才我 啊喇傷心 可靠的 來着 啊喇
koro, fengšen bisire ara koro, age be donjifi ara koro
傷心 福祉 所有 啊喇 傷心 阿哥 把 聽了 啊喇 傷心
ferguwehe bihe ara koro, age absi buceheni ara koro,
驚奇了 來着 啊喇 傷心 阿哥 怎麼 死了呢 啊喇 傷心
galai falanggo dume fancame songgome fekuceme bucetei
手的 手掌心 打着 生氣 哭着 跳着 死命
songgoro be dalbai niyalmasa gemu yasai muke eyebumbi,
哭泣 把 旁的 衆人 皆 眼的 水 放水
yuwan wai sabufi šar seme gosime tuwafi, ini beyede
員 外 看了 惻 然 憐愛 看了 他的 於身
etuhe suje sijihiyan be sufi tere sakdade buhe manggi
穿的 緞 袍 把 脫了 那 給老人 給了 後
tere sakda etuku be alime gaifi beyede nerefi hobo ujui
那 老人 衣 把 受 取了 於身 披了 棺 頭的
bade
地方

傷心呀！養了啊喇傷心呀！聽到聲名啊喇傷心呀！愚昧的奴才我啊喇傷心呀！指望來著啊喇傷心呀！有才德啊喇傷心呀！生了阿哥啊喇傷心呀！這樣聽了啊喇傷心呀！庸劣的奴才我啊喇傷心呀！信賴來著啊喇傷心呀！有福祿啊喇傷心呀！聽說阿哥啊喇傷心呀！驚奇來著啊喇傷心呀！阿哥怎麼說死了呢啊喇傷心呀！拍打手掌心（注 14），氣怒哭著跺著死命哭泣時，旁邊的人們都流著眼淚，員外看了惻然憐愛，把他自己身上穿的緞抱脫下給了那老人時，那老人接受了衣服，披在身上，在棺材頭上的地方

伤心呀！养了啊喇伤心呀！听到声名啊喇伤心呀！愚昧的奴才我啊喇伤心呀！指望来着啊喇伤心呀！有才德啊喇伤心呀！生了阿哥啊喇伤心呀！这样听了啊喇伤心呀！庸劣的奴才我啊喇伤心呀！信赖来着啊喇伤心呀！有福禄啊喇伤心呀！听说阿哥啊喇伤心呀！惊奇来着啊喇伤心呀！阿哥怎么说死了呢啊喇伤心呀！拍打手掌心（注 14），气怒哭着跺着死命哭泣时，旁边的人们都流着眼泪，员外看了恻然怜爱，把他自己身上穿的缎抱脱下给了那老人时，那老人接受了衣服，披在身上，在棺材头上的地方

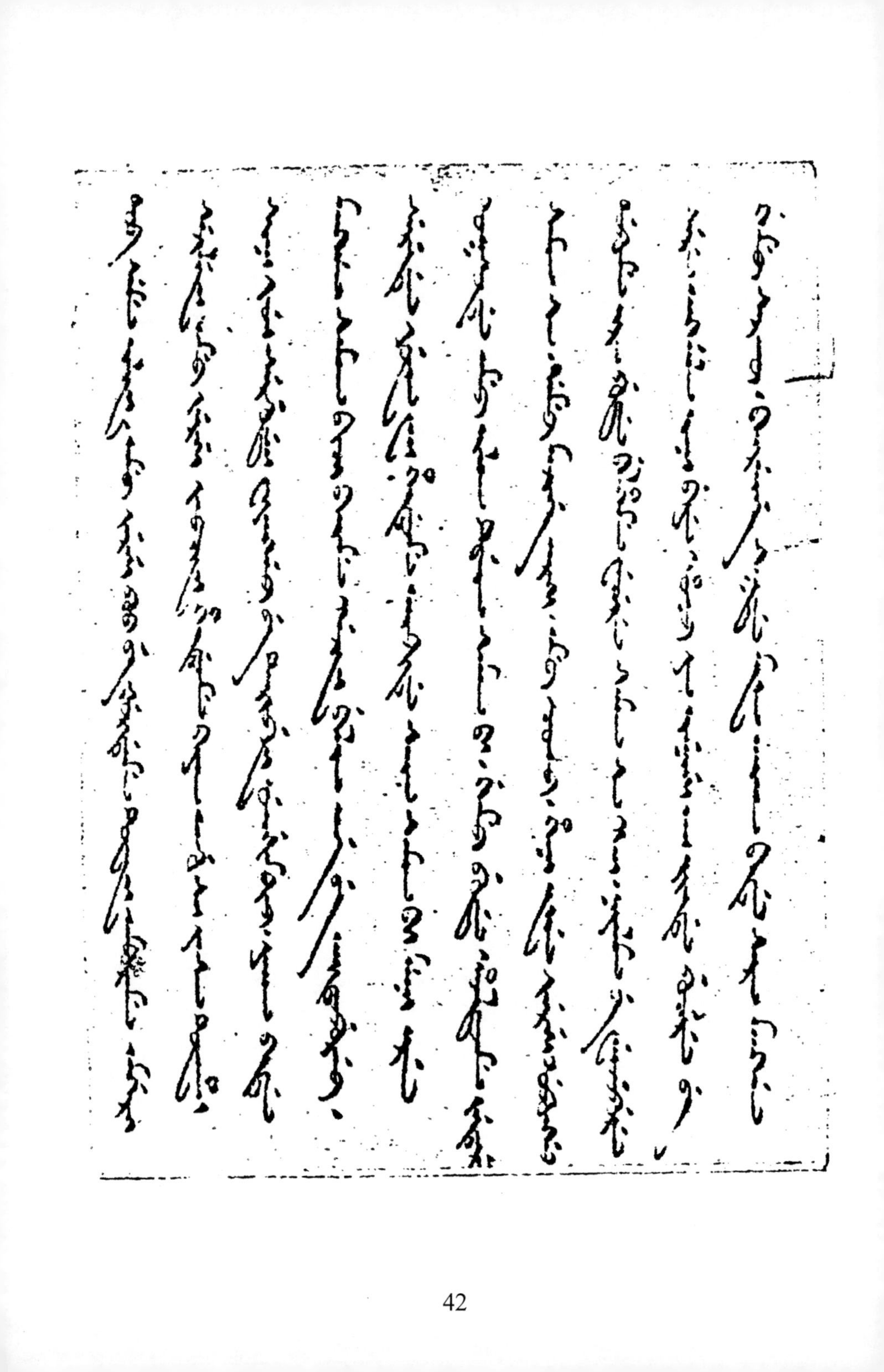

tob seme ilifi, emu jergi boo be šurdeme tuwafi
正 着 立了 一 下 家把 周圍 看 了
ambarame emgeri sejilefi emu jergi jabcafi hendume
張 大 一下 嘆息 一 次 責怪 說
bayan agu si yasa tuwahai sini jui sergudai fiyaggo be
巴顏 老兄 你 眼 看 的 你的 子 色爾古代 費揚古 把
turibufi unggimbio yaka bade mangga saman bici baime
脫落 差遣嗎 那個 地方 出群 薩蠻 若有 請
gajifi belin age be aitubureo, serede yuwan wai hendume
帶來 獃 阿哥 把 請救助 說時 員 外 說
aibide sain saman bi meni ere toksode emu ilan duin
在那裏 好 薩蠻 有 我們的此 村莊裏 一 三 四
saman bi, gemu buda holtome jetere saman sa, damu
薩蠻 有 皆 飯 哄着 吃的 薩蠻 們 只
majige arki, emu coko, heni efen jergi dobonggo dobome
稍許 燒酒 一 鷄 一些 餑餑 等 供物 供着
ira buda belheme wecere saman sa kai, niyalma be
糜 飯 預備着 祭的 薩蠻 們 啊 人 把
weijubure sere anggala ini beye hono ya inenggi ai
使活過來 不 但 他 自己 尚且 何 日 何
erinde bucere be gemu sarkū, bairengge sakda mafa aika
於時 死的 把 皆 不知 所求的 老 翁 倘
bade sara mangga
若 知的 出群的

直立著，一下看了屋子周圍，大聲嘆息一下，一下責怪說：巴顏老兄，你眼看著你的兒子色爾古代費揚古失落而去嗎？那個地方若有才能出群的薩蠻請來救獃阿哥吧！員外說：在那裏有好薩蠻呢？在我們這個村莊裏有幾個薩蠻，都是哄飯吃的薩蠻們，衹是上供一點燒酒、一隻鷄、一些餑餑等供物，是預備糜子飯祭祀的薩蠻們啊！不但不能救活人，連他自己那一天何時死都不知道。懇求老翁倘若知道有本事出群的

直立着，一下看了屋子周围，大声叹息一下，一下责怪说：巴颜老兄，你眼看着你的儿子色尔古代费扬古失落而去吗？那个地方若有才能出群的萨蛮请来救呆阿哥吧！员外说：在那里有好萨蛮呢？在我们这个村庄里有几个萨蛮，都是哄饭吃的萨蛮们，只是上供一点烧酒、一只鸡、一些饽饽等供物，是预备糜子饭祭祀的萨蛮们啊！不但不能救活人，连他自己那一天何时死都不知道。恳求老翁倘若知道有本事出群的

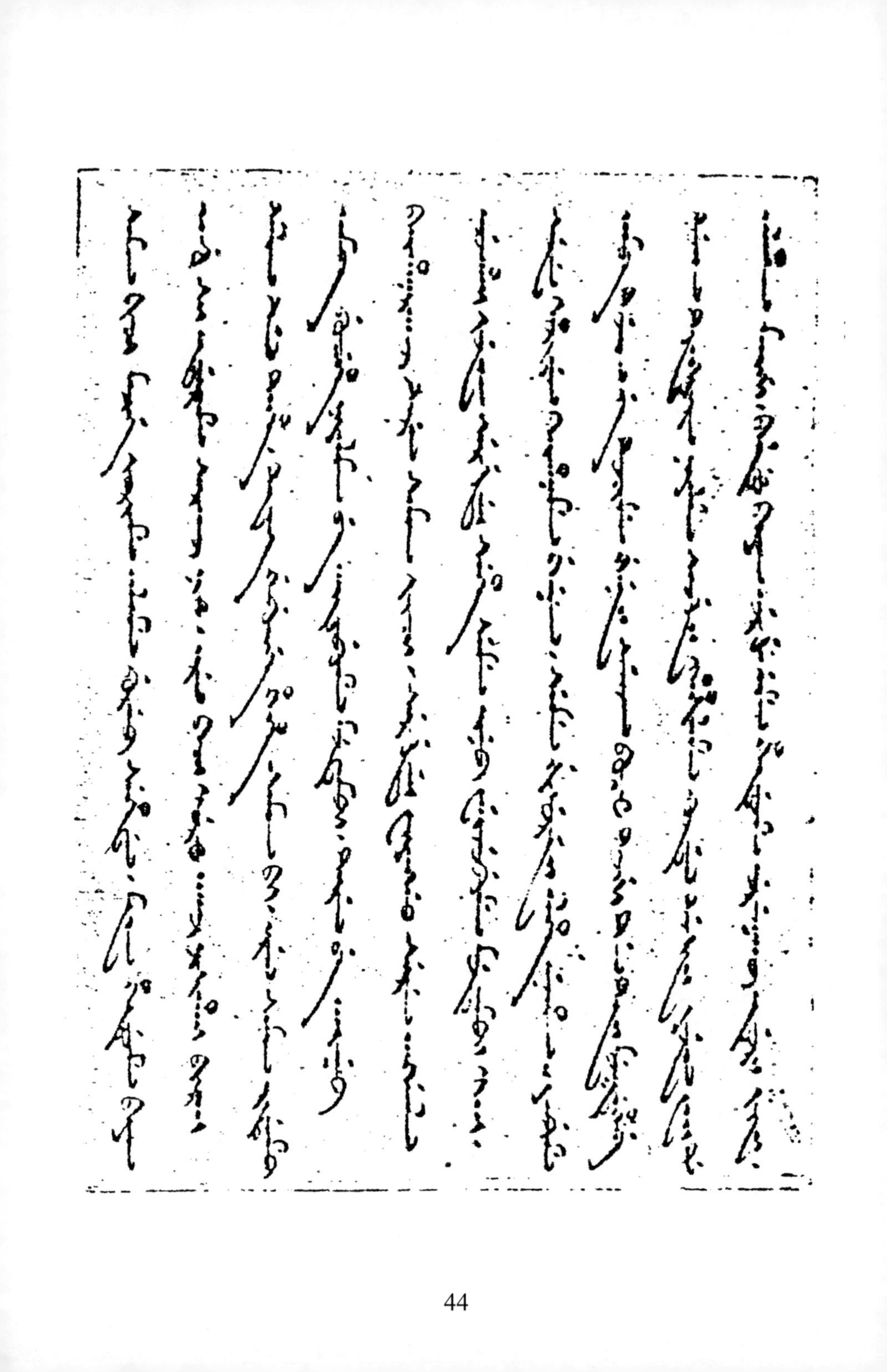

saman bici majige jorime alame bureo sehede, mafa
薩蠻 若有 稍 指示 告訴 給吧 說了時 老翁
hendume bayan agu si adarame sarkū nio, ere baci goro
說 巴顏老兄你 怎麼 不知 嗎 這 從地 遠
akū nisihai birai dalin de tehe, tawang gebungge hehe
不 尼西海 河的 岸 於住的 塔 旺 名叫的 女
saman bi, ere saman erdemu amba bucehe niyalma be
薩蠻 有 這 薩蠻 才能 大 死的 人 把
aitubume mutembi, tere be ainu baihanarakū tere saman
救 助 能 他 把為何不去請 那 薩蠻
jici, sergudai fiyanggo sere anggala uthai juwan sergudai
若來 色爾古代 費揚古 不 但 就是 十 色爾古代
sehe seme inu weijubume mutembi kai, suwe hūdun
說了 云 亦 使活過來 能 啊 你們 趕快
baihaname gene, seme gisurefi elhe nuhan i yabume amba
去 找 去 云 說了 緩緩 從容 的 行 大
duka be tucime genefi sunja boco tugi de tefi mukdehebe
門 把 出 去了 五 色 雲 於 坐了 高昇了
duka tuwakiyara niyalma sabufi hahilame boode dosifi
門 看守的 人 見了 趕緊 於家 入了
yuwan wai de alaha manggi, baldu bayan urgunjeme
員 外 向 告訴 後 巴爾杜 巴顏 歡 喜
hendume urunakū enduri jifi,
說 必定 神 來了

薩蠻時，請稍指點賜告吧！老翁說：巴顏老兄你怎麼不知道呢？離這裏不遠，住在尼西海河岸，有一個名叫塔旺的女薩蠻，這個薩蠻本事很大，能把死人救活，為什麼不去找他呢？若是那薩蠻來時，不但是色爾古代費揚古，就是說十個色爾古代，也能救活過來啊！你們趕快去找吧！說了就從容不迫的走出大門而去，坐在五彩的雲上高昇了，守門的人看了趕緊進入屋裏告訴員外時，巴爾杜巴顏高興著說，一定是神來了，

萨蛮时，请稍指点赐告吧！老翁说：巴颜老兄你怎么不知道呢？离这里不远，住在尼西海河岸，有一个名叫塔旺的女萨蛮，这个萨蛮本事很大，能把死人救活，为什么不去找他呢？若是那萨蛮来时，不但是色尔古代费扬古，就是说十个色尔古代，也能救活过来啊！你们赶快去找吧！说了就从容不迫的走出大门而去，坐在五彩的云上高升了，守门的人看了赶紧进入屋里告诉员外时，巴尔杜巴颜高兴着说，一定是神来了，

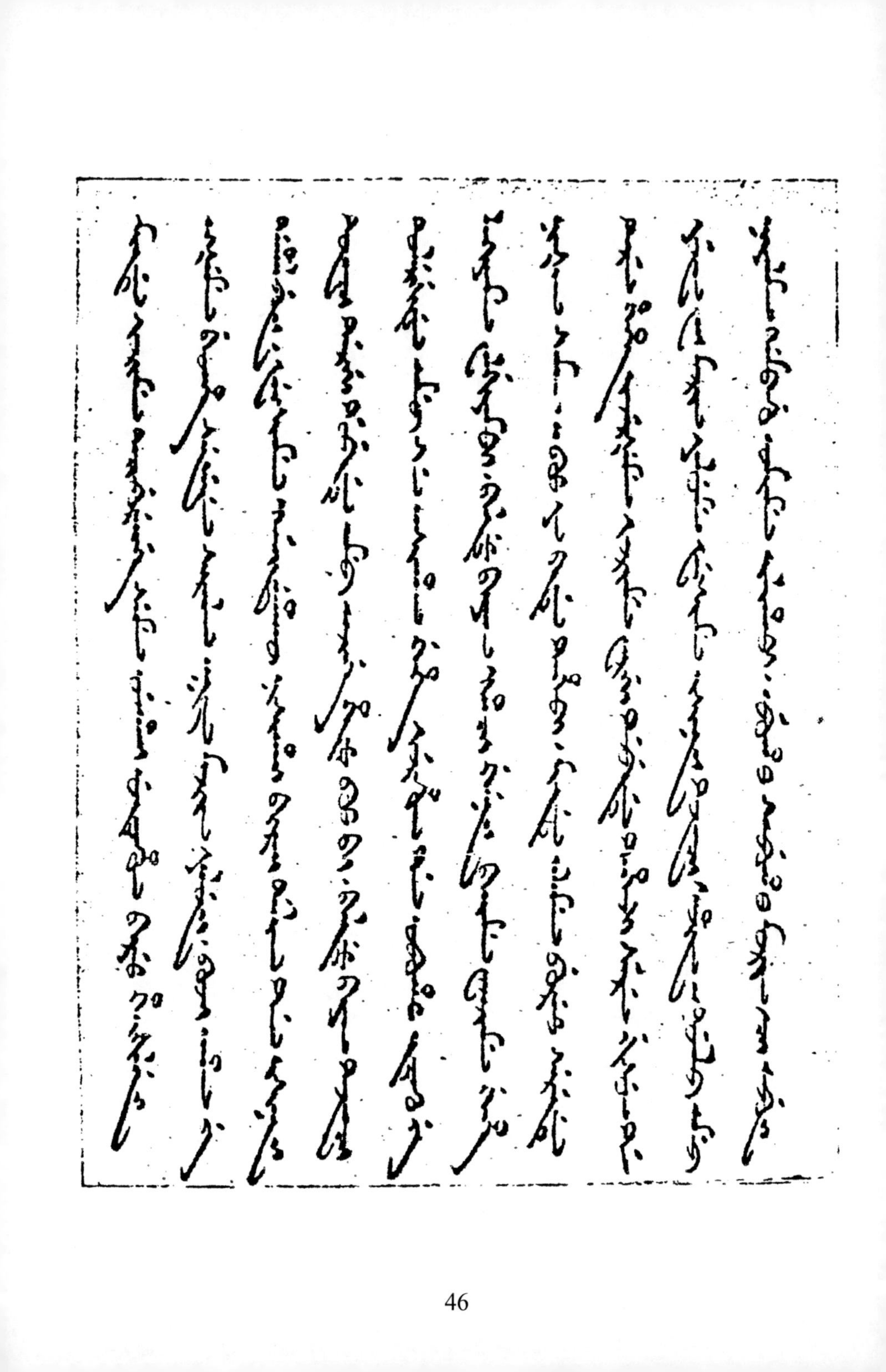

[illegible]

minde jorime taciburengge seme uthai untuhun baru
於我 指示 指教的 云 就 空 向
hengkilefi ekšeme bethe sefere sarala akta morin yalufi,
叩首了 急忙 脚 銀蹄 貉皮馬騙馬 馬 騎了
booi aha be dahalabufi, feksime goidahakū nisihai birai
家的 奴 把 使隨了 跑着 不久 尼西海 河的
dalin de isinafi tuwaci dergi dubede emu ajige hetu boo
岸 於 去到了 看時 東 盡頭 一 小 廂 房
bi, baldu bayan tuwaci tulergide emu se asihan gehe
有 巴爾杜 巴顏 看 時 於外面 一 歲 少 姐姐
jurhun de oboho etuku be lakiyame walgiyambi, baldu
杆 於 洗的 衣 把 懸着 晒 巴爾杜
bayan hanci genefi baime fonjime gehe nišan saman i
巴顏 附近 去了 請 問着 姐姐 尼山 薩蠻 的
boo ya bade tehebi, minde alame bureo serede tere hehe
家 何 地方 住的 於我 告訴 給吧 說時 那 女
injeršeme jorime wargi dubede tehebi sere gisun de
笑盈盈 指示 西 盡 頭 住 的 說 言 於
yuwan wai morin yalume feksime isinafi tuwaci hūwa i
員 外 馬 騎着 跑着 去到了 看時 院子 的
dolo emu niyalma dambagu omime ilihabi, ebuho sabuho
内 一 人 烟 吸着 立了 急 忙
morin ci ebufi
馬 從 下了

給我指示的，就向空中叩拜，急忙騎了貉皮騙馬，令家裏的奴僕跟隨。跑著不久到了尼西海河岸，看到東邊盡頭有一家小廂房，巴爾杜巴顏一看時，外面有一位歲數年輕的姐姐在木杆上掛晒洗濯的衣服。巴爾杜巴顏走近請問說：姐姐，尼山薩蠻的家住在那裏？請告訴我吧！那個姐姐笑盈盈地指著說：往在西邊盡頭。員外聽了這話騎著馬跑到後看時，在院子內有一個人吸烟站著，急忙下了馬，

给我指示的，就向空中叩拜，急忙骑了貉皮骟马，令家里的奴仆跟随。跑着不久到了尼西海河岸，看到东边尽头有一家小厢房，巴尔杜巴颜一看时，外面有一位岁数年轻的姐姐在木杆上挂晒洗濯的衣服。巴尔杜巴颜走近请问说：姐姐，尼山萨蛮的家住在那里？请告诉我吧！那个姐姐笑盈盈地指着说：往在西边尽头。员外听了这话骑着马跑到后看时，在院子内有一个人吸烟站着，急忙下了马，

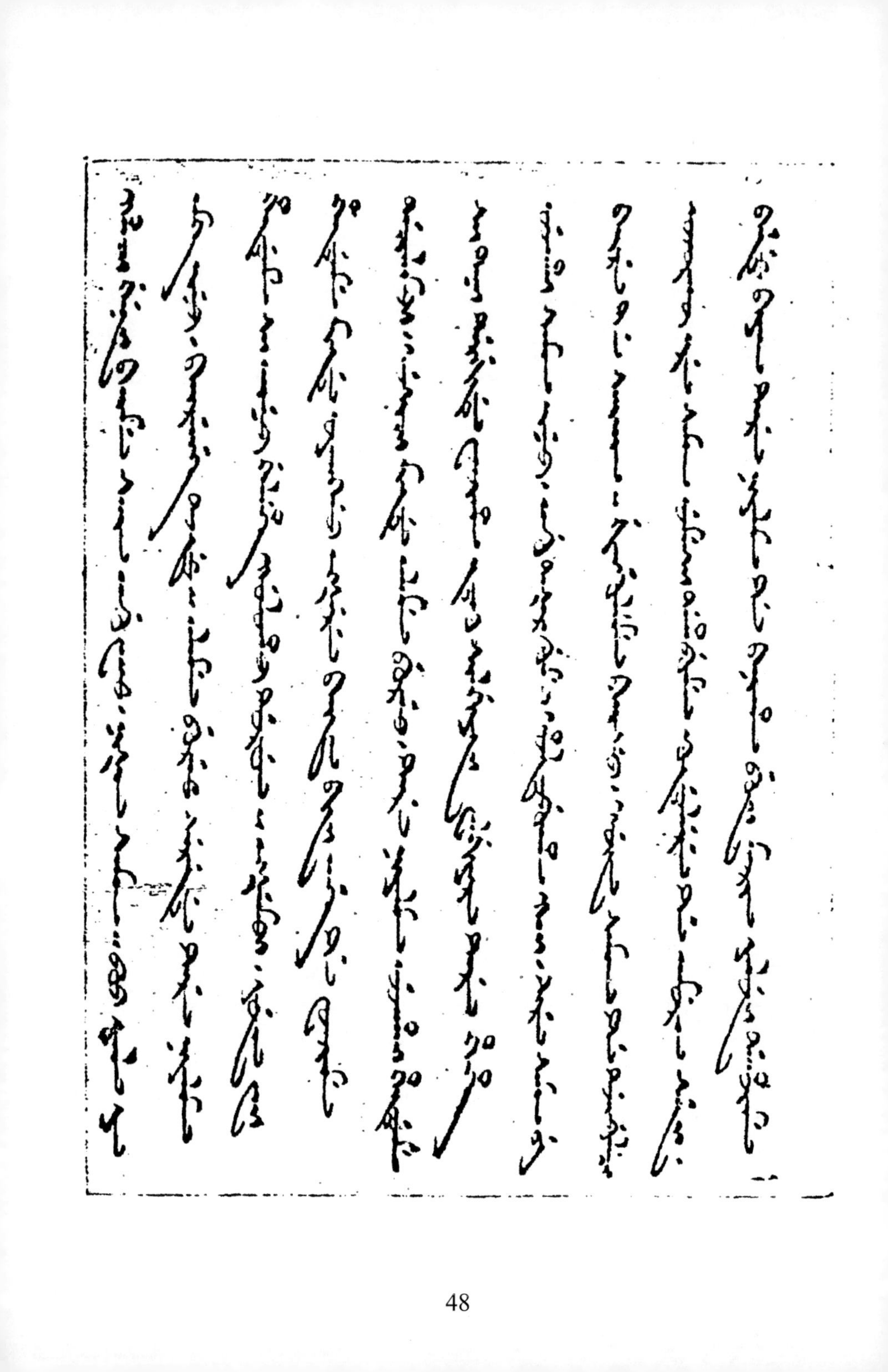

hanci genefi baime sain agu wako, nišan saman i boo yala
附近 去了 求着 好 老兄 不是嗎 尼山 薩 蠻 的家 眞的
ya emke inu, bairengge tondo i alame bureo serede tere
何 一個 是 所求者 直 的告 給吧 說時 那
niyalma hendume si ainu gelehe goloho durun i ekšembi,
人 說 你爲何 怕的 驚的 樣子的 忙
yuwan wai hendume minde oyonggo ekšere baita bifi age de
員 外 說 於我 緊要 急的 事 有了阿哥於
fonjime dacilambi, gosici minde alame bureo, tere niyalma
問着 請 示 若憐愛 於我 告訴 給吧 那 人
uthai hendume si teni dergide fonjiha etuku silgiyafi
就 說 你剛才 於東 問的 衣 洗了
walgiyara tere hehe uthai saman inu, agu tašarabume
晒 的 那 女 就 薩蠻 是 老兄 致錯
holtobuha kai, tere saman be baire de saikan ginggguleme
被哄 啊 那 薩 蠻 把 請 於 好好 的恭 謹
baisu, gūwa saman de duibuleci ojorakū ere saman umesi
請吧 別 薩蠻 於 若比 不可 此 薩蠻 很
dahabume kundulere de amuran sefi, baldu bayan tere
被迎合 恭敬 於 喜好 說了 巴爾杜 巴顏 那
niyalma de baniha bufi morin yalufi dahūme
人 於 謝 給了 馬 騎了 再

走近請問說：不是好老兄嗎？尼山薩蠻的家究竟是那一個呢？懇請直告吧！那個人說：你為什麼驚怕樣子的慌忙呢？員外說：我有緊急的事情，要請問阿哥，如蒙憐愛，請告訴我吧！那人就說：你剛才在東邊問的掛晒衣服的那個女人就是薩蠻，老兄被哄錯過了啊！請那個薩蠻時，要好好的恭敬的懇求，不可和別的薩蠻相比，這個薩蠻很喜好被人迎合恭維。巴爾杜巴顏向那人道謝後騎了馬再

走近请问说：不是好老兄吗？尼山萨蛮的家究竟是那一个呢？恳请直告吧！那个人说：你为什么惊怕样子的慌忙呢？员外说：我有紧急的事情，要请问阿哥，如蒙怜爱，请告诉我吧！那人就说：你刚才在东边问的挂晒衣服的那个女人就是萨蛮，老兄被哄错过了啊！请那个萨蛮时，要好好的恭敬的恳求，不可和别的萨蛮相比，这个萨蛮很喜好被人迎合恭维。巴尔杜巴颜向那人道谢后骑了马再

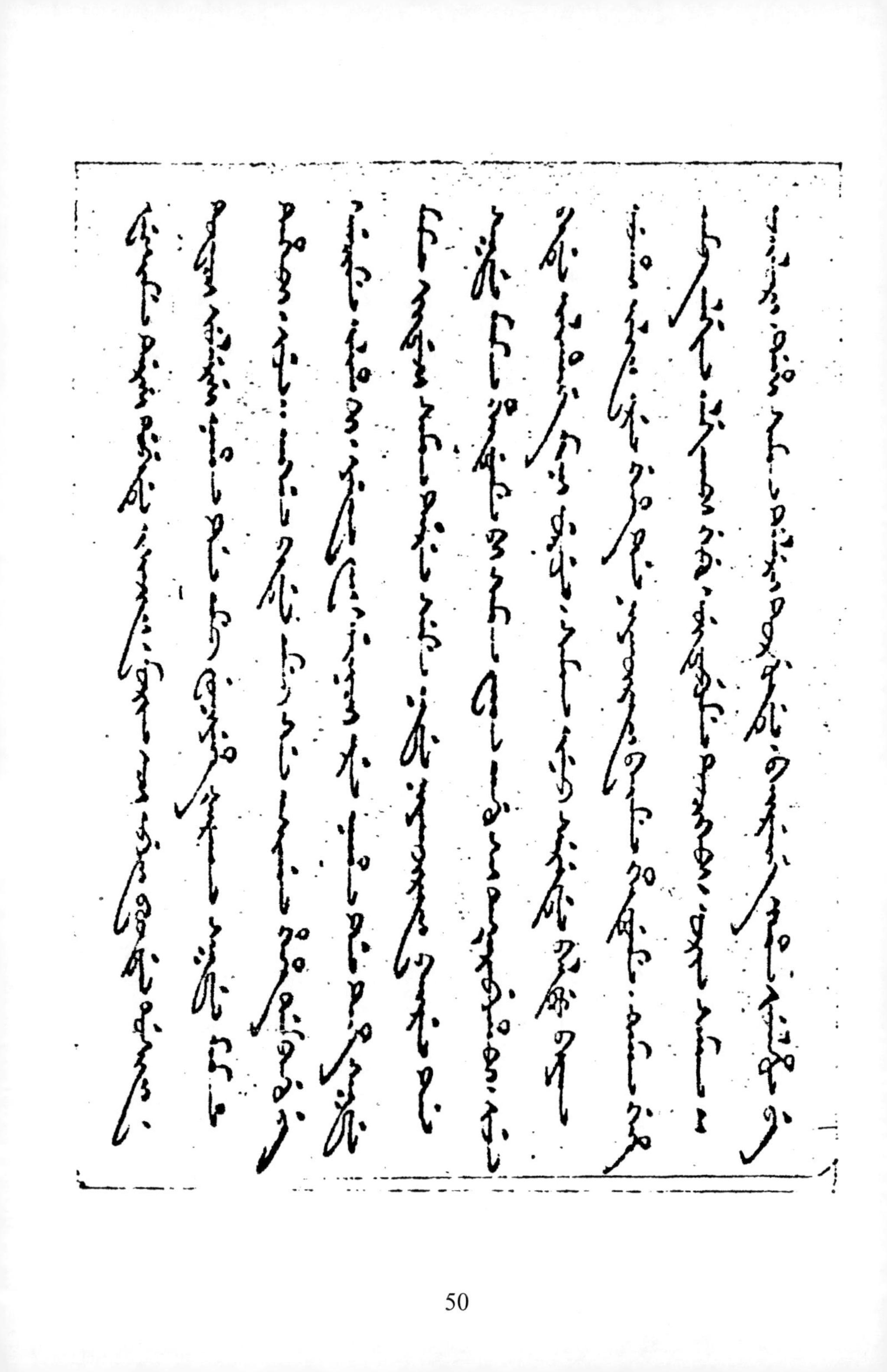

feksime dergi dubede isinjifi, morin ci ebufi boode
跑着 東 盡頭 來到了 馬 從 下了 於家
dosifi, tuwaci julergi nahan de emu funiyehe šaraka
入了 看時 南 炕 於 一 頭髮 全白
sakda mama tehebi, jun i angga bade emu se asigan hehe
老 老嫗 坐了 竈門的 口 地方 一 歲 少 女
dambagu be gocime ilihabi, yuwan wai gūnici ere nahan
烟 把 抽着 站了 員 外 想時 此 炕
de tehe sakda mama jiduji saman dere seme nade
於 坐了 老 老嫗 到底 薩蠻 吧 云 於地
niyakūrafi baire de sakda mama hendume bi saman waka
跪 了 請 於 老 老嫗 說 我 薩蠻 不是
agu si tašarabuhabi, jun bade ilihangge mini urun,
老兄 你 致 錯 了 竈門地方 站 的 我的 媳婦
saman inu serede baldu bayan uthai ilifi ere gehe de
薩蠻 是 說時 巴爾杜 巴 顏 卽 起立 此 姑 娘 對
niyakūrafi baime hendume, saman gehe amba algin
跪 了 求着 說 薩 蠻 姑 娘 大 聲 名
algikabi gebu gūtubume tucikebi, orin saman i oilori, dehi
宣 揚 名 忝 着 出 了 二十 薩 蠻 的 浮 面 四十
saman deleri turgunde, bairengge han julhun be
薩 蠻 上 緣 故 所求者 帝 運 數 把

跑到東邊盡頭，下了馬進入屋裏，一看時南面炕上坐了一個頭髮全白的老太太，在竈門口地方有一個年輕姑娘抽烟站著，員外以為這個坐在炕上的老太太必然是薩蠻吧！於是跪在地上請求。老太太說：我不是薩蠻，老兄你被弄錯了，在竈門地方站的我的媳婦就是薩蠻。巴爾杜巴顏即站起來向這個姐姐跪下求著說：薩蠻姐姐大名傳揚，忝辱所出聲名，在二十個薩蠻以外，四十個薩蠻以上，所求者是來請給我看帝數

跑到东边尽头，下了马进入屋里，一看时南面炕上坐了一个头发全白的老太太，在灶门口地方有一个年轻姑娘抽烟站着，员外以为这个坐在炕上的老太太必然是萨蛮吧！于是跪在地上请求。老太太说：我不是萨蛮，老兄你被弄错了，在灶门地方站的我的媳妇就是萨蛮。巴尔杜巴颜即站起来向这个姐姐跪下求着说：萨蛮姐姐大名传扬，忝辱所出声名，在二十个萨蛮以外，四十个萨蛮以上，所求者是来请给我看帝数

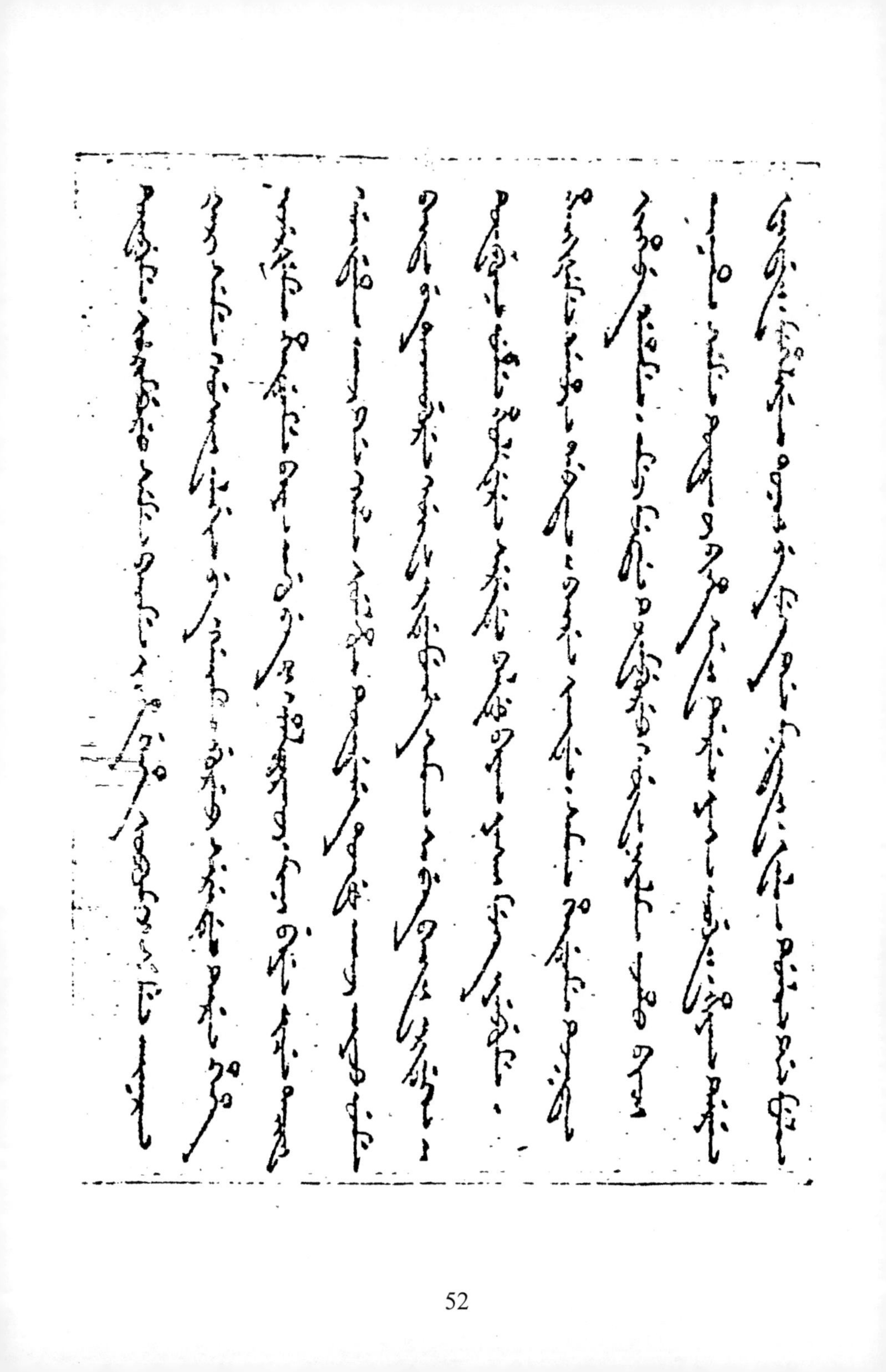

tuwabume jorimbureo seme baime jihe gehe jobombi
使 看 指 示 吧 云 求着 來了 姑娘 辛 苦
seme ainara šar seme gosifi algin be gaime bureo serede
云 奈何 惻 然 憐 愛 聲名 把 取 給吧 說時
tere hehe injeršeme hendume bayan agube bi holtorakū,
那 女人 笑 着 說 巴 顏 老兄把 我 不 哄
mini beye ice tacifi goidaha akū de han julhun tuwarengge
我的 自身 新 學了 久 不 於 帝 運數 看 的
tondo akū ayoo ume baita be tookabure gūwa erdemungge
正直 不 恐怕 不要 事 把 使 誤 別 有才能的
saman sabe baifi erdeken i tuwabuna ume heoledere serede
薩 蠻 把們 求了 早早的 的 去給看 不要 怠 慢 說時
baldu bayan yasai muke eyebume, hengkišeme dahūn dabtan
巴爾杜巴顏 眼的 水 放 水 連叩着頭 再 屢
i baire jakade, saman hendume tuktan jihebe dahame emu
的 求 之 故 薩 蠻 說 起 初 來 了 既 一
mudan tuwambureo gūwa niyalma oho bici ainaha seme
次 給 看 吧 別 人 了 若 斷 然
tuwarakū bihe sefi dere yasa obufi, hiyan deren faidafi,
不 看 來 着 說了 臉 眼 洗了 香 案 排 列了
muheliyen tonio be muke de maktafi, falan dulin de mulan
圓 大棋 把水 於 拋了 屋 半 於 杌子

加以指點吧！辛苦姐姐怎麼樣呢？惻然憐愛以副聲名吧！那女人笑著說：我不騙巴顏老兄，我自己因初學不久，看帝數恐怕不正確，不要躭誤事情，找別的有才能的薩蠻們，早早的去給他看吧！不要怠忽。巴爾杜巴顏流著眼淚，接連叩頭，再三請求後，薩蠻說：既是初次來的，給你看一次吧！若是別人，斷然不看。說後洗了臉眼，擺設香案，把大圓棋拋到水裏，房子中間放了板凳

加以指点吧！辛苦姐姐怎么样呢？恻然怜爱以副声名吧！那女人笑着说：我不骗巴颜老兄，我自己因初学不久，看帝数恐怕不正确，不要躭误事情，找别的有才能的萨蛮们，早早的去给他看吧！不要怠忽。巴尔杜巴颜流着眼泪，接连叩头，再三请求后，萨蛮说：既是初次来的，给你看一次吧！若是别人，断然不看。说后洗了脸眼，摆设香案，把大圆棋抛到水里，房子中间放了板凳

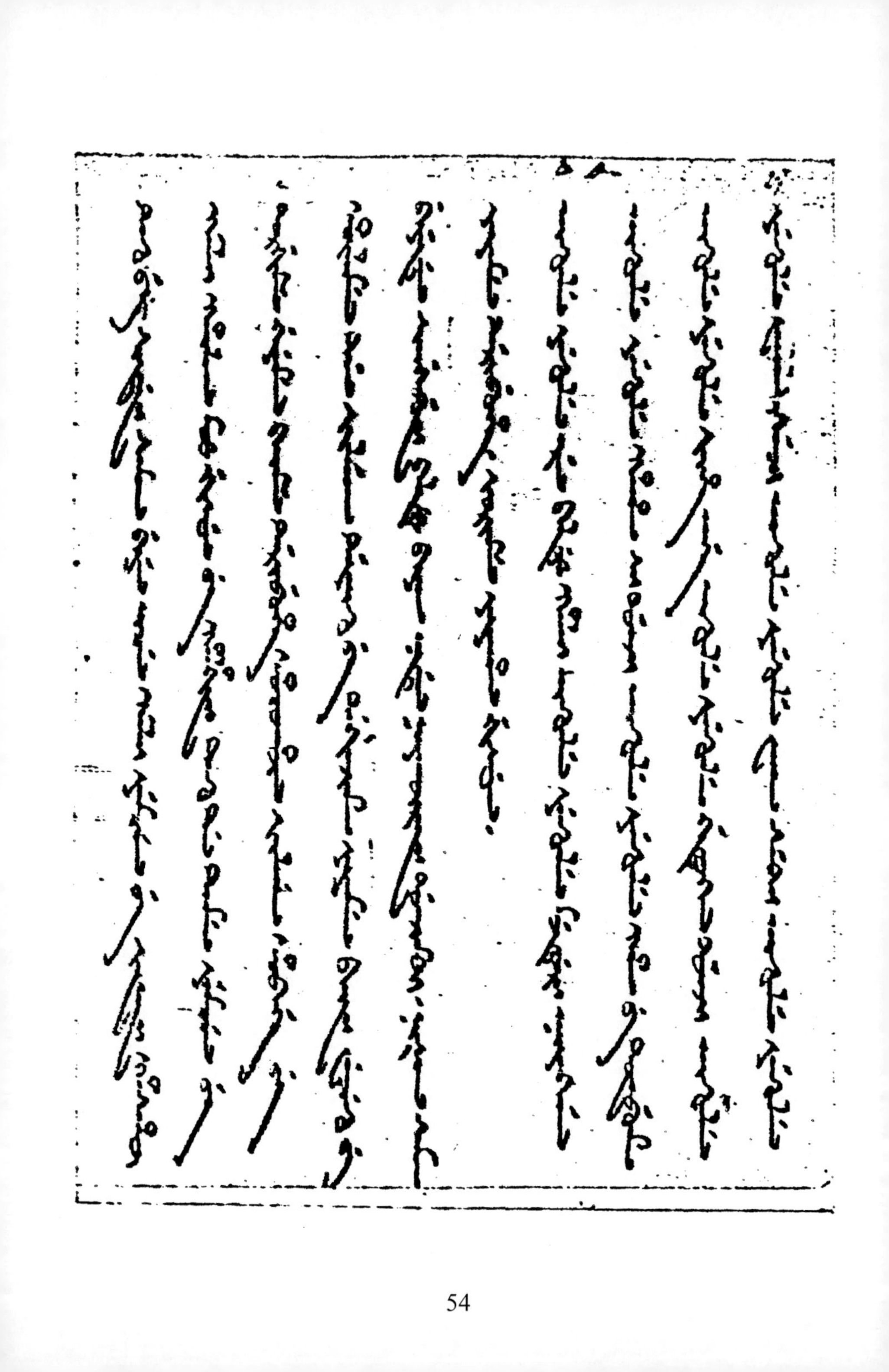

[illegible]

teku be sindafi saman beye ice galai yemcen be jafafi
座位 把 放了 薩蠻 自身右 手的 男手鼓 把 拿了
hashū galai hailan moo gisun be halhifi teku de teme
左 手的 榆 木 鼓推 把盤繞 座位 於 坐着
yemcen be torgime geyeme baime deribuhe hocohūn jilgan
男手鼓 把 圈着 咕咕 請着 開始 秀美 聲
hobage be hūlame den jilgan deyangku be dahinjime
火巴格 把 念着 高 聲 德揚庫 把 反 復
yayame baifi weceku be beyede singgebufi baldu bayan
喋喋着 求了 神祇 把 於身 入 己 了 巴爾杜 巴 顏
nade niyakūrafi donjimbi, nišan saman yayame deribuhe,
於地 跪 了 聽 尼山 薩蠻 喋喋 開始了
jorime yayaha gisun, eikule yekule ere baldu halai eikule
指示着 喋喋的 言 額伊庫勒也庫勒 這 巴爾杜 姓的額伊庫勒
yekule muduri aniyangga, eikule yekule haha si donji
也庫勒 龍 年 生 的 額伊庫勒也庫勒 男人 你 聽吧
eikule yekule han be tuwabume, eikule yekule jihe age
額伊庫勒也庫勒帝 把 使 看 額伊庫勒也庫勒 來的 阿哥
eikule yekule getuken donji, eikule yekule waka seci
額伊庫勒也庫勒 明白的 聽 吧 額伊庫勒也庫勒 不是 若說
eikule yekule waka sebai, eikule yekule
額伊庫勒也庫勒 不是 說吧 額伊庫勒 也庫勒

薩蠻自己右手（注 15）拿了男手鼓（注 16），左手盤繞榆木鼓推，坐在座位上，敲著男手鼓，咕咕地開始請著（注 17），美妙的聲音唱著火巴格（注 18），高聲反覆喊著德揚庫，喋喋地請著，使神祇入於己身，巴爾杜巴顏跪在地上，尼山薩蠻喋喋地開始指示神靈的話說：額伊庫勒也庫勒！這姓巴爾杜的額伊庫勒也庫勒！屬龍年生的額伊庫勒也庫勒！男人你聽吧額伊庫勒也庫勒！朝覲帝君額伊庫勒也庫勒！來的阿哥額伊庫勒也庫勒！明白的聽吧額伊庫勒也庫勒！若不是額伊庫勒也庫勒！就說不是吧額伊庫勒也庫勒！

萨蛮自己右手（注 15）拿了男手鼓（注 16），左手盘绕榆木鼓推，坐在座位上，敲着男手鼓，咕咕地开始请着（注 17），美妙的声音唱着火巴格（注 18），高声反复喊着德扬库，喋喋地请着，使神祇入于己身，巴尔杜巴颜跪在地上，尼山萨蛮喋喋地开始指示神灵的话说：额伊库勒也库勒！这姓巴尔杜的额伊库勒也库勒！属龙年生的额伊库勒也库勒！男人你听吧额伊库勒也库勒！朝覲帝君额伊库勒也库勒！来的阿哥额伊库勒也库勒！明白的听吧额伊库勒也库勒！若不是额伊库勒也库勒！就说不是吧额伊库勒也库勒！

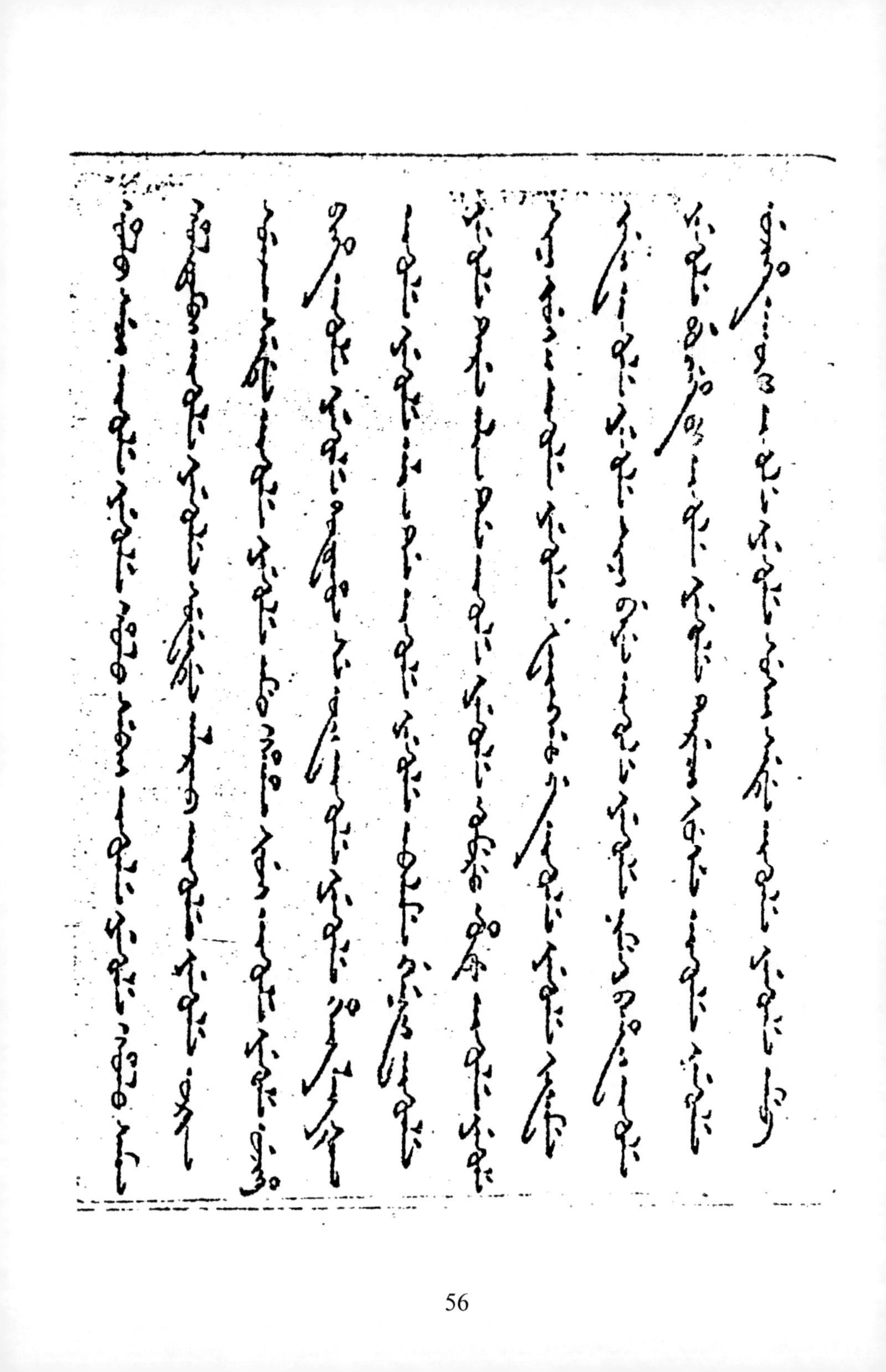

[illegible]

holo seci, eikule yekule holo sebai, eikule
虛假若說 額伊庫勒也庫勒虛假 說吧 額伊庫勒
yekule holo saman holtombi, eikule yekule suwende alarao
也庫勒虛假 薩蠻 欺 哄 額伊庫勒也庫勒 於你們 告訴吧
eikule yekule orin sunja sede, eikule yekule emu haha jui
額伊庫勒也庫勒二十 五 歲時 額伊庫勒也庫勒 一 男孩子
eikule yekule ujihe bihe, eikule yekule tofohon se ofi
額伊庫勒也庫勒養了 來着 額伊庫勒也庫勒 十 五 歲 了
eikule yekule heng lang šan, eikule yekule alinde, eikule
額伊庫勒也庫勒橫 攔 山 額伊庫勒也庫勒 山 於 額伊庫勒
yekule abalame genefi, eikule yekule tere alinde, eikule
也庫勒 打 圍 去了 額伊庫勒也庫勒 那 山 於 額伊庫勒
yekule kumuru hutu, eikule yekule sini jui i, eikule
也庫勒庫穆路 鬼 額伊庫勒也庫勒 你的 子 的 額伊庫勒
yekule fainggo be, eikule yekule jafame jefi, eikule yekule
也庫勒 魂 把 額伊庫勒也庫勒 拿 着 吃了額伊庫勒也庫勒
ini beye, eikule yekule nimeku bahafi, eikule yekule
他 自身 額伊庫勒也庫勒 病 得 了 額伊庫勒也庫勒
bucehe bi, eikule yekule tereci juse, eikule yekule ujihe
死 了 額伊庫勒 也庫勒 其 後 子們 額伊庫勒 也庫勒 養了
akūbi, eikule yekule susai sede, eikule yekule emu
沒了 額伊庫勒 也庫勒 五十 歲時 額伊庫勒 也庫勒 一

若是假時額伊庫勒也庫勒！就說假吧額伊庫勒也庫勒！假薩蠻欺哄額伊庫勒也庫勒！告訴你們吧額伊庫勒也庫勒！二十五歲時額伊庫勒也庫勒！養了來著額伊庫勒也庫勒！到了十五歲額伊庫勒也庫勒！橫攔山額伊庫勒也庫勒！到山裏額伊庫勒也庫勒！打圍去了額伊庫勒也庫勒！在那山上額伊庫勒也庫勒！庫穆路鬼額伊庫勒也庫勒！你的孩子的額伊庫勒也庫勒！把魂額伊庫勒也庫勒！（注 19）捉食了額伊庫勒也庫勒！他的身體額伊庫勒也庫勒！得了病額伊庫勒也庫勒！死了額伊庫勒也庫勒！其後孩子額伊庫勒也庫勒！沒養了額伊庫勒也庫勒！五十歲時額伊庫勒也庫勒！一個

若是假时额伊库勒也库勒！就说假吧额伊库勒也库勒！假萨蛮欺哄额伊库勒也库勒！告诉你们吧额伊库勒也库勒！二十五岁时额伊库勒也库勒！养了来着额伊库勒也库勒！到了十五岁额伊库勒也库勒！横拦山额伊库勒也库勒！到山里额伊库勒也库勒！打围去了额伊库勒也库勒！在那山上额伊库勒也库勒！库穆路鬼额伊库勒也库勒！你的孩子的额伊库勒也库勒！把魂额伊库勒也库勒！（注 19）捉食了额伊库勒也库勒！他的身体额伊库勒也库勒！得了病额伊库勒也库勒！死了额伊库勒也库勒！其后孩子额伊库勒也库勒！没养了额伊库勒也库勒！五十岁时额伊库勒也库勒！一个

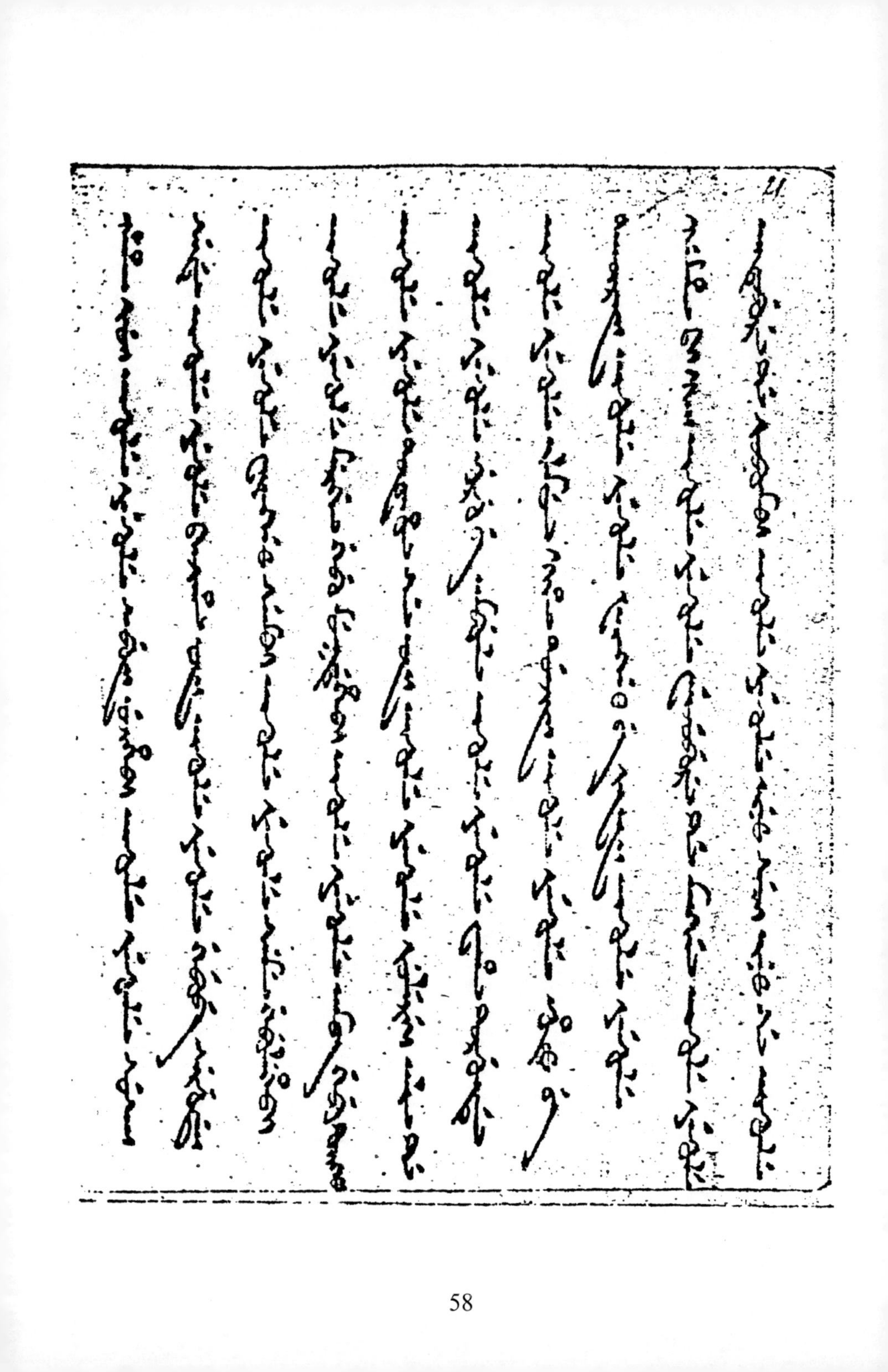

haha jui, eikule yekule sabufi ujihebi,
男 兒 額伊庫勒也庫勒 見了 養了
eikule yekule susai sede, eikule yekule banjiha ofi, eikule
額伊庫勒也庫勒五十 歲時 額伊庫勒也庫勒 生 的 因 額伊庫勒
yekule gebube sergudai, eikule yekule fiyanggo sembi, eikule
也庫勒把名 色爾古代額伊庫勒也庫勒 費揚古 云 額伊庫勒
yekule seme gebulehebi, eikule yekule mergen gebumukdehebi
也庫勒 云 命 名 了 額伊庫勒也庫勒 智 名 騰起了
eikule yekule amba gebu tucikebi, eikule yekule tofohon se
額伊庫勒也庫勒大 名 出 了 額伊庫勒也庫勒 十五 歲
ofi, eikule yekule julergi alin de, eikule yekule gurgu be
了 額伊庫勒也庫勒 南 山 於 額伊庫勒也庫勒 獸 把
ambula eikule yekule waha turgunde, eikule yekule ilmun han
廣 多 額伊庫勒也庫勒殺了 之 故 額伊庫勒也庫勒 閻羅 王
donjifi, eikule yekule hutu be takūrafi, eikule yekule fainggo
聽了 額伊庫勒也庫勒 鬼 把 遣 了 額伊庫勒也庫勒 魂
be jafafi, eikule yekule gamaha bi kai, eikule yekule weijubure
把 拿了 額伊庫勒也庫勒 拿去了 了 啊 額伊庫勒也庫勒使活過來
de mangga, eikule yekule aitubure de jobombi, eikule yekule
於 難 額伊庫勒也庫勒救助 於 苦 額伊庫勒也庫勒
inu seci inu se, eikule
是 若說 是 吧 額伊庫勒

男孩子額伊庫勒也庫勒！看見養了額伊庫勒也庫勒！五十歲時額伊庫勒也庫勒！因為生的額伊庫勒也庫勒！所以把名字叫做色爾古代額伊庫勒也庫勒！費揚古額伊庫勒也庫勒！這樣命名額伊庫勒也庫勒！睿名騰起額伊庫勒也庫勒！出了大名額伊庫勒也庫勒！到了十五歲額伊庫勒也庫勒！在南山上額伊庫勒也庫勒！把很多的野獸額伊庫勒也庫勒！殺了之故額伊庫勒也庫勒！閻羅王聽了額伊庫勒也庫勒！差遣了鬼額伊庫勒也庫勒！捉了魂額伊庫勒也庫勒！帶走了啊額伊庫勒也庫勒！難於使活過來額伊庫勒也庫勒！苦於救助額伊庫勒也庫勒！若是就說是額伊庫勒

男孩子额伊库勒也库勒！看见养了额伊库勒也库勒！五十岁时额伊库勒也库勒！因为生的额伊库勒也库勒！所以把名字叫做色尔古代额伊库勒也库勒！费扬古额伊库勒也库勒！这样命名额伊库勒也库勒！睿名腾起额伊库勒也库勒！出了大名额伊库勒也库勒！到了十五岁额伊库勒也库勒！在南山上额伊库勒也库勒！把很多的野兽额伊库勒也库勒！杀了之故额伊库勒也库勒！阎罗王听了额伊库勒也库勒！差遣了鬼额伊库勒也库勒！捉了魂额伊库勒也库勒！带走了啊额伊库勒也库勒！难于使活过来额伊库勒也库勒！苦于救助额伊库勒也库勒！若是就说是额伊库勒

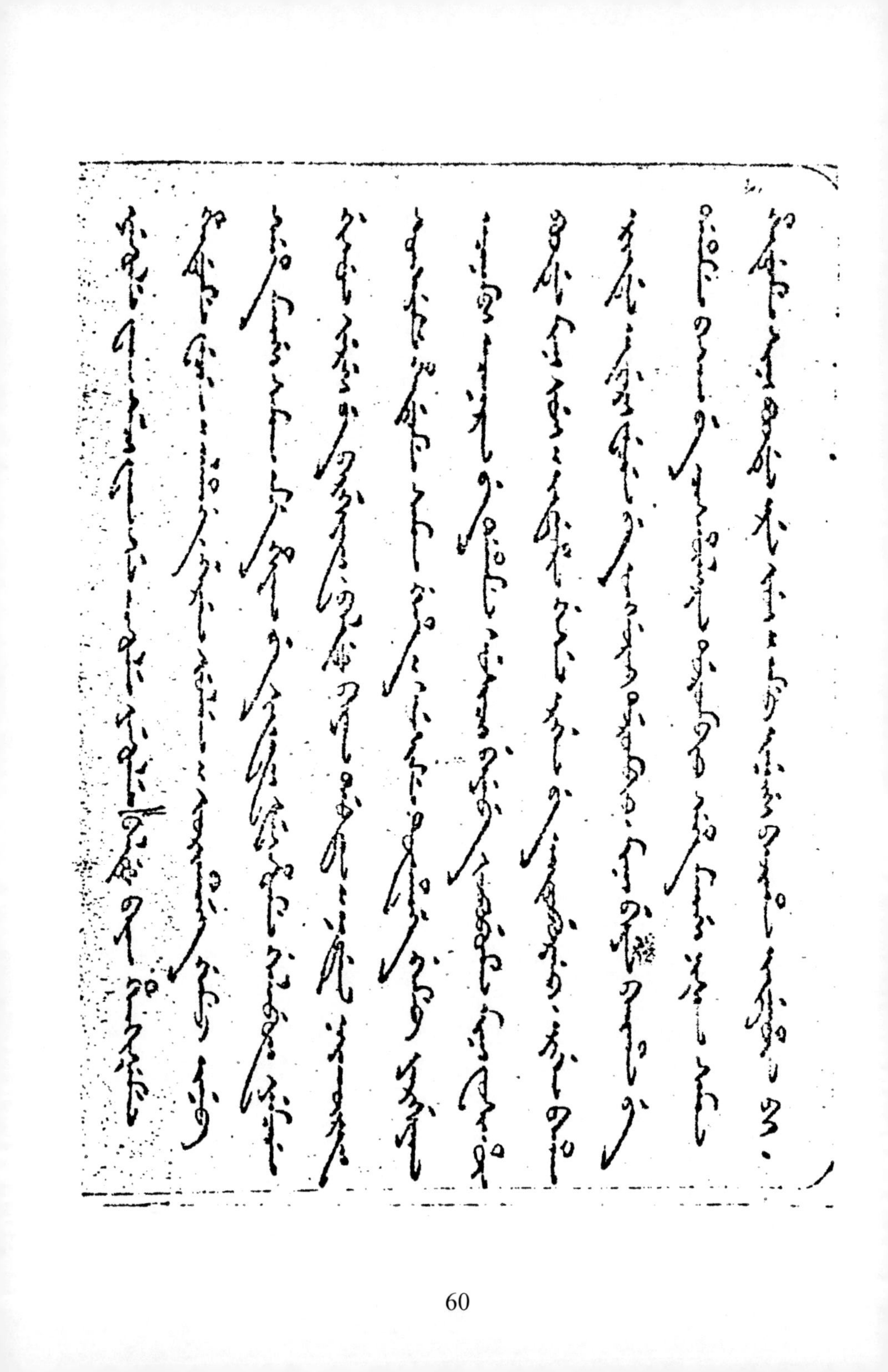

yekule waka seci waka se, eikule yekule, baldu bayan
也庫勒 不是 若說 不是 吧 額伊庫勒也庫勒巴爾杜 巴 顏
hengkišeme hendume wecen i alahangge, geren julen i
連叩首 說 神祇 的告訴的 衆 古詞 的
jorihangge gemu inu sehe manggi saman emge hiyan be
指示的 皆 是 說了 後 薩蠻 一個 香 把
jafafi wesihume gelabufi yemcen gisun jergi be bargiyafi,
拿了 向 上 醒過來了 男手鼓 鼓推 等 把 收了
baldu bayan dabtan i nade niyakūrafi songgome hendume
巴爾杜 巴 顏 屢 次 的於地 跪 了 哭 着 說
saman gehe i gosime tuwahangge gemu yargiyan acanambi
薩 蠻 姑娘 的 憐 愛 看 的 皆 實 在 相 合
acanara be dahame gosici beyebe jobobume mini fosihūn
相 合 因 爲 若憐愛 把 身 辛 苦 我的 下
boode mini jui i indahūn gese ergen be aitubureo, ergen
於 家我的 子 的 犬 如 命 把 請救助吧 命
baha erinde enduri wecen be onggoroo dorombio, mini
得的 時候 神 祭 把 忘 了 理 嗎 我的
beye baiha be dahame basa be cashūlara dorombio sehe
自身 請 的 因 爲 工錢 把 使 背 理 嗎 說了
manggi nišan saman hendume sini boode ere jui i emu
後 尼山 薩 蠻 說 你的 家裏 此 子 的 一
inenggi banjiha indahūn bi,
日 生 的 犬 有

也庫勒！若不是就說不是額伊庫勒也庫勒！巴爾杜巴顏連著叩頭說：神祇告訴的，各詞所指示的都對。說了後，薩蠻拿了一柱香（注 20)，醒了起來，收了男手鼓、鼓推等。巴爾杜巴顏一再跪在地上哭著說：蒙薩蠻姐組憐愛，看的都合事實，既然相合，若蒙憐愛請勞駕到敝舍去救助我的孩子如犬的生命吧！獲得生命時，豈有忘記祭神的道理嗎？既然是我自己請求的，有不付酬金的道理嗎？尼山薩蠻問說：你的家裏有和這個孩子同一日生的犬，

也库勒！若不是就说不是额伊库勒也库勒！巴尔杜巴颜连着叩头说：神只告诉的，各词所指示的都对。说了后，萨蛮拿了一柱香（注 20)，醒了起来，收了男手鼓、鼓推等。巴尔杜巴颜一再跪在地上哭着说：蒙萨蛮姐组怜爱，看的都合事实，既然相合，若蒙怜爱请劳驾到敝舍去救助我的孩子如犬的生命吧！获得生命时，岂有忘记祭神的道理吗？既然是我自己请求的，有不付酬金的道理吗？尼山萨蛮问说：你的家里有和这个孩子同一日生的犬，

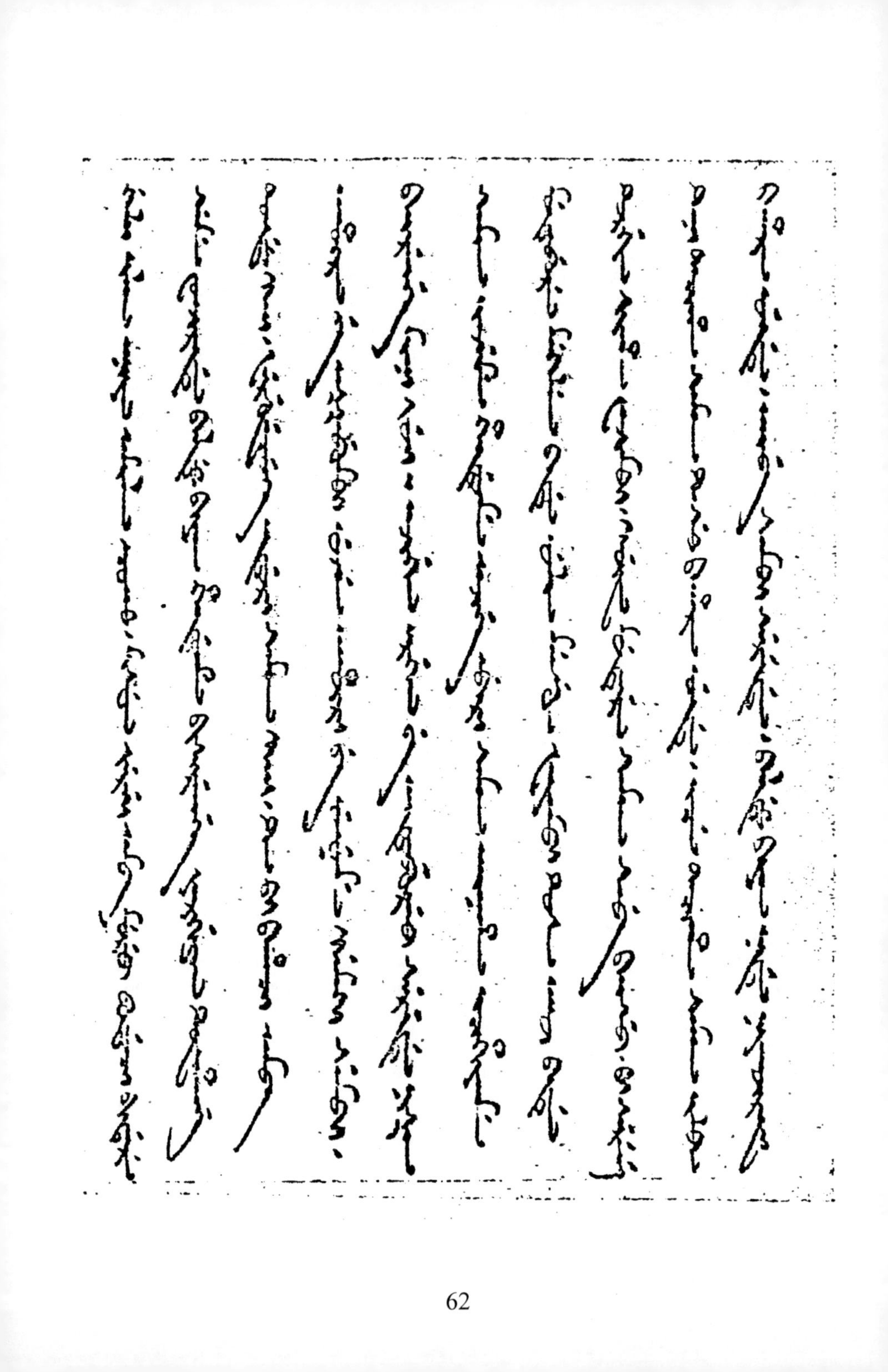

geli ilan aniya amila coko, misun jergi amba muru
又 三 年 雄 鷄 醬 等 大 概
bodoci bidere seme fonjirede baldu bayan hendume
若算 有吧 云 問 時 巴爾杜巴顏 說
bisirengge yargiyan tuwahangge tondo kai, ferguwecuke
有 者 實在 看 的 正 啊 神 奇
enduri saman kai, te bi bahaci amba ahūra be aššabumbi
神 薩蠻 啊 今 我 若 得 大 器物 把 使 動
ujen ahūri be unume gamaki sembi, bairengge mini jui
重 器物 把 背 着 欲拿去 云 所請者 我的 子
i ajigen ergen be aitubureo serede nišan saman injeme
的 幼小 命 把 請救助吧 說時 尼山 薩蠻 笑着
hendume ajige eberi saman ainaha icihiyame mutebure
說 小 不及 薩蠻 怎 麽 處 理 能 成
mekelen bade ulin menggun fayambi tusa akū bade turgin
枉 然 於地 財貨 銀 耗 費 益 無 於地 工錢
jiha wajimbi, gūwa mutere saman sabe baisu, bi serengge
錢 完 别的 有能的 薩 蠻 把們 請吧 我 者
teni taciha saman tesu bahara unde, ice taciha saman
剛才 學的 薩蠻 所 得 未 新 學的 薩蠻
ilban bahara unde, aibe sambi serede, baldu bayan nade
光炕 得 未 把何 知 說時 巴爾杜 巴顏 於地
niyakūrafi
跪 了

以及三年的公鷄、醬等，大概算來有吧！巴爾杜巴顏說：有者是實，看的正確啊！是神奇的神薩蠻啊！我現在如有可能時想移動大的器物，背負重的器物帶去，所求的是請救我孩子的小命。尼山薩蠻笑著說：區區懦弱的薩蠻怎麼能辦得到呢？耗費銀財於枉然之事，用盡工錢於無益之處，去找別的有能力的薩蠻們吧！我是剛學的薩蠻，尚未得所，新學的薩蠻，未得火候，知道什麼呢？巴爾杜巴顏跪在地上，

以及三年的公鸡、酱等，大概算来有吧！巴尔杜巴颜说：有者是实，看的正确啊！是神奇的神萨蛮啊！我现在如有可能时想移动大的器物，背负重的器物带去，所求的是请救我孩子的小命。尼山萨蛮笑着说：区区懦弱的萨蛮怎么能办得到呢？耗费银财于枉然之事，用尽工钱于无益之处，去找别的有能力的萨蛮们吧！我是刚学的萨蛮，尚未得所，新学的萨蛮，未得火候，知道什么呢？巴尔杜巴颜跪在地上，

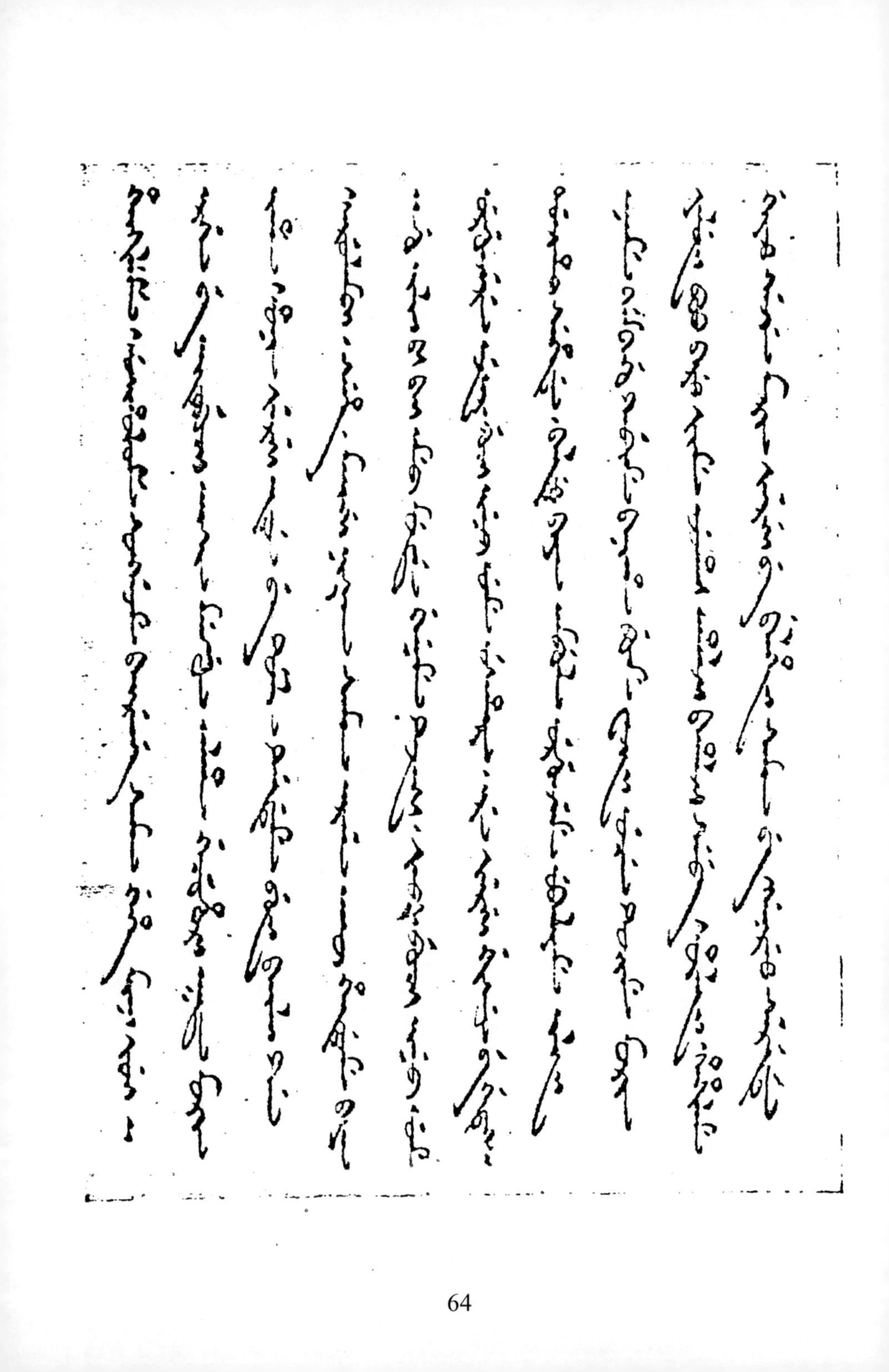

hengkileme gosiholome songgome bairengge saman gehe
叩着頭　慟哭着　哭着　所請者　薩蠻　姑娘
mini jui i ergen be aitubuci aisin menggun alha gecuhuri
我的 子 的 命 把 若救助 金 銀 花紋 蟒 緞
akta morin ihan honin jergi adun be dulin dendeme bufi
騸 馬 牛 羊 等 牧 群 把 半 分 給
baili de karulambi, sehe manggi nišan saman arga akū
恩情 於 報答 說了 後 尼山 薩蠻 計 無
hendume bayan agu ili bi bai emu mudan geneme tuwaki
說 巴爾杜老兄起來 我 平白 一 次 去 看吧
jabšabuci inu ume urgunjere ufarabuci inu ume usahara,
若僥倖 也不要 歡 喜 若致失錯 也 不要 失 望
ere jergi gisun be getuken i donjihao sehede, baldu bayan
此 等 言 把 明 白 的 聽了嗎 說了時 巴爾杜巴 顏
ambula urgunjeme ubaliyame ilifi aname dambagu tebume
廣 多 歡 喜 翻 着 起了 接着 烟 裝
baniha bume wajifi uce tucime morin yalufi boo baru
謝 給 完 了 房門 出 馬 騎了 家 向
jime uthai ahalji bahalji sebe hūlafi hahilame giyoo
來 即 阿哈爾濟巴哈爾濟 把們 喚 了 趕 緊 轎
sejen morin jergi be belhefi saman be ganareo serede
車 馬 等 把 預備了 薩 蠻 把 去請吧 說了時

叩頭慟哭請求說：薩蠻姐姐若救活我孩子的命，就把金、銀、閃緞、蟒緞、騸馬、牛、羊等牧群分給一半，以報答恩情。尼山薩蠻沒法子，說：巴顏老兄起來，我只是去看一次吧！若是僥倖時也不要高興，若是錯失時也不要悲傷，這些話明白的聽了嗎？巴爾杜巴顏很高興，翻身起來，接著裝烟致謝完後，出房門騎了馬回家，即喚阿哈爾濟、巴哈爾濟等說：趕緊預備轎、車、馬等去請薩蠻吧！

叩头恸哭请求说：萨蛮姐姐若救活我孩子的命，就把金、银、闪缎、蟒缎、骟马、牛、羊等牧群分给一半，以报答恩情。尼山萨蛮没法子，说：巴颜老兄起来，我只是去看一次吧！若是侥幸时也不要高兴，若是错失时也不要悲伤，这些话明白的听了吗？巴尔杜巴颜很高兴，翻身起来，接着装烟致谢完后，出房门骑了马回家，即唤阿哈尔济、巴哈尔济等说：赶紧预备轿、车、马等去请萨蛮吧！

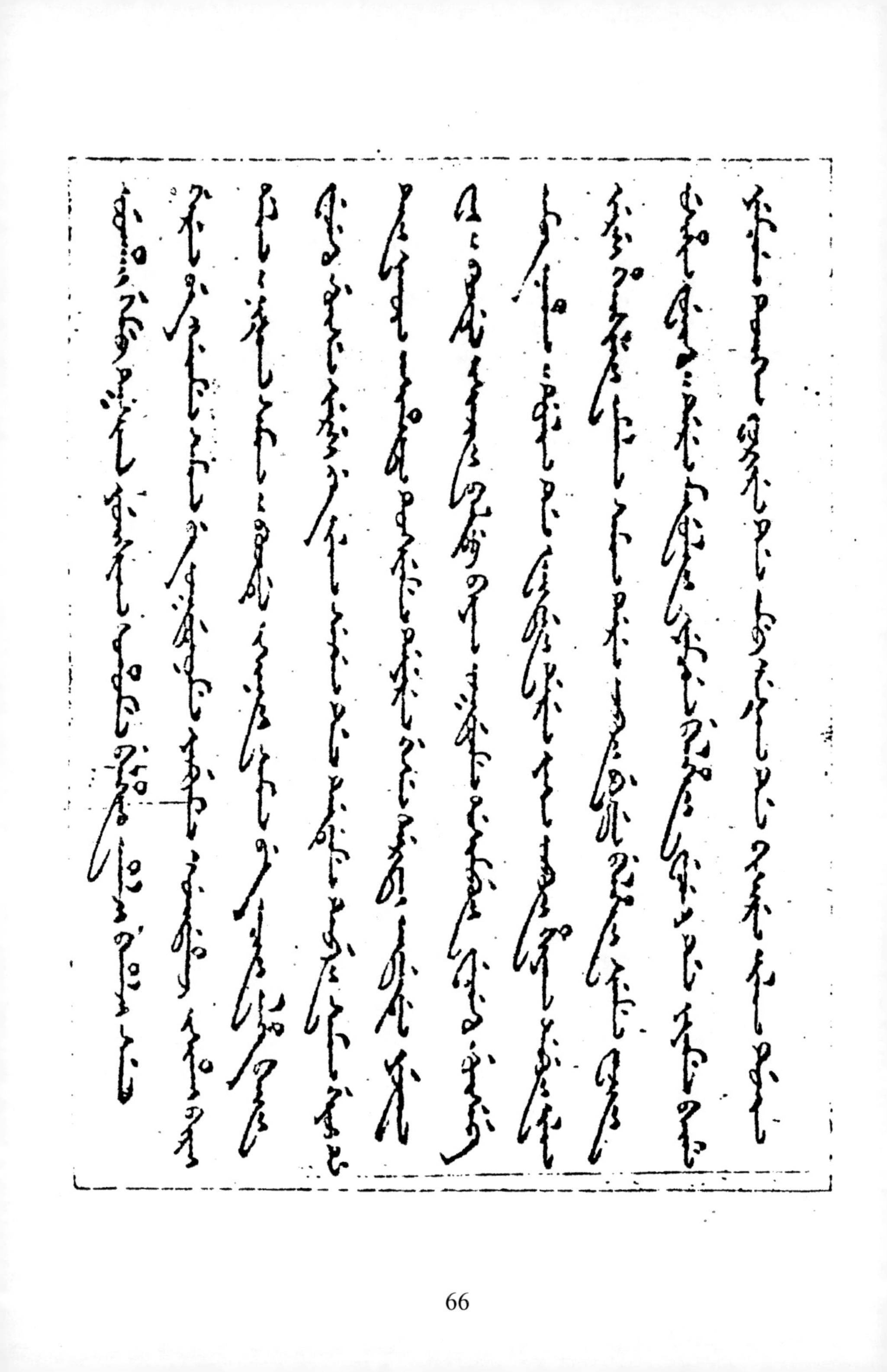

uthai gemu teksin yongkiyan tohome belhefi ahalji
即 皆 齊 全 備馬 預備了 阿哈爾濟
bahalji se geren be gaime saman be okdonome yabume
巴哈爾濟們 衆 把 領着 薩蠻 把 迎着 走着
goidahakū nisihai birai dalin i nišan saman i boode
不久 尼西海 河的 岸 的尼山 薩蠻 的 家裏
isinafi saman be acafi elhe baifi weceku guise jergi be
去到了 薩蠻把 見了 安 請了 神祇 櫃子 等 把
ilan sejen de dendeme tebufi saman giyoo de tefi jakūn
三 車 於 分 裝了 薩蠻 轎 於 坐了 八
asihata tukiyeme deyere gese dartai andande yuwan wai
衆少年 擡着 飛 如 一會兒 瞬間 員 外
i boode isinjifi baldu bayan okdome dosimbufi weceku
的家裏 來到了 巴爾杜 巴顏 迎着 使入 神祇
guisebe amba nahan i dulin de faidafi dere yasa obofi
把櫃子 大 炕 的 半 於 擺列 臉 眼 洗了
hiyan dabufi ilan jergi hengkilefi amala saman dere
香 點了 三 次 叩 頭 後 薩蠻 臉
obofi buda belhefi jeme wajifi usihin fungku i dere
洗了 飯 預備了 吃 完了 濕 手巾 的 臉
mafulafi yemcen belhefi weceku de yayame baime yemcen
揩抹 男手鼓 預備了 神 祇 於 喋喋着 求 着 男手鼓
tungken forire de emu gašan de bisire ilan duin
鼓 打 於 一 鄉村 於 有 三 四

即皆預備齊全。阿哈爾濟、巴哈爾濟等帶著眾人去迎接薩蠻。行走不久，抵達了尼西海河岸尼山薩蠻的家裏，見了薩蠻，請了安，將神祇櫃子等分裝三車，薩蠻坐在轎子上，八個少年擡著如飛似地轉瞬之間來到了員外的家裏，巴爾杜巴顏迎入，將神祇櫃子擺在大炕的中央，洗了眼臉，點了香，叩了三次頭後，薩蠻洗了臉，預備了飯，吃完後，用濕手巾揩了臉(注 21)，預備男手鼓，對神祇喋喋地求著，擊打男手鼓、鼓子時，在一村子裏現有三四個

即皆预备齐全。阿哈尔济、巴哈尔济等带着众人去迎接萨蛮。行走不久，抵达了尼西海河岸尼山萨蛮的家里，见了萨蛮，请了安，将神祇柜子等分装三车，萨蛮坐在轿了上，八个少年抬着如飞似地转瞬之间来到了员外的家里，巴尔杜巴颜迎入，将神只柜子摆在大炕的中央，洗了眼脸，点了香，叩了三次头后，萨蛮洗了脸，预备了饭，吃完后，用湿手巾揩了脸(注 21)，预备男手鼓，对神只喋喋地求着，击打男手鼓、鼓子时，在一村子里现有三四个

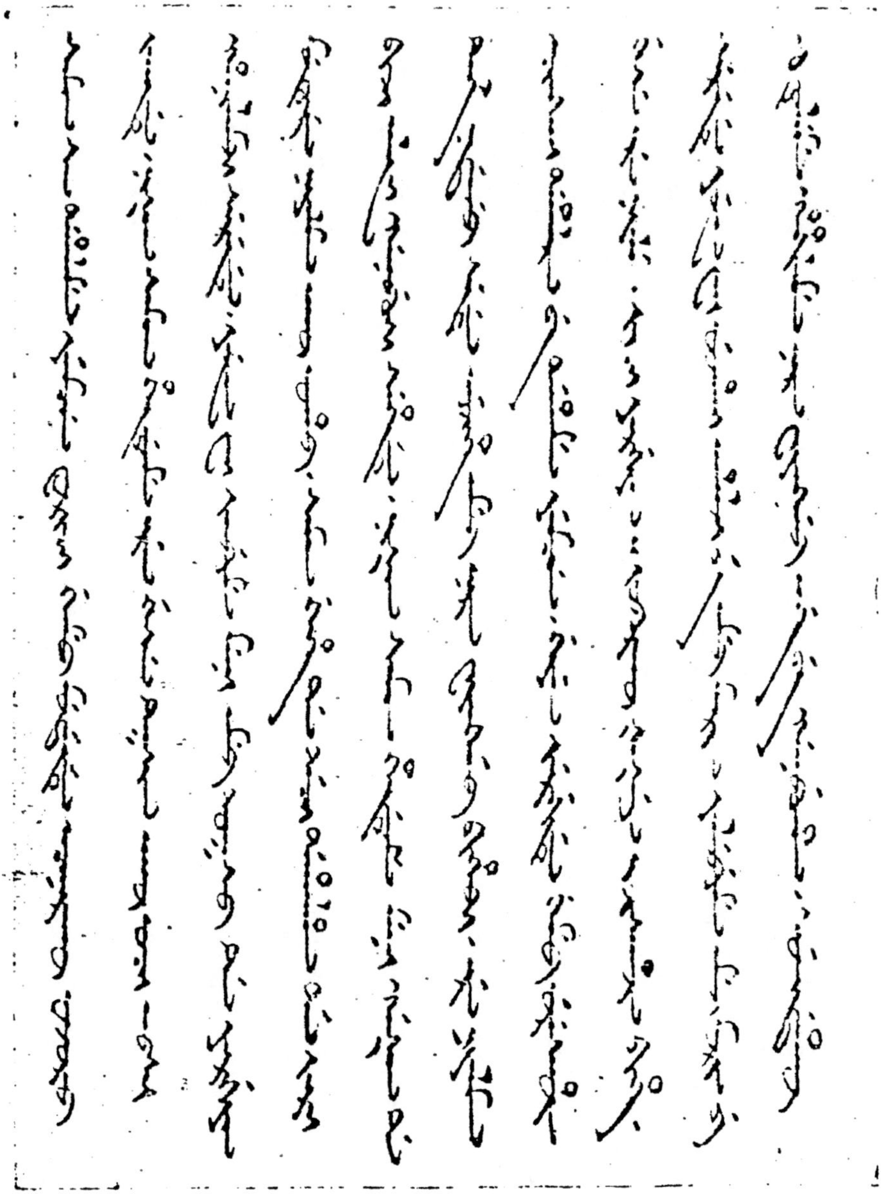

saman sa dahalame yemcen forici gemu mudande
薩蠻 們 追 隨 男手鼓 打時 皆 於音調
acanarakū ojoro jakade, nišan saman hendume ere gese
不 合 因爲 之故 尼山 薩蠻 說 此 似
teksin akū oci absi hanilambi serede, yuwan wai jabume
齊 不 若 怎麼 隨 合 說時 員 外 回答
meni emu tokso de yargiyan mutere niyalma akū oho,
我們的一 村莊 於 實 在 能的 人 無 了
saman gehe de daci dahalaha da jari bici alafi ganabuki
薩蠻 姐姐 於 原來 追 隨 本念神歌者若有告訴 欲去帶
sehede, nišan saman hendume meni gašan de tehenadanju
說時 尼山 薩蠻 說 我們的鄉村 於 住的 七十
sede ujihe emu nara fiyanggo bihebi, ere niyalma cingkai
歲時 養的 一 納喇 費揚古 有 了 此 人 迥然
dahalara be dahame yemcen, geyen jergide gemu ureshūn
追 隨 因 爲 男手鼓 刻兒 等 皆 熟
gese ere niyalma jici yargiyan i joborakū šašunijishūn
似 此 人 若來 實 在 的 不 愁 肉醬 順
bihe, serede yuwan wai uthai ahalji be emu morin
來着 說時 員 外 即 阿哈爾濟 把 一 馬
yalubume emu morin be kutuleme hahilame nara fiyanggo
使 騎 一 馬 把 牽 着 趕 緊 納喇 費揚古
age be ganabuha, goidahakū
阿哥 把 使去帶了 不 久

薩蠻們隨著擊打男手鼓時，因為都不合音調，所以尼山薩蠻說：像這樣不齊時怎麼隨合呢(注 22)？員外回答說：在我們一個村莊裏，實在有能力的人已經沒有了，若有向來跟隨薩蠻姐姐原本念神歌的人時，請告訴叫人去帶來吧！尼山薩蠻說：在我們鄉村裏住的七十歲時養的一個納喇費揚古來著，這人異常能夠隨合，對男手鼓、刻兒等似皆極熟，這人若來時，實在不愁爛順。員外即令阿哈爾濟騎著一匹馬，牽著一匹馬，趕緊去帶納喇費揚古阿哥，不久

萨蛮们随着击打男手鼓时，因为都不合音调，所以尼山萨蛮说：像这样不齐时怎么随合呢（注 22）？员外回答说：在我们一个村庄里，实在有能力的人已经没有了，若有向来跟随萨蛮姐姐原本念神歌的人时，请告诉叫人去带来吧！尼山萨蛮说：在我们乡村里住的七十岁时养的一个纳喇费扬古来着，这人异常能够随合，对男手鼓、刻儿等似皆极熟，这人若来时，实在不愁烂顺。员外即令阿哈尔济骑着一匹马，牵着一匹马，赶紧去带纳喇费扬古阿哥，不久

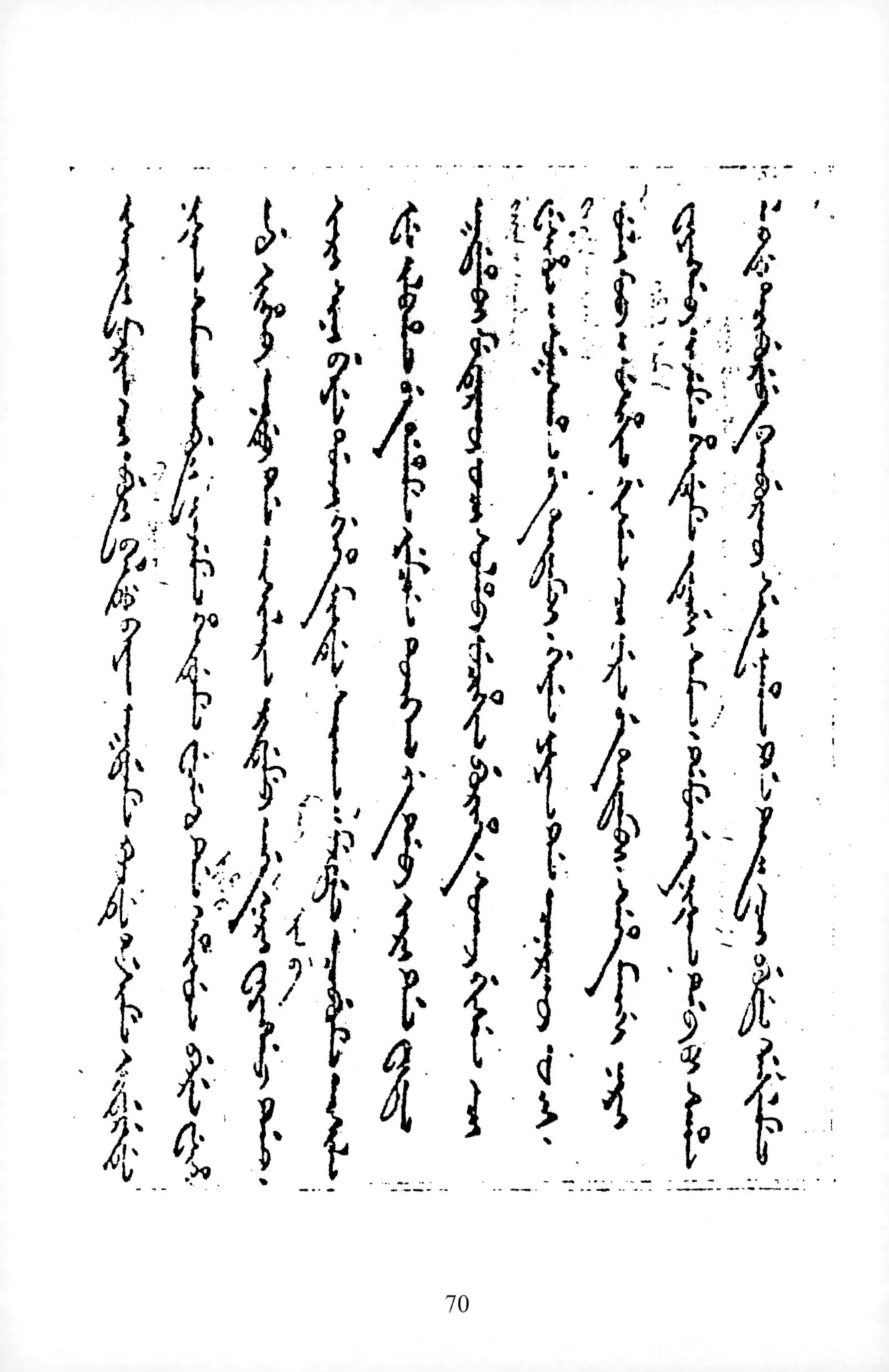

isinjifi morin ci ebufi baldu bayan okdome boode dosime
來到了 馬 從 下了 巴爾杜 巴 顏 迎着 家裏 進入
jiderede nišan saman sabufi injeme hendume weceku de hüsun
來時 尼山 薩蠻 見了 笑着 說 神祇 於 力
bure wesihun agu jiheo endu de aisilara erdemu age nari
給的 貴 老兄 來了嗎 神 於 助的 才能 阿哥 納哩
fiyanggo deo, jari sini beye donjj, gehe minde saikan
費揚古 弟 念神歌者 你的 自身 聽吧 姐姐 於我 好好地
i mudan acabume aisila fe ilbaha be dahame yemcen
的音 合 助 舊 光炕 既 然 男手鼓
tungken be deo jari de fita akdahabi muterakū oci solho
鼓 把 弟念神歌者 於緊 信靠了 不 能 若 騷鼠皮
ucihin burihe, sokū gisen ci wesihun i suksaha be
濕 張皮 皮 鼓推 用 貴 的 大腿 把
tantambi, geyen yayan de acanarakū oci, uli mooi usihin
責打 刻兒 喋喋 於不合 若 郁李 木 的 濕
gisen ci ura be tantambi, sehemanggi nari fiyanggo
鼓推 用 屁股 把 責打 說了後 納哩 費揚古
injeme hendume etenggi saman, demungge nišan deo bi
笑着 說 强 薩蠻 怪異 尼山 弟 我
saha labdu taciburebe baiburakū sefi nahan de tefi cai
知道了 多 把指教 不需 說了 炕 於 坐了 茶
buda dagilame
飯 備辦

來到了，下了馬，巴爾杜巴顏迎入屋裏來時，尼山薩蠻看了笑著說：給神祇出力的貴老兄來了嗎？助神的才能阿哥，納哩費揚古弟念神歌的人你自己聽著，給姐姐我好好的音調配合相助，既是舊火候，男手鼓、鼓子，牢靠弟念神歌的人，若是不能時，用濕騷鼠皮張開、皮鼓推打你的大腿，刻兒若不能配合喋喋神語時，用郁李木的濕鼓推打屁股，說了後，納哩費揚古笑著說：強大的薩蠻，異常的尼山，弟我知道了，不需多指教。說後，坐在炕上，茶飯預備

来到了，下了马，巴尔杜巴颜迎入屋里来时，尼山萨蛮看了笑着说：给神祇出力的贵老兄来了吗？助神的才能阿哥，纳哩费扬古弟念神歌的人你自己听着，给姐姐我好好的音调配合相助，既是旧火候，男手鼓、鼓子，牢靠弟念神歌的人，若是不能时，用湿骚鼠皮张开、皮鼓推打你的大腿，刻儿若不能配合喋喋神语时，用郁李木的湿鼓推打屁股，说了后，纳哩费扬古笑着说：强大的萨蛮，异常的尼山，弟我知道了，不需多指教。说后，坐在炕上，茶饭预备

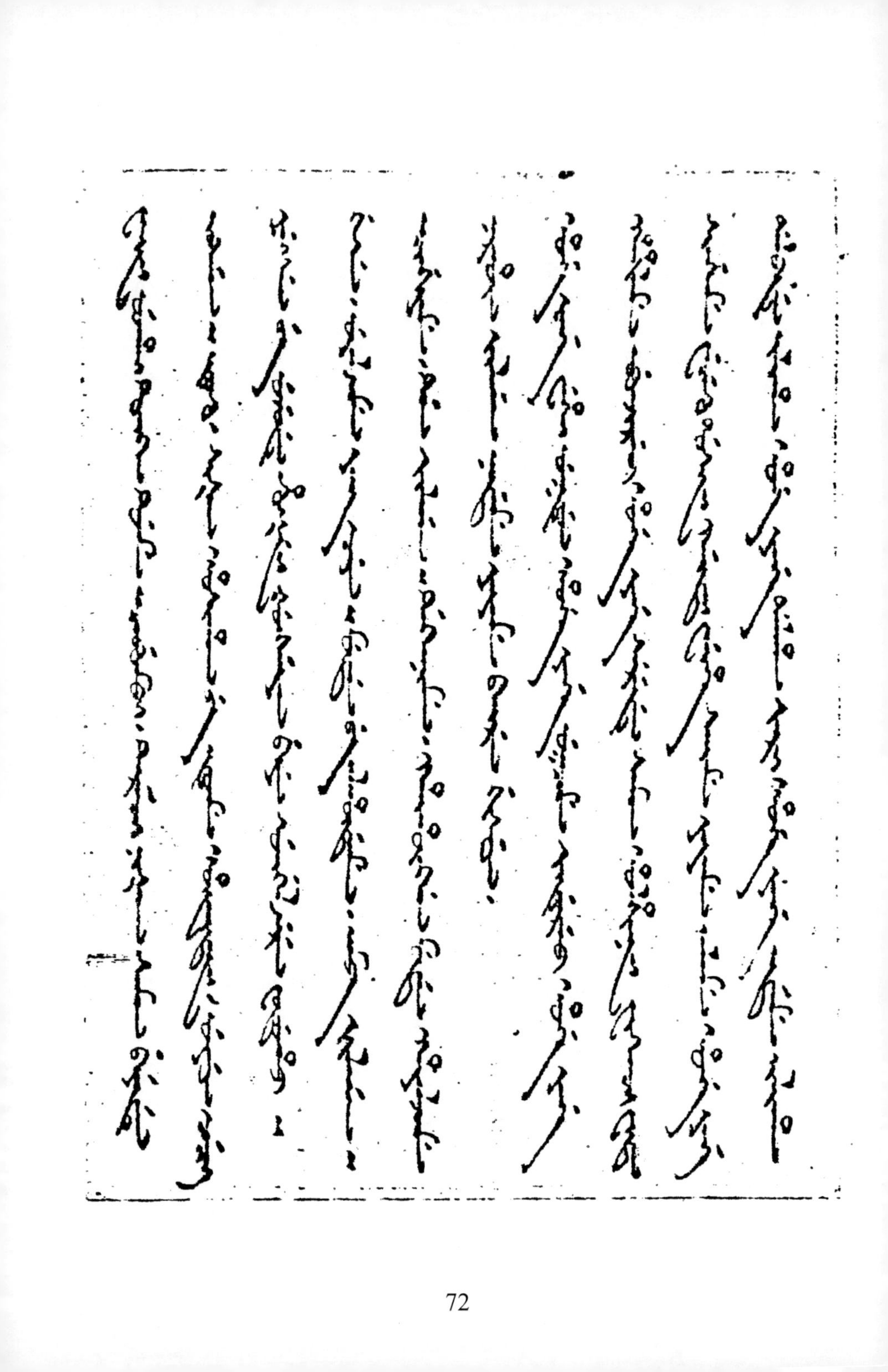

wajifi uthai tungkendume acabumbi, terecinišan saman
完了 就 鼓 敲着 合 其後尼山 薩蠻
beyede ibagan i etuku, siša hosihan be etume hūwaitafi
於身 鬼怪 的衣 腰鈴 女裙 把 穿着 拴了
uyun cecike yekse be ujude hukšefi šunggayan beye
九 雀 神帽 把 頭上 戴了 細 高 身
sunggeljere fodoho i gese, uyaljame yang cun i mudan
顫動 柳 的 似 曲動 楊 春 的 音調
be alhūdame, amba jilgan i acingiyame, den jilgan i
把 效法 大 聲 的 搖動 高 聲 的
dekenime, haihūngga mudan hayaljame narhūn jilgan
高 柔和 音調 擺動 細 聲
nadame yayame baire gisun, hoge yage wehei ukdun
要求 喋喋 求 言 和格 亞格 石的 洞
hoge yage ukcame jidereo hoge yage hahilame ebunjireo
和格 亞格 脫開 來吧 和格 亞格 趕緊 下來吧
hoge yage serede saman holhinafi fisaci fita singeme
和格 亞格 說時 薩蠻 朦朧了 從背 緊 入己
weceku dosifi gaitai weihe saime yayame alame hoge
神祇 進入 忽然 牙 咬着 喋喋 告訴 和格
yage dalbade iliha hoge yage dalaha jari hoge yage
亞格 旁邊 立了 和格 亞格 爲首 念神歌者 和格 亞格
adame iliha
陪着 立了

完後即叫打鼓合著，其後尼山薩蠻身上穿繫了鬼怪的衣服，腰鈴、女裙，頭上戴了九雀神帽，細高的身體顫動如柳樹，曲動仿效楊春的音調，大聲的搖動，高聲的高喊著，柔和的聲音擺動著，細細的聲音懇求著，喋喋地請求說：和格亞格，石窟和格亞格，請脫開來吧和格亞格，請趕緊下來吧和格亞格，說了時，薩蠻朦朧了神祇從背後進入緊緊附身，忽然牙齒吹著喋喋地告訴說：和格亞格，在旁邊站立的和格亞格，領頭念神歌的人和格亞格，陪著站立的

完后即叫打鼓合着，其后尼山萨蛮身上穿系了鬼怪的衣服，腰铃、女裙，头上戴了九雀神帽，细高的身体颤动如柳树，曲动仿效杨春的音调，大声的摇动，高声的高喊着，柔和的声音摆动着，细细的声音恳求着，喋喋地请求说：和格亚格，石窟和格亚格，请脱开来吧和格亚格，请赶紧下来吧和格亚格，说了时，萨蛮朦胧了神祇从背后进入紧紧附身，忽然牙齿吹着喋喋地告诉说：和格亚格，在旁边站立的和格亚格，领头念神歌的人和格亚格，陪着站立的

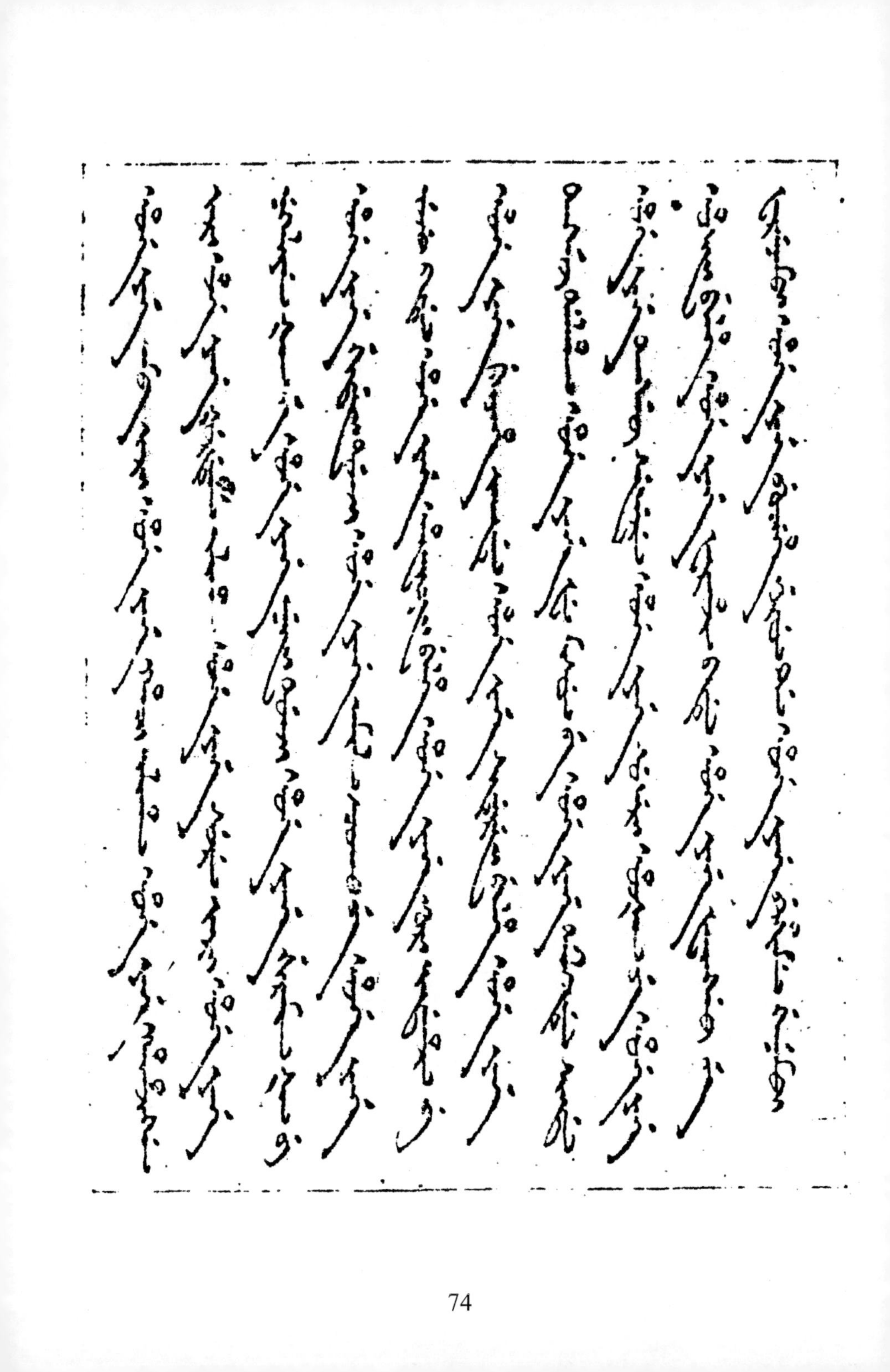

hoge yage amba jari hoge yage hanci iliha hoge yage
和格 亞格 大 念神歌者 和格 亞格 附 近 立的 和格 亞格
haihūngga jari hoge yage šurdeme iliha hoge yage sure
柔 軟 念神歌者 和格 亞格 周 圍 立的 和格 亞格 聰 明
jari hoge yage nekeliyen šan be hoge yage neifi donji
念神歌者 和格 亞格 薄 耳 把 和格 亞格 開了 聽 吧
hoge yage giramin šan be hoge yage gidafi donji hoge
和格 亞格 厚 耳 把 和格 亞格 壓了 聽吧 和格
yage amila coko be hoge yage uju bade hoge yage
亞格 雄 鷄 把 和格 亞格 頭 地方 和格 亞格
hūwaitafi belhe hoge yage kuri indahūn be hoge yage
拴 了 預備 和格 亞格 黎 犬 把 和格 亞格
bethe jakade hoge yage siderefi belhe hoge yage tanggū
脚 跟前 和格 亞格 絆 了 預備 和格 亞格 百
dalhan hoge yage femisun be hoge yage dalbade sinda
塊 和格 亞格 舊 醬 把 和格 亞格 旁 邊 放 吧
hoge yage tanggū sefere hoge yage suseri hoošan be hoge
和格 亞格 百 把 和格 亞格 白欒 紙 把 和格
yage hosifi belhe hoge yage farhūn bade hoge yage
亞格 裹了 預 備 和格 亞格 昏暗 地方 和格 亞格
fainggo be farganambi hoge yage bucehe gurun de hoge
魂 把 去 追 和格 亞格 死 的 國 於 和格
yage buhime genembi
亞格 猜疑 去

和格亞格，大的念神歌的人和格亞格，附近站立的和格亞格，嫋娜的念神歌的人和格亞格，周圍站立的和格亞格，聰明的念神歌的人和格亞格，把薄耳和格亞格，打開聽吧和格亞格，把厚耳和格亞格，垂下聽吧和格亞格，把公鷄和格亞格，在頭的地方和格亞格，拴了預備和格亞格，把黎狗和格亞格，在腳跟前和格亞格，絆了預備和格亞格，一百塊和格亞格，把老醬和格亞格，放在旁邊吧和格亞格，一百把和格亞格，把白欒紙和格亞格，裹了預備和格亞格，在昏暗的地方和格亞格，去追趕魂和格亞格，在死國和格亞格，摸索著去

和格亚格，大的念神歌的人和格亚格，附近站立的和格亚格，袅娜的念神歌的人和格亚格，周围站立的和格亚格，聪明的念神歌的人和格亚格，把薄耳和格亚格，打开听吧和格亚格，把厚耳和格亚格，垂下听吧和格亚格，把公鸡和格亚格，在头的地方和格亚格，拴了预备和格亚格，把黎狗和格亚格，在脚跟前和格亚格，绊了预备和格亚格，一百块和格亚格，把老酱和格亚格，放在旁边吧和格亚格，一百把和格亚格，把白栾纸和格亚格，裹了预备和格亚格，在昏暗的地方和格亚格，去追赶魂和格亚格，在死国和格亚格，摸索着去

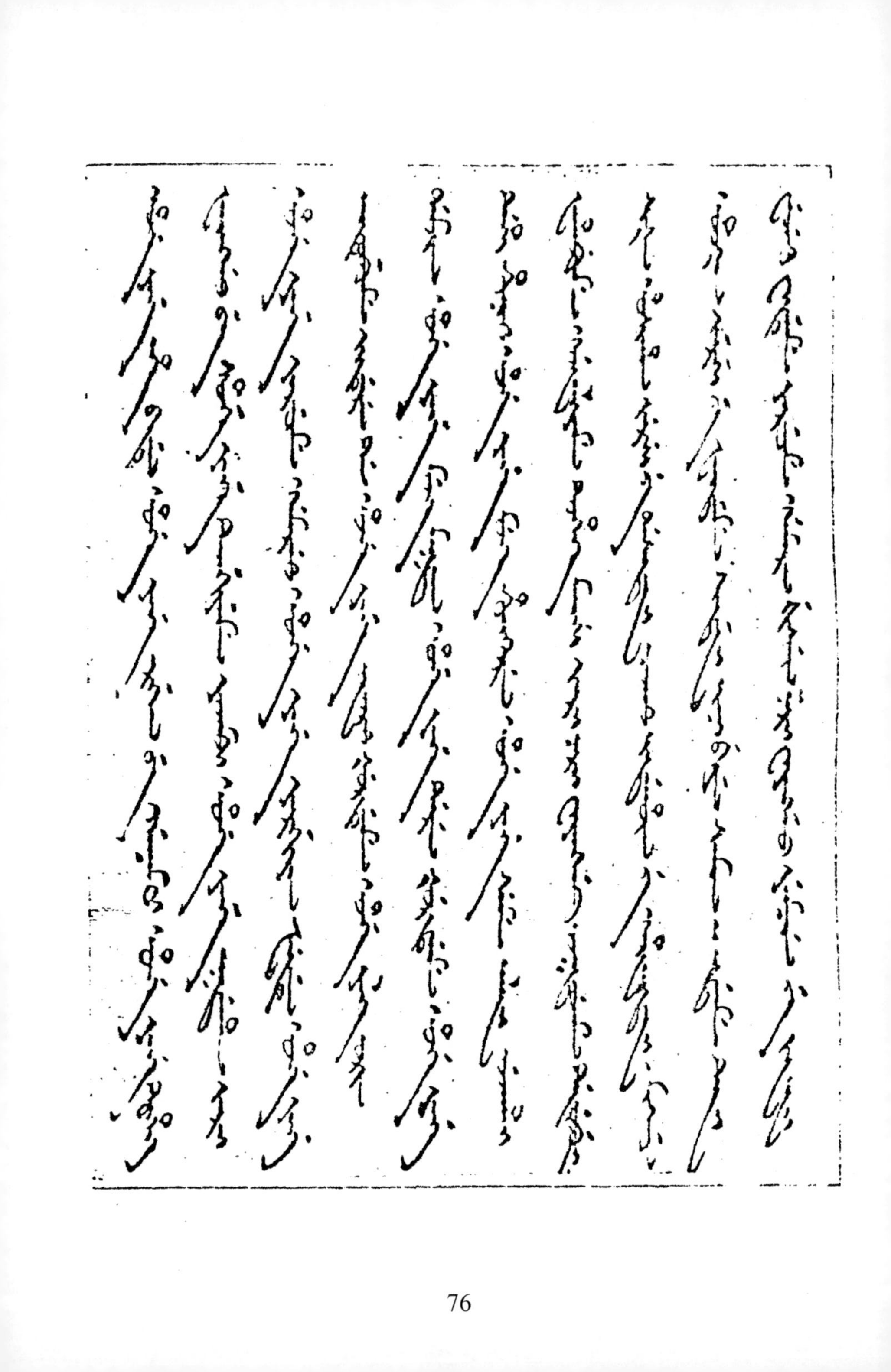

hoge yage ehe bade hoge yage ergen be ganambi hoge
和格 亞格 惡 地方 和格 亞格 命 把 去 取 和格
yage tuheke fainggo be hoge yage tungi yeme yombi hoge
亞格 失落的 魂 把 和格 亞格 拾 起 同行 和格
yage akdaha jari hoge yage yarume gamareo hoge
亞格 信靠的念神歌者 和格 亞格 引導 帶去吧 和格
yage yargiyan fede hoge yage aitubume jidere de hoge
亞格 實 在 使奮發 和格 亞格 救 治 來 於 和格
yage oforo šurdeme hoge yage orin damjin hoge yage
亞格 鼻 周 圍 和格 亞格 二十 擔 和格 亞格
muke makta hoge yage dere šurdeme hoge yage dehi
水 拋 去 和格 亞格 臉 周 圍 和格 亞格 四十
hunio hoge yage muke hungkure hoge yage seme alafi
桶 和格 亞格 水 傾 倒 和格 亞格 云 告訴了
uthai fahabume gūwaliyame tuheke manggi jari nari
卽 乏困 昏 迷 跌倒 後 念神歌者 納哩
fiyanggo okdome dedubufi siša hosihan jergi be
費揚古 迎 着 使 臥 腰鈴 女裙 等 把
dasatafi coko indahūn be hūwatafi, misun hoošan jergi
收 拾 了 鷄 犬 把 拴 了 醬 紙 等
be faidame sindafi ini beye saman i adame tefi weceku
把 擺 着 放 了 他 自己 薩蠻 的 陪 着 坐 神 祇
fideme yarume gamara gisun i nari fiyanggo yemcen be
調 遣 引 導 拿去的 言 的納哩 費 揚 古 男手鼓把
jafafi
拿 了

和格亞格，在兇惡的地方和格亞格，去取回命和格亞格，把失落的魂和格亞格，拾起來一同走和格亞格，可信靠的念神歌的人和格亞格，請引導帶去吧和格亞格，實在奮發和格亞格，前來救助時和格亞格，鼻子的周圍和格亞格，二十擔和格亞格，拋水和格亞格，臉的周圍和格亞格，四十桶和格亞格，倒水和格亞格，告訴後就乏困昏迷跌倒了，念神歌的人納哩費揚古迎上去使他躺下，把腰鈴、女裙等收拾了，拴了鷄、犬，把醬、紙等擺放了，他自己陪著薩蠻坐下，說調遣神祇引導帶去的話之納哩費揚古拿了男手鼓，

和格亚格，在凶恶的地方和格亚格，去取回命和格亚格，把失落的魂和格亚格，拾起来一同走和格亚格，可信靠的念神歌的人和格亚格，请引导带去吧和格亚格，实在奋发和格亚格，前来救助时和格亚格，鼻子的周围和格亚格，二十担和格亚格，抛水和格亚格，脸的周围和格亚格，四十桶和格亚格，倒水和格亚格，告诉后就乏困昏迷跌倒了，念神歌的人纳哩费扬古迎上去使他躺下，把腰铃、女裙等收拾了，拴了鸡、犬，把酱、纸等摆放了，他自己陪着萨蛮坐下，说调遣神祇引导带去的话之纳哩费扬古拿了男手鼓，

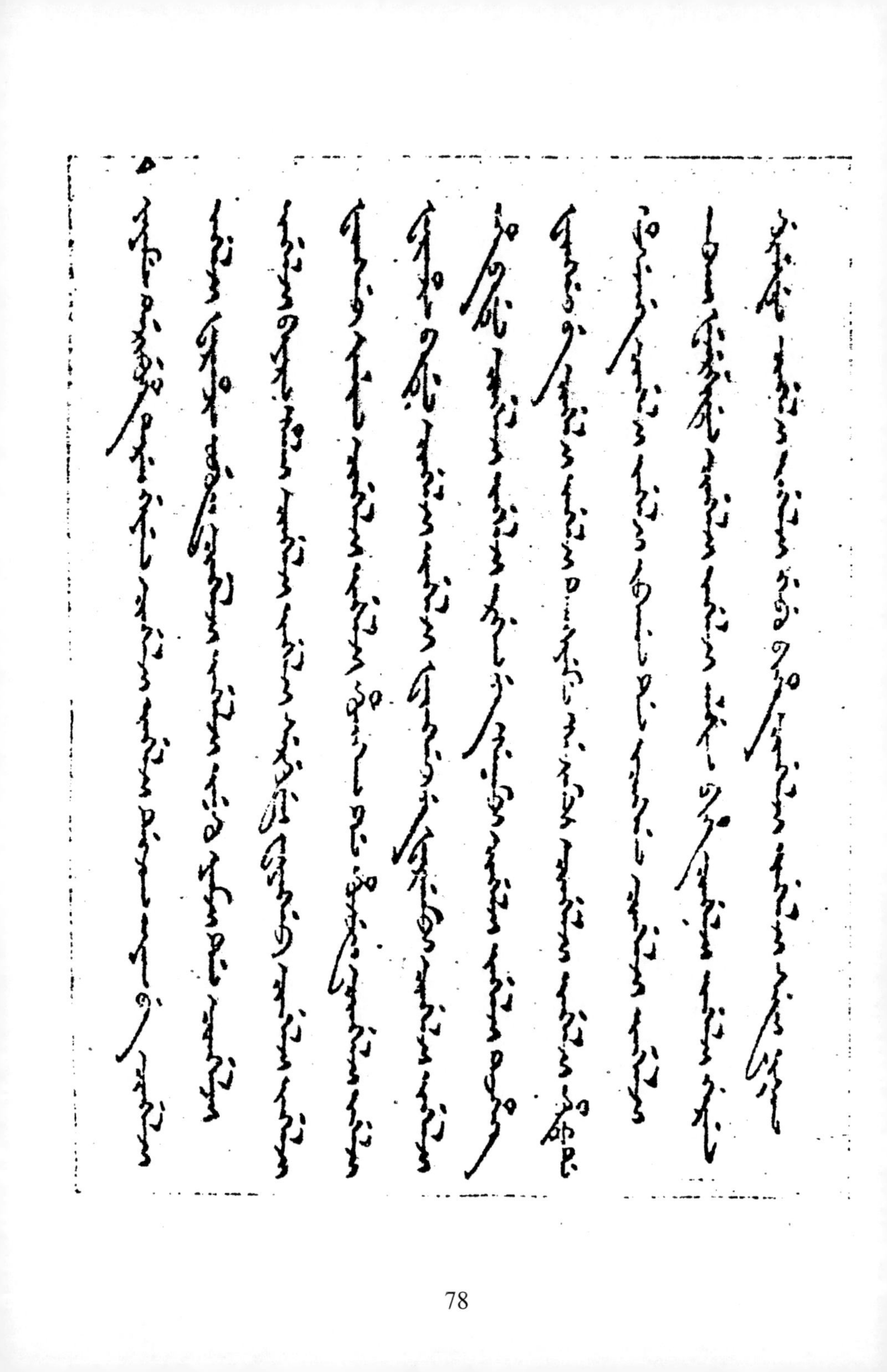

yayame deribuhe terei geyen cingelji ingelji dengjan
喋喋 開始了 他的 刻兒 青格爾濟 因格爾濟 燈
ayan be cingelji ingelji farhūn obufi cingelji ingelji
蠟 把 青格爾濟 因格爾濟 昏 暗 成爲 青格爾濟 因格爾濟
ineku yamji de cingelji ingelji bayara halai cingelji
本 晚 於 青格爾濟 因格爾濟巴雅喇 姓的 青格爾濟
ingelji sergudai fiyanggo cingelji ingelji fainggo jalin
因格爾濟 色爾古代 費揚古 青格爾濟 因格爾濟 魂 爲
cingelji ingelji hungken de hujufi cingelji ingelji farhūn
青格爾濟 因格爾濟 濕 地 於 俯伏 青格爾濟 因格爾濟暗
bade cingelji ingelji fainggo be fargambi cingelji ingelji
地方 青格爾濟 因格爾濟 魂 把 追 趕 青格爾濟因格爾濟
ehe bade cingelji ingelji ergen be ganambi cingelji
兇惡 地方 青格爾濟 因格爾濟 命 把 去 取 青格爾濟
ingelji tuheke fainggo be cingelji ingelji tukiyeme gajimbi
因格爾濟 失 落 魂 把 青格爾濟 因格爾濟 擡 擧 帶 來
cingelji ingelji hutu de hosungge cingelji ingelji ibagan
青格爾濟 因格爾濟 鬼 於 有 力 青格爾濟 因格爾濟鬼怪
de icingga cingelji ingelji abkai fejergide cingelji ingelji
於 在 行 青格爾濟 因格爾濟 天的 下 青格爾濟 因格爾濟
algin bihe cingelji ingelji geren gurunde cingelji ingelji
聲名 來着 青格爾濟 因格爾濟 衆 於 國 青格爾濟 因格爾濟
gebu bihe cingelji ingelji sefi nišan
名 來着 青格爾濟 因格爾濟 說 了 尼山

喋喋地開始了，他咕咕的說：青格爾濟因格爾濟，把燈蠟青格爾濟因格爾濟，熄暗了青格爾濟因格爾濟，在本晚青格爾濟因格爾濟，姓巴雅喇的青格爾濟因格爾濟（注 23），色爾古代費揚古青格爾濟因格爾濟，為了魂青格爾濟因格爾濟，俯伏在濕地青格爾濟因格爾濟（注 24），在昏暗的地方青格爾濟因格爾濟，追趕魂青格爾濟因格爾濟，在兇惡的地方青格爾濟因格爾濟，去取回命青格爾濟界格爾濟，把失落的魂青格爾濟因格爾濟，擡舉帶來青格爾濟因格爾濟，對鬼有力青格爾濟因格爾濟，對鬼怪在行青格爾濟因格爾濟，在天下青格爾濟因格爾濟，有聲譽來著青格爾濟因格爾濟，在眾國青格爾濟因格爾濟，有名氣來著青格爾濟因格爾濟，說了，尼山

喋喋地开始了，他咕咕的说：青格尔济因格尔济，把灯蜡青格尔济因格尔济，熄暗了青格尔济因格尔济，在本晚青格尔济因格尔济，姓巴雅喇的青格尔济因格尔济（注 23），色尔古代费扬古青格尔济因格尔济，为了魂青格尔济因格尔济，俯伏在湿地青格尔济因格尔济（注24），在昏暗的地方青格尔济因格尔济，追赶魂青格尔济因格尔济，在凶恶的地方青格尔济因格尔济，去取回命青格尔济界格尔济，把失落的魂青格尔济因格尔济，抬举带来青格尔济因格尔济，对鬼有力青格尔济因格尔济，对鬼怪在行青格尔济因格尔济，在天下青格尔济因格尔济，有声誉来着青格尔济因格尔济，在众国青格尔济因格尔济，有名气来着青格尔济因格尔济，说了，尼山

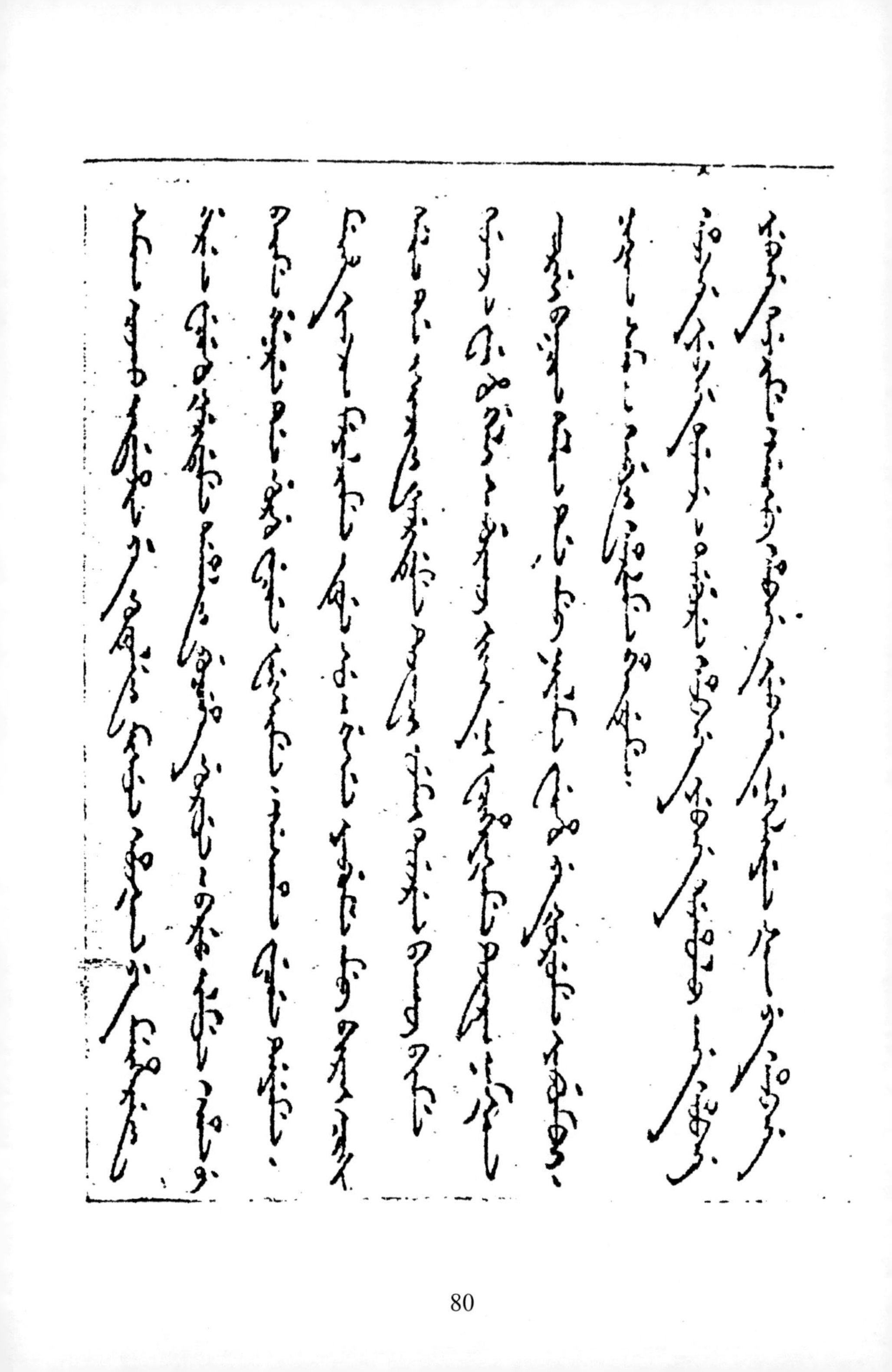

saman coko indahūn be kutulefi misun hoošan be meiherefi
薩蠻 鷄 犬 把 牽了 醬 紙 把 扛了
geren weceku šurdeme dahalafi bucehe gurun i baru
衆 神祇 周圍 隨了 死的 國 的 向
ilmun han be baime genere de gurgu wecen feksime,
閻羅 王 把 找 去 於 獸 神祇 跑着
gasha wecen deyeme, meihe jabjan muyaljime edun su i
鳥 神祇 飛着 蛇 蟒 蠕動 風 旋風的
gese yabume emu birai cikin dalin de isinjifi šurdeme
似 行走 一 河的 沿 岸 於 來到了 周圍
tuwaci umai doore bakū bime dokūn weihu geli saburakū
看時 並 渡的 無處 而 渡口 獨木舟 又 看不見
jing ni facihiyašame tuwara namšan cargi bakcin dalin
正 的 著 急着 看的 隨 卽 那邊 對岸 岸
de emu niyalma weihu be šurume yabumbi, nišan saman
於 一 人 獨木舟把 撐 着 行走 尼山 薩蠻
sabufi hūlame hendume, hobage yebage dogūn dobure
見了 喊着 說 和巴格 野巴格 渡口 守的
hobage yebage doholo age hobage yebage donjime gaisu
和巴格 野巴格 瘸 子 阿哥 和巴格 野巴格 聽着 使接受
hobage yebage nekeliyen šan be hobage
和巴格 野巴格 薄 耳 把 和巴格

薩蠻牽了鷄、犬，扛了醬、紙，跟隨在眾神的周圍，往死國去找閻羅王時，獸神跑著，鳥神飛著，蛇、蟒蠕動像旋風似的行走，來到了一條河的岸邊，周圍一看時，並無渡河之處，而且渡河獨木舟又看不見，正在著急看的當兒，對岸那邊有一人撐著獨木舟走著，尼山薩蠻看見了喊著說：和巴格野巴格，守渡口的和巴格野巴格，瘸子阿哥和巴格野巴格，請聽取吧和已格野巴格，把薄耳和巴格

萨蛮牵了鸡、犬，扛了医、纸，跟随在众神的周围，往死国去找阎罗王时，兽神跑着，鸟神飞着，蛇、蟒蠕动像旋风似的行走，来到了一条河的岸边，周围一看时，并无渡河之处，而且渡河独木舟又看不见，正在着急看的当儿，对岸那边有一人撑着独木舟走着，尼山萨蛮看见了喊着说：和巴格野巴格，守渡口的和巴格野巴格，瘸子阿哥和巴格野巴格，请听取吧和已格野巴格，把薄耳和巴格

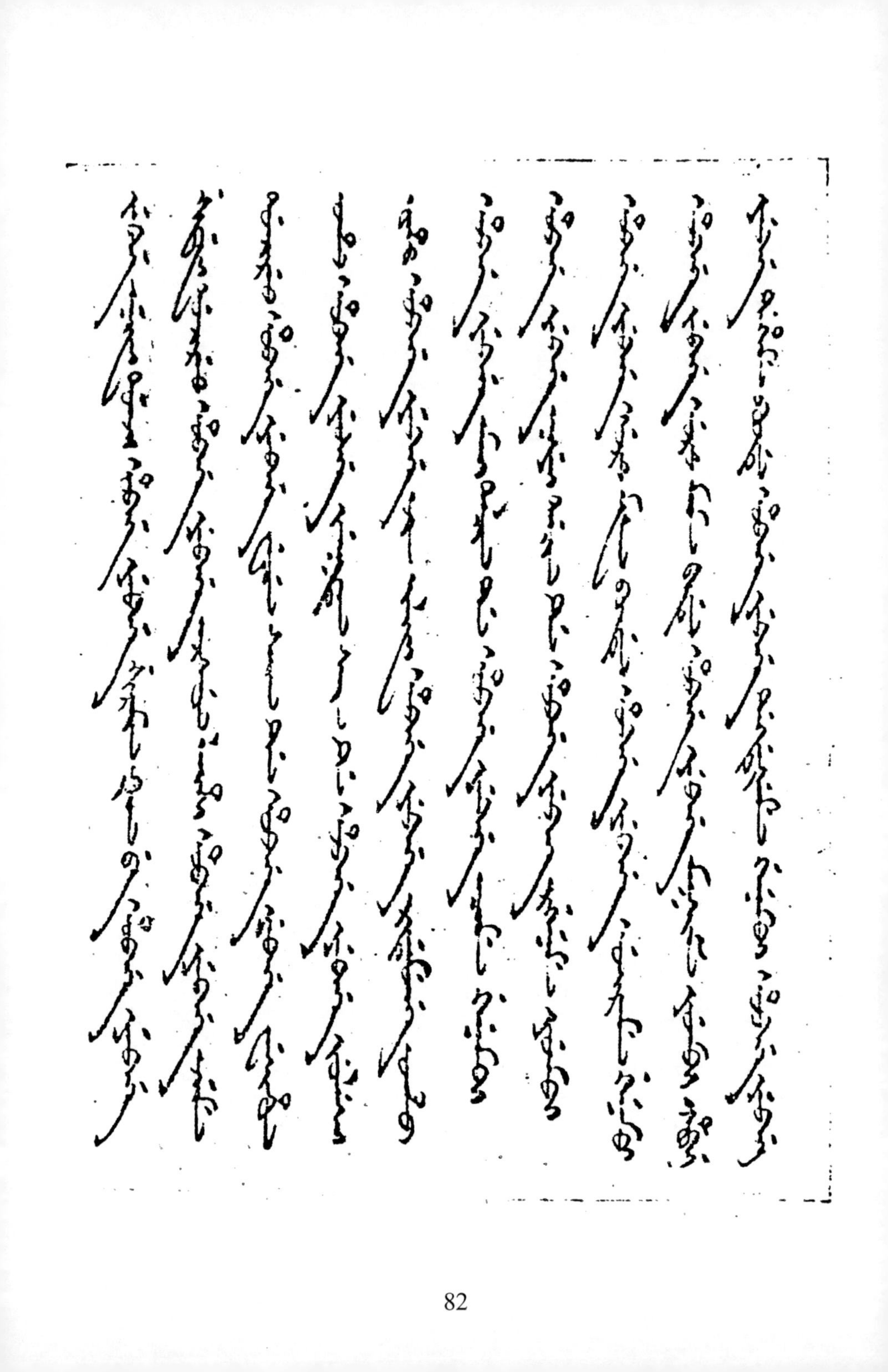

yebage neifi donji hobage yebage giramin šan be hobage
野巴格　開了　聽吧　和巴格　野巴格　厚　耳把　和巴格
yebage gidafi donjireo hobage yebage arsun laihi hobage
野巴格　垂了　請聽　和巴格　野巴格　醜陋賴皮　和巴格
yebage ejeme donjireo hobage yebage wecen sain de
野巴格　記着　請聽　和巴格　野巴格　祭　好　於
hobage yebage wesihun oho hobage yebage jukten sain
和巴格　野巴格　貴　了　和巴格　野巴格　祭　好
de hobage yebage julesi oho hobage yebage ejin ilifi
於　和巴格　野巴格　往前　了　和巴格　野巴格　主　立了
hobage yebage erdemungge oho hobage yebage amai dacin
和巴格　野巴格　有德　了　和巴格　野巴格　父的　妻家
de hobage yebage acame genembi hobage yebage eniyei
於　和巴格　野巴格　會見　去　和巴格　野巴格　母的
dancin de hobage yebage ergeneme yombi hobage yebage
娘家　於　和巴格　野巴格　共安歇　同行　和巴格　野巴格
goro mafa boode hobage yebage goirame genembi hobage
外　祖父　家裏　和巴格　野巴格　粧俏　去　和巴格
yebage goro mama bade hobage yebage maksime yombi
野巴格　外　祖母　地方　和巴格　野巴格　舞　同行
hobage yebage deheme boode hobage yebage dekdešeme
和巴格　野巴格　姨母　家裏　和巴格　野巴格　浮蕩
genembi hobage yebage
去　和巴格　野巴格

野巴格，打開聽吧和巴格野巴格，把厚耳和巴格野巴格，請垂聽吧和巴格野巴格，醜陋賴皮和巴格野巴格（注 25），請留意聽吧和巴格野巴格，祭祀好和巴格野巴格，高貴了和巴格野巴格，祭祀好和巴格野巴格，向前了和巴格野巴格，主人起來了和巴格野巴格，有德了和巴格野巴格，到父親的族家（注 26）和巴格野巴格，去相會和巴格野巴格，到母親的娘家和巴格野巴格，一同去歇息和巴格野巴格，到外祖父的家和巴格野巴格，去粧俏（注 27）和巴格野巴格，到外祖母的地方和巴格野巴格，去作舞和巴格野巴格，到姨母家和巴格野巴格，去浮蕩和巴格野巴格

野巴格，打开听吧和巴格野巴格，把厚耳和巴格野巴格，请垂听吧和巴格野巴格，丑陋赖皮和巴格野巴格（注 25），请留意听吧和巴格野巴格，祭祀好和巴格野巴格，高贵了和巴格野巴格，祭祀好和巴格野巴格，向前了和巴格野巴格，主人起来了和巴格野巴格，有德了和巴格野巴格，到父亲的族家（注 26）和巴格野巴格，去相会和巴格野巴格，到母亲的娘家和巴格野巴格，一同去歇息和巴格野巴格，到外祖父的家和巴格野巴格，去妆俏（注 27）和巴格野巴格，到外祖母的地方和巴格野巴格，去作舞和巴格野巴格，到姨母家和巴格野巴格，去浮荡和巴格野巴格

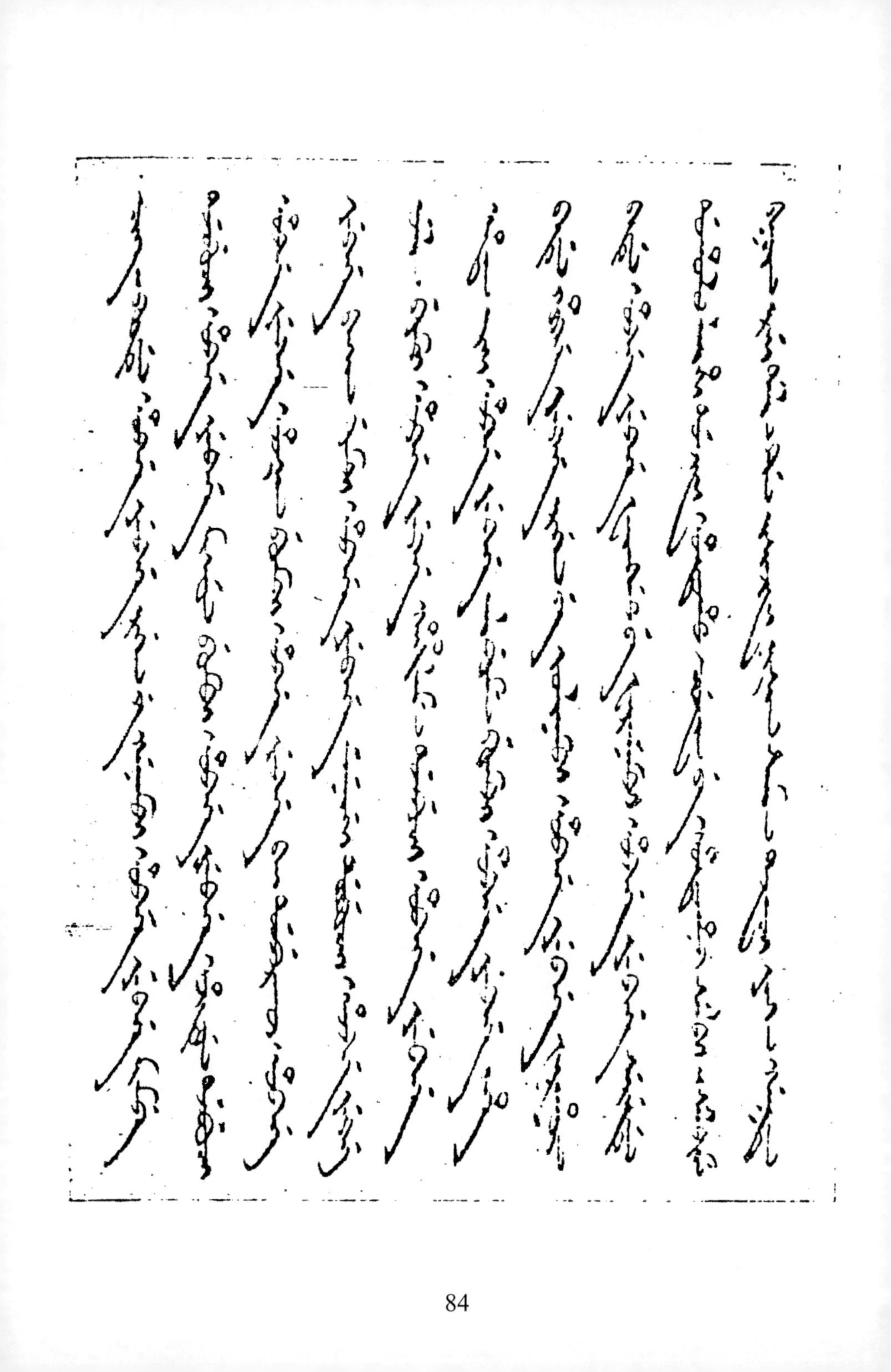

ecike i boode hobage yebage ergen be ganambi hobage
叔父 的 家裏 和巴格 野巴格 命 把 去取 和巴格
yebage mimbe doobuci hobage yebage misun bumbi
野巴格 把我 若使渡 和巴格 野巴格 醬 給
hobage yebage hūdun doobuci hobage yebage hoošan
和巴格 野巴格 快 若使渡 和巴格 野巴格 紙
bumbi hobage yebage bai doobukū hobage yebage basan
給 和巴格 野巴格 平白 不使渡 和巴格 野巴格 工錢
bumbi hobage yebage unenggi doobuci hobage yebage ulin
給 和巴格 野巴格 誠 若使渡 和巴格 野巴格 財
bumbi hobage yebage hahilame doobuci hobage yebage
給 和巴格 野巴格 趕緊 若使渡 和巴格 野巴格
hatan arki hobage yebage alibume bumbi hobage yebage
強烈 燒酒 和巴格 野巴格 呈送 給 和巴格 野巴格
ehe bade hobage yebage ergen be jolinambi hobage
惡 地方 和巴格 野巴格 命 把 去贖 和巴格
yebage farhūn bade hobage yebage fainggo be farganambi
野巴格 昏暗 地方 和巴格 野巴格 魂 把 去追
hobage yebage serede doholo lahi donjifi hontoho cuwan
和巴格 野巴格 說時 瘸子 賴皮 聽了 半 船
be hontoho selbi i selbime bakcin ergi dalin de isinjifi nišan
把 半 划子 的 划着 對邊 方 岸 於 來到 尼山
saman tuwaci yasa gakta
薩蠻 看時 眼 残疾

到叔父的家和巴格野巴格，去取回命和巴格野巴格，若讓我渡河時和巴格野巴格，給醬和巴格野巴格，若讓快渡河時和巴格野巴格，給紙和巴格野巴格，不使平白渡河和巴格野巴格，給工錢和巴格野巴格，若真讓渡河時和巴格野巴格，給財貨和巴格野已格，若讓趕緊渡河時和巴格野巴格，強烈的燒酒和巴格野巴格，呈給和巴格野巴格，在兇惡的地方和巴格野巴格，去贖命和巴格野巴格，在昏暗的地方和巴格野巴格，去追魂和巴格野巴格，瘸子賴皮聽了，把半船用半划子划到對邊的岸上，尼山薩蠻一看時，眼睛眇一隻，

到叔父的家和巴格野巴格，去取回命和巴格野巴格，若让我渡河时和巴格野巴格，给酱和巴格野巴格，若让快渡河时和巴格野巴格，给纸和巴格野巴格，不使平白渡河和巴格野巴格，给工钱和巴格野巴格，若真让渡河时和巴格野巴格，给财货和巴格野已格，若让赶紧渡河时和巴格野巴格，强烈的烧酒和巴格野巴格，呈给和巴格野巴格，在凶恶的地方和巴格野巴格，去赎命和巴格野巴格，在昏暗的地方和巴格野巴格，去追魂和巴格野巴格，瘸子赖皮听了，把半船用半划子划到对边的岸上，尼山萨蛮一看时，眼睛眇一只，

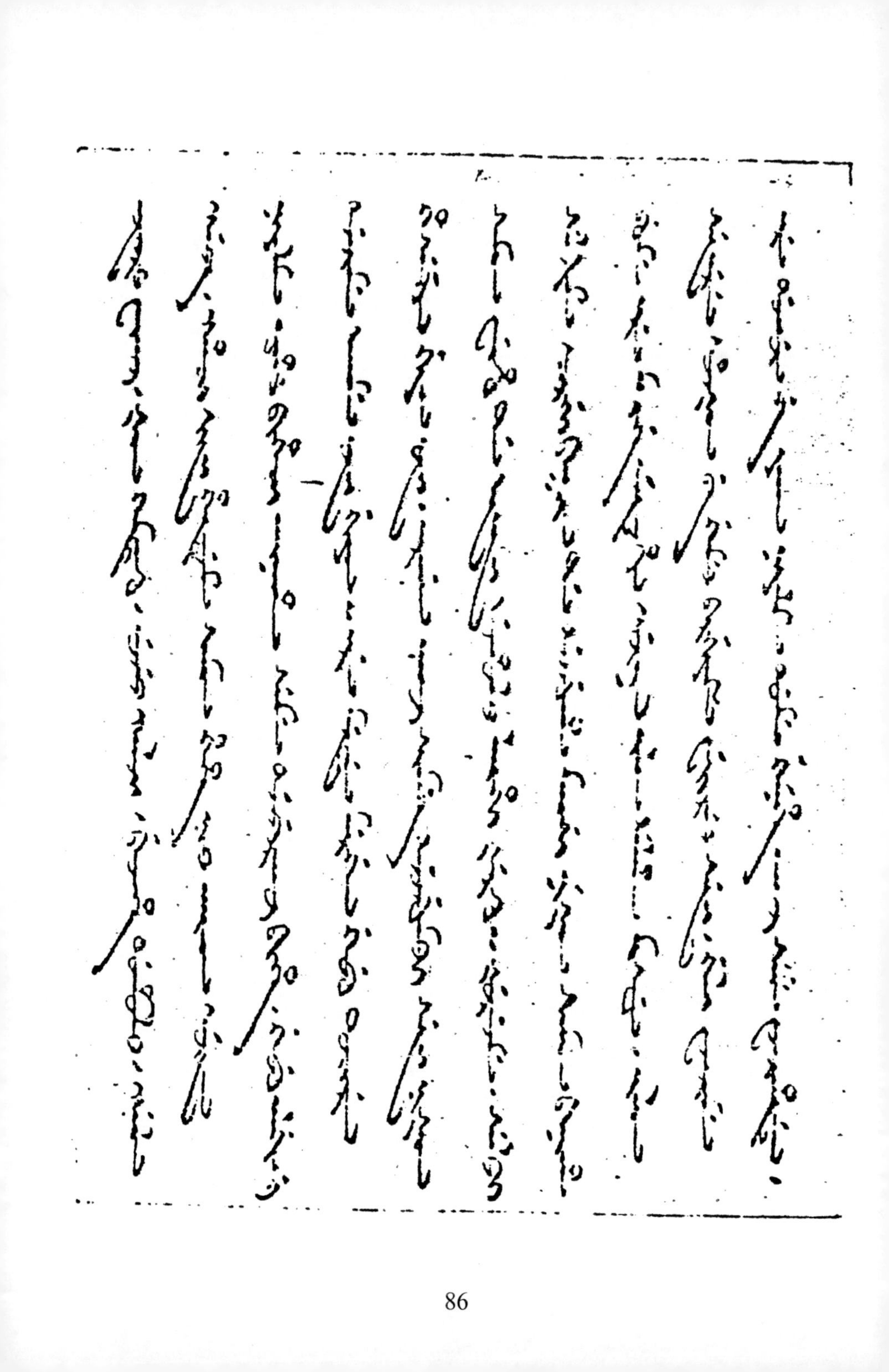

[illegible]

oforo waikū, šan kemteku, uju kalji, bethe doholo gala
鼻 歪 耳 殘? 頭 禿頂 脚 瘸 手
gaba, hanci jifi hedume saman hehe nio aika gūwa
蹩 附近 來了 說 薩蠻 女 麼 若是 別
niyalma oho biheci ainaha seme dooburakū bihe, gebu
人 了 來着時 斷 然 不使渡 來着 名
algin be donjime takame ofi giyan i ere mudan mergen
聲名 把 聽 認識 因 理 此 次 賢 智
gebu tucire hesebun giyan ofi, arga akū simbe doobumbi
名 出 的 天理 理 因 計 無 把你 使渡
sefi nišan saman weihu de tafafi doholo laihi šurku
說了 尼山 薩蠻 獨木舟 於 登上了 瘸 子 賴 皮 篙
i šurume, selbi selbime cargi bakcin de doobuha manggi
以 撐着 划子 划 着 那邊 對 邊 於 使 渡 了 後
nišan saman baniha bume ere majige untuhun gūnin ilan
尼山 薩蠻 謝 道 此 些微 空 意 三
dalhan misun, ilan sefere hoošan be gemu bargiyame
塊 醬 三 把 紙 把 皆 收 着
werireo sefi, geli fonjime ere dogūn be yaka niyalma
請留 說了 又 問 此 渡口 把 那個 人
dome genehe akū seme fonjihade,
渡 去了 無 云 問了時

鼻歪，耳殘，頭禿頂，腳瘸手蹩（注 28）。來到附近說：是薩蠻姑娘嗎？若是別人，斷然不讓他渡過來著。因聞名聲認識，這次應是賢名所出的天理，沒法子，渡你吧！尼山薩蠻上了獨木舟，瘸子賴皮撐篙，划子划著渡到對岸那邊時，尼山薩蠻道謝說：這只是一點心意，三塊醬、三把紙，都請收著留下吧！又問說：這渡口是不是有那個人渡過去了呢？

鼻歪，耳残，头秃顶，脚瘸手蹩（注 28）。来到附近说：是萨蛮姑娘吗？若是别人，断然不让他渡过来着。因闻名声认识，这次应是贤名所出的天理，没法子，渡你吧！尼山萨蛮上了独木舟，瘸子赖皮撑篙，划子划着渡到对岸那边时，尼山萨蛮道谢说：这只是一点心意，三块酱、三把纸，都请收着留下吧！又问说：这渡口是不是有那个人渡过去了呢？

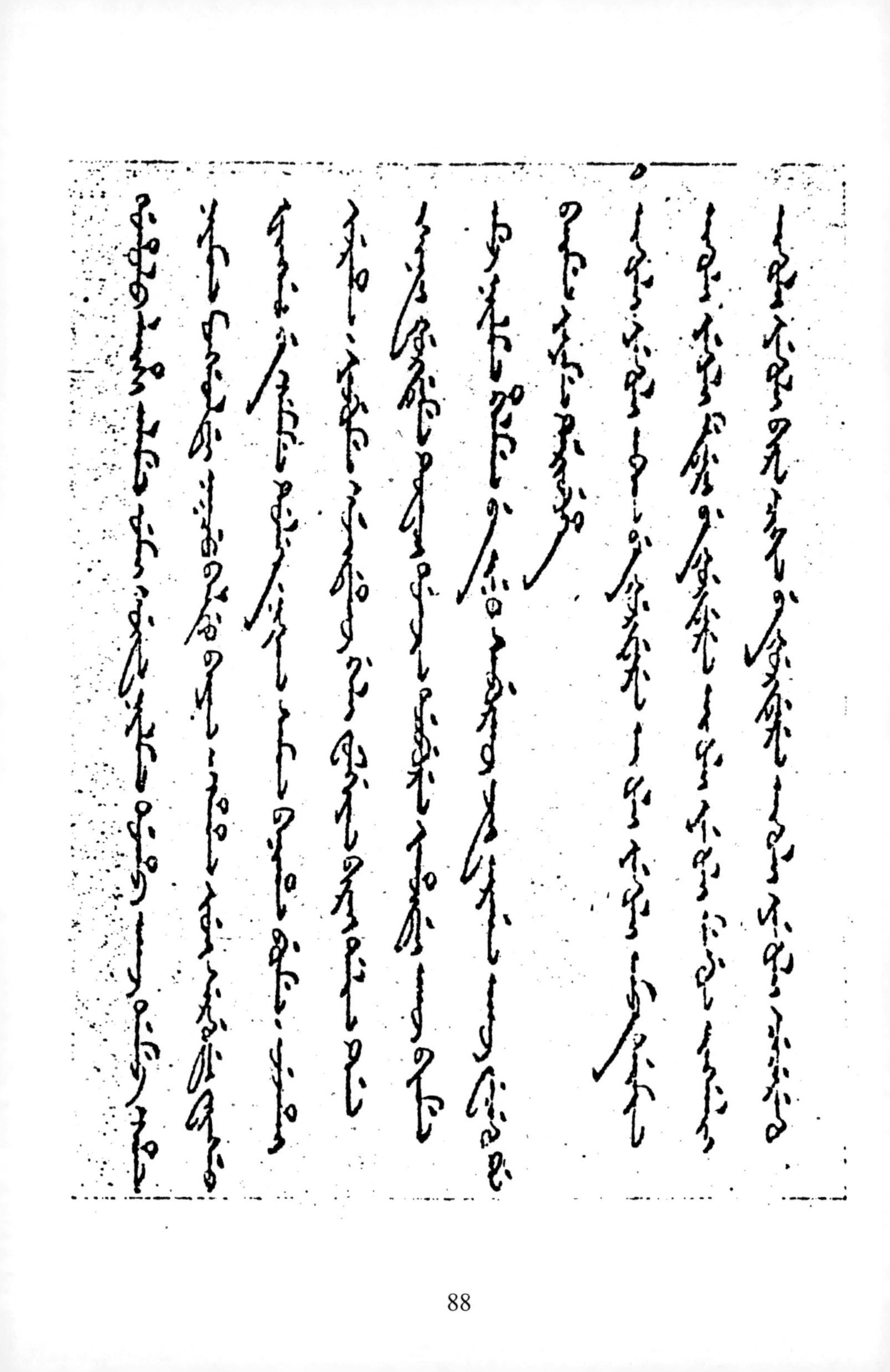

doholo laihi alame umai gūwa niyalma doho akū damu
癩子 賴皮 告訴 並 別 人 渡 無 僅
han i niyaman monggoldai nakcu baldu bayan i haha jui
王 的 親 戚 蒙古爾代 舅舅 巴爾杜 巴 顏的 男 兒
sergudai fiyanggo fainggo be gamame duleke, nišan
色爾古代 費揚古 魂 把 取去 過了 尼山
saman baniha bume, uthai juraha, yabume goidahakū
薩蠻 謝 道 卽 啓程了 行走 不久
geli fulgiyan birai dalin de isinafi šurdeme tuwaci
又 紅 河的 岸 於 去到了 周圍 看時
dokūn doobure jahūdai akū bime emu niyalma helmen be
渡口 使渡 船 無 且 一 人 影 把
inu saburakū ofi arga akū weceku de baime yayame
亦 看不見 因 計 無 神衹 於求着 喋喋
deribuhe eikuli yekuli abka be šurdere eikuli yekuli
開始了 額伊庫哩也庫哩 天 把 圍繞 額伊庫哩也庫哩
amba daimin eikuli yekuli mederi be šurdere eikuli
大 鵰 額伊庫哩 也庫哩 海 把 圍繞 額伊庫哩
yekuli menggun inggali eikuli yekuli bira cikin be
也庫哩 銀 鶺 鴒 額伊庫哩 也庫哩 河 邊 把
šurdere eikuli yekuli cecereku
圍繞 額伊庫哩 也庫哩 氣 怒

癩子賴皮告訴說：並沒有別人渡過，只有閻羅王的親戚蒙古爾代舅舅帶著巴爾杜巴顏的兒子色爾古代費揚古的魂渡過去了。尼山薩蠻道了謝，卽刻出發，走了不久，又來到了紅河岸，周圍一看時，渡口旣無渡船，且一個人影也看不到，因此，沒法子，求著神開始喋喋地說：額伊庫哩也庫哩，圍繞天的額伊庫哩也庫哩，大鵰額伊庫哩也庫哩，圍繞海的額伊庫哩也庫哩，銀鶺鴒額伊庫哩也庫哩，圍繞河邊的額伊庫哩也庫哩，怒

癞子赖皮告诉说：并没有别人渡过，只有阎罗王的亲戚蒙古尔代舅舅带着巴尔杜巴颜的儿子色尔古代费扬古的魂渡过去了。尼山萨蛮道了谢，即刻出发，走了不久，又来到了红河岸，周围一看时，渡口既无渡船，且一个人影也看不到，因此，没法子，求着神开始喋喋地说：额伊库哩也库哩，围绕天的额伊库哩也库哩，大鵰额伊库哩也库哩，围绕海的额伊库哩也库哩，银鹡鸰额伊库哩也库哩，围绕河边的额伊库哩也库哩，怒

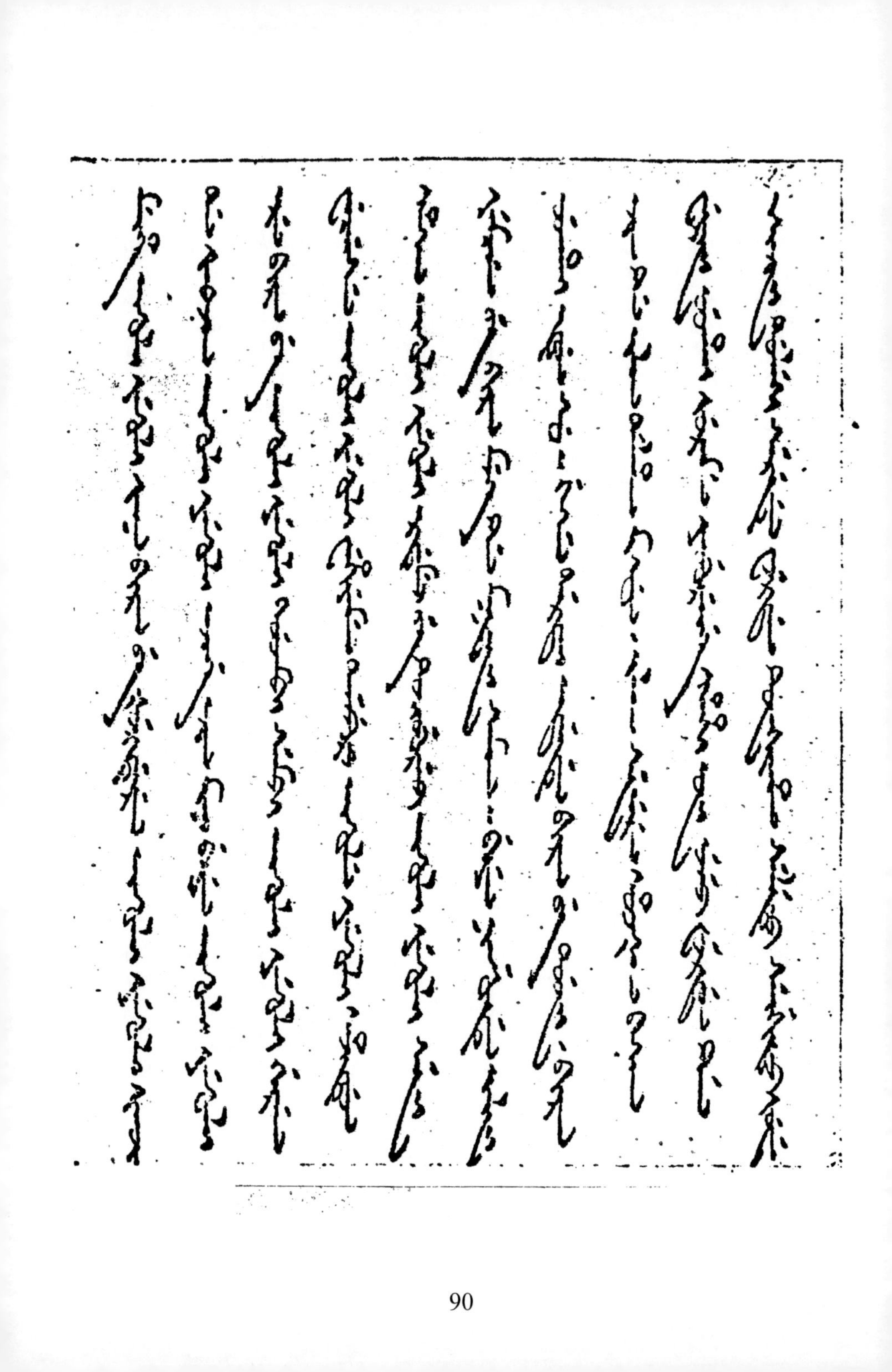

meihe eikuli yekuli jan bira be šurdere eikuli yekuli
蛇 額伊庫哩 也庫哩 占 河 把 圍繞 額伊庫哩 也庫哩
jakūn da jabjan eikuli yekuli ajige ejin mini beye
八 尋 蟒 額伊庫哩 也庫哩 小 主 我的 自身
eikuli yekuli ere bira be eikuli yekuli doombi sembi
額伊庫哩 也庫哩 此 河 把 額伊庫哩 也庫哩 渡 云
eikuli yekuli geren wecense eikuli yekuli wehiyeme
額伊庫哩 也庫哩 衆 神祇們 額伊庫哩 也庫哩 扶 助
dooburo eikuli yekuli hūdun hasa eikuli yekuli erdemu
使渡吧 額伊庫哩 也庫哩 速 急 額伊庫哩 也庫哩 才 德
be tucibureo eikuli yekuli sefi yemecen be bira muke
把 請現出吧 額伊庫哩 也庫哩 說了 男手鼓 把 河 水
de maktafi saman i beye ninggude ilifi uthai edun su
於 拋 了 薩蠻 的 身 上 面 立了 就 風 旋
i gese dartai andande bira be doofi, bira ejin de ilan
的 似 暫時 忽然 河 把 渡了 河 主 於 三
dalhan misun, ilan sefere hoošan basan werifi uthai
塊 醬 三 把 紙 工 錢 留了 即
jurame yaburengge hahi ofi uju furdan de isinjifiduleki
啓程 行走的 急 因 頭 關口 於 來到 欲過
serede furdan tuwakiyaha seletu senggitu juwe
說時 關口 看守的 鐵的 血的 二

蛇額伊庫哩也庫哩，圍繞占河的額伊庫哩也庫哩，八尋蟒額伊庫哩也庫哩，小主人我自己額伊庫哩也庫哩，把這河額伊庫哩也庫哩，要渡過額伊庫哩也庫哩，衆神祇們額伊庫哩也庫哩，請扶助渡河吧額伊庫哩也庫哩，急速地額伊庫哩也庫哩，請現出本領額伊庫哩也庫哩，說了後，把男手鼓拋到河水裏，薩蠻自己站在上面，就像旋風似地轉瞬之間渡過了河，留給河主三塊醬、三把紙、工錢後即出發，因走的很急速，來到了第一關，要過去時，把守關口的鐵血二

蛇额伊库哩也库哩，围绕占河的额伊库哩也库哩，八寻蟒额伊库哩也库哩，小主人我自己额伊库哩也库哩，把这河额伊库哩也库哩，要渡过额伊库哩也库哩，众神只们额伊库哩也库哩，请扶助渡河吧额伊库哩也库哩，急速地额伊库哩也库哩，请现出本领额伊库哩也库哩，说了后，把男手鼓抛到河水里，萨蛮自己站在上面，就像旋风似地转瞬之间渡过了河，留给河主三块酱、三把纸、工钱后即出发，因走的很急速，来到了第一关，要过去时，把守关口的铁血二

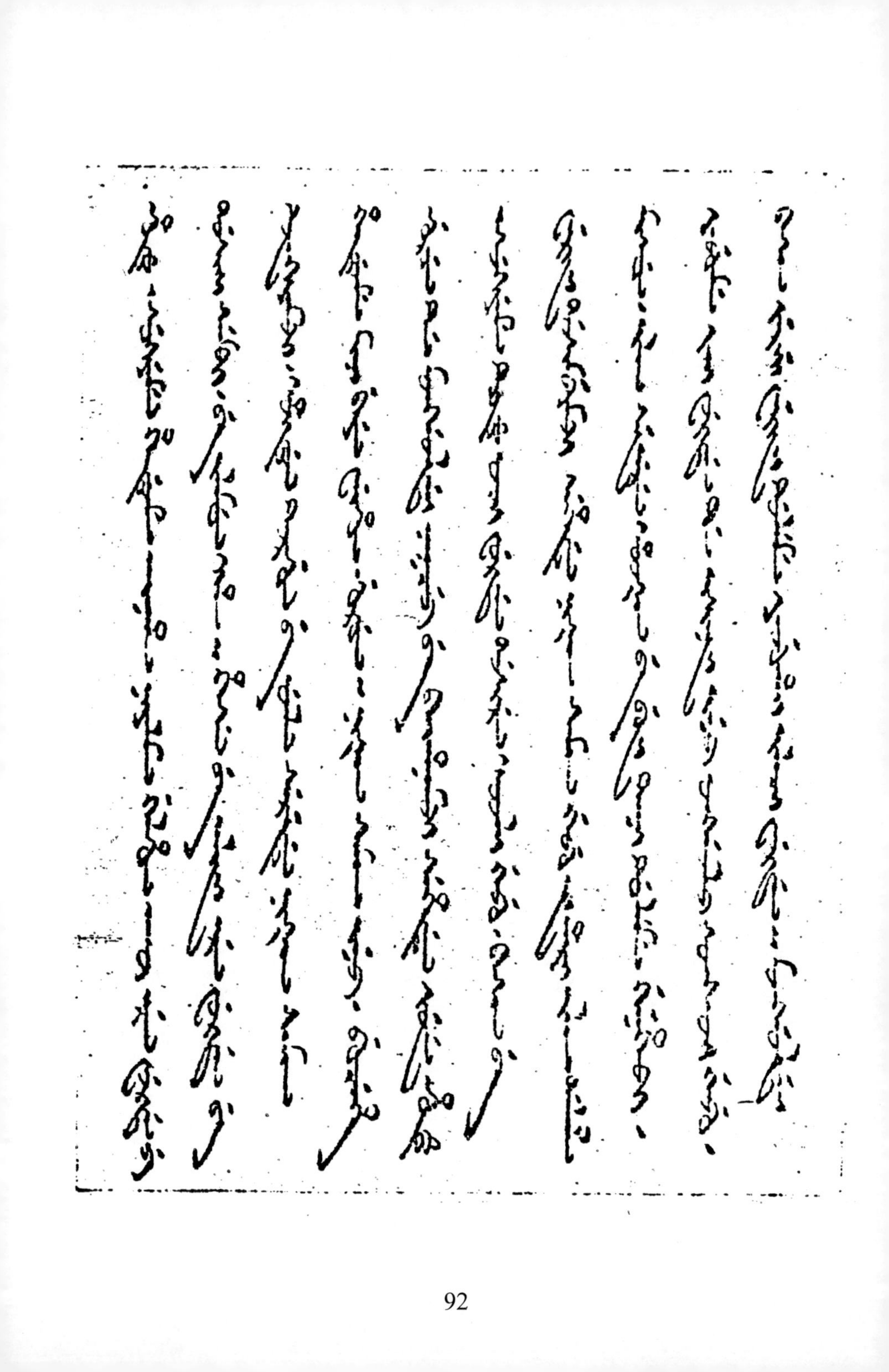

hutu esukiyeme hendume ainaha niyalma gelhun akū
鬼 怒嚇着 說 什麼 人 敢
ere furdan be dosiki sembi, be ilmun han i hese be
此 關口 把 欲入 云 我們 閻羅 王 的 旨 把
alifi ere furdan be tuwakiyambi, hūdun turgun be ula
受了 此 關口 把 看 守 速 緣由 把 傳
serede nišan saman hendume mini beye weihun gurun i
說時 尼山 薩蠻 說 我 自身 生 國 的
nišan saman inu, bucehe gurun de monggoldai nakcu be
尼山 薩蠻 是 死的 國 於 蒙古爾代 舅舅 把
baihanambi sehede juwe hutu esukiyeme tuttu oci
去 找 說了時 二 鬼 怒嚇着 如此 若
furdan dosire kooli gebu, basan be werifi dosimbumbi
關口 入的 例 名 工錢 把 留了 使 入
sehede nišan saman gebu afahari ilan dalhan misun,
說了時 尼山 薩蠻 名 簽子 三 塊 醬
ilan sefere hoošan be bufi teni duleme genehebi, yabumbi
三 把 紙 把 給了 才 過 去了 行走
jai furdan de isinafi inu onggolo songkoi gebu, basan
第二 關口 於 去到了 亦 以前 照 名 工錢
jergi werifi duleme yabuhai ilaci furdan i monggoldai
等 留了 過 一直走 第三 關口 的 蒙古爾代

鬼怒嚇著說：什麼人膽敢想進這個關口，我們奉了閻羅王的諭旨，看守這關口，趕快告訴緣由吧！尼山薩蠻說：我自己是生國的尼山薩蠻，要到死國去找蒙古爾代舅舅。二鬼怒嚇著說：若是這樣，照入關規例把名字及工錢留下後讓你進入。尼山薩蠻給了名簽、三塊醬、三把紙，才過去了。走到第二關時，也照前留下了名字、工錢等過去。一直走到第三關蒙古爾代

鬼怒吓着说：什么人胆敢想进这个关口，我们奉了阎罗王的谕旨，看守这关口，赶快告诉缘由吧！尼山萨蛮说：我自己是生国的尼山萨蛮，要到死国去找蒙古尔代舅舅。二鬼怒吓着说：若是这样，照入关规例把名字及工钱留下后让你进入。尼山萨蛮给了名签、三块酱、三把纸，才过去了。走到第二关时，也照前留下了名字、工钱等过去。一直走到第三关蒙古尔代

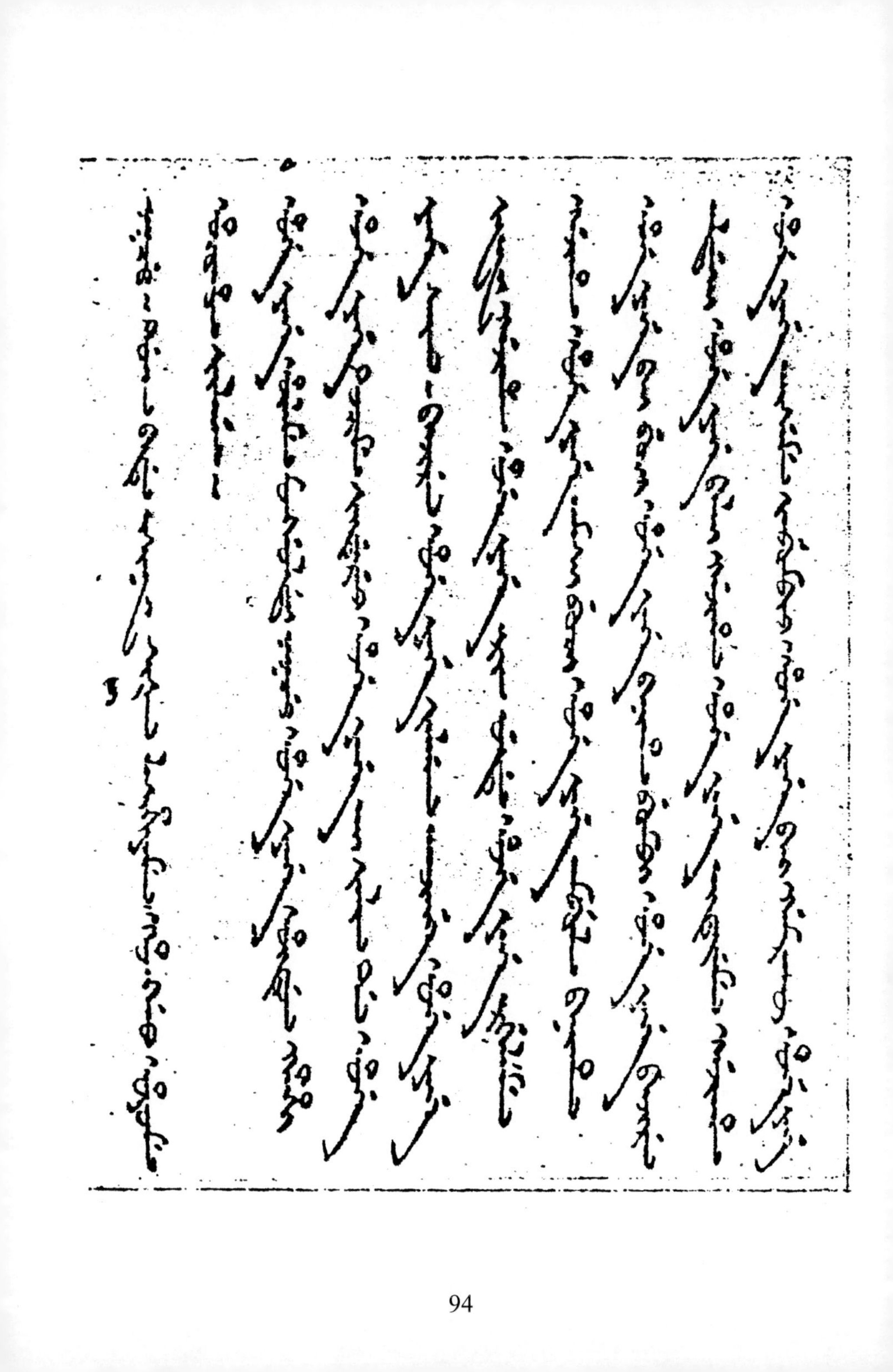

nakcu i duka bade isinafi siša lasihiyame, honggo
舅舅 的 門 地方 去到了 腰鈴 搖 着 神 鈴
hoyome hocohon jilgan i hoge yage hūlame monggoldai
和 着 清 秀 聲 的和格 亞格 喊 着 蒙古爾代
nakcu hoge yage hūdun hahi hoge yage tucime jidereo
舅舅 和格 亞格 速 急 和格 亞格 出着 請 來
hoge yage ai jalin de hoge yage sain i banjire hoge
和格 亞格 何 爲 於 和格 亞格 好 的 生 活 的 和格
yage jalgan akūngge hoge yage jafafi gajiha hoge yage
亞格 聲 無 者 和格 亞格 拿 了 帶來了 和格 亞格
erin unde hoge yage ergeleme gajiha hoge yage amasi
時 尚未 和格 亞格 壓 迫 帶來了 和格 亞格 往 後
buci hoge yage ambula baniha hoge yage bai buci hoge
若給 和格 亞格 廣多 謝 和格 亞格 白 若給 和格
yage baniha bumbi hoge yage banjire aldasi hoge yage
亞格 謝 道 和格 亞格 生活的 半途 和格 亞格
balai gajiha hoge yage eitereme gajiha hoge yage
妄 帶來 和格 亞格 欺 誑 帶來 和格 亞格
aiseme jabumbio hoge yage bai gamarakū hoge yage
怎麼 回 答 呢 和格 亞格 白 不 帶 和格 亞格

舅舅的門口，搖著腰鈴，和著神鈴，以清秀的聲音唱著和格亞格，蒙古爾代舅舅和格亞格，急速和格亞格，請出來吧和格亞格，為了什麼和格亞格，好好的過日子和格亞格，沒有壽限的和格亞格，拿了帶來和格亞格，時限未到和格亞格，強迫帶來和格亞格，若給還時和格亞格，多謝和格亞格，若平白給了時和格亞格，道謝和格亞格，生長的半途和格亞格，妄行帶來和格亞格，欺誑帶來和格亞格，怎麼回答呢和格亞格，不平白帶去和格亞格，

舅舅的门口，摇着腰铃，和着神铃，以清秀的声音唱着和格亚格，蒙古尔代舅舅和格亚格，急速和格亚格，请出来吧和格亚格，为了什么和格亚格，好好的过日子和格亚格，没有寿限的和格亚格，拿了带来和格亚格，时限未到和格亚格，强迫带来和格亚格，若给还时和格亚格，多谢和格亚格，若平白给了时和格亚格，道谢和格亚格，生长的半途和格亚格，妄行带来和格亚格，欺诳带来和格亚格，怎么回答呢和格亚格，不平白带去和格亚格，

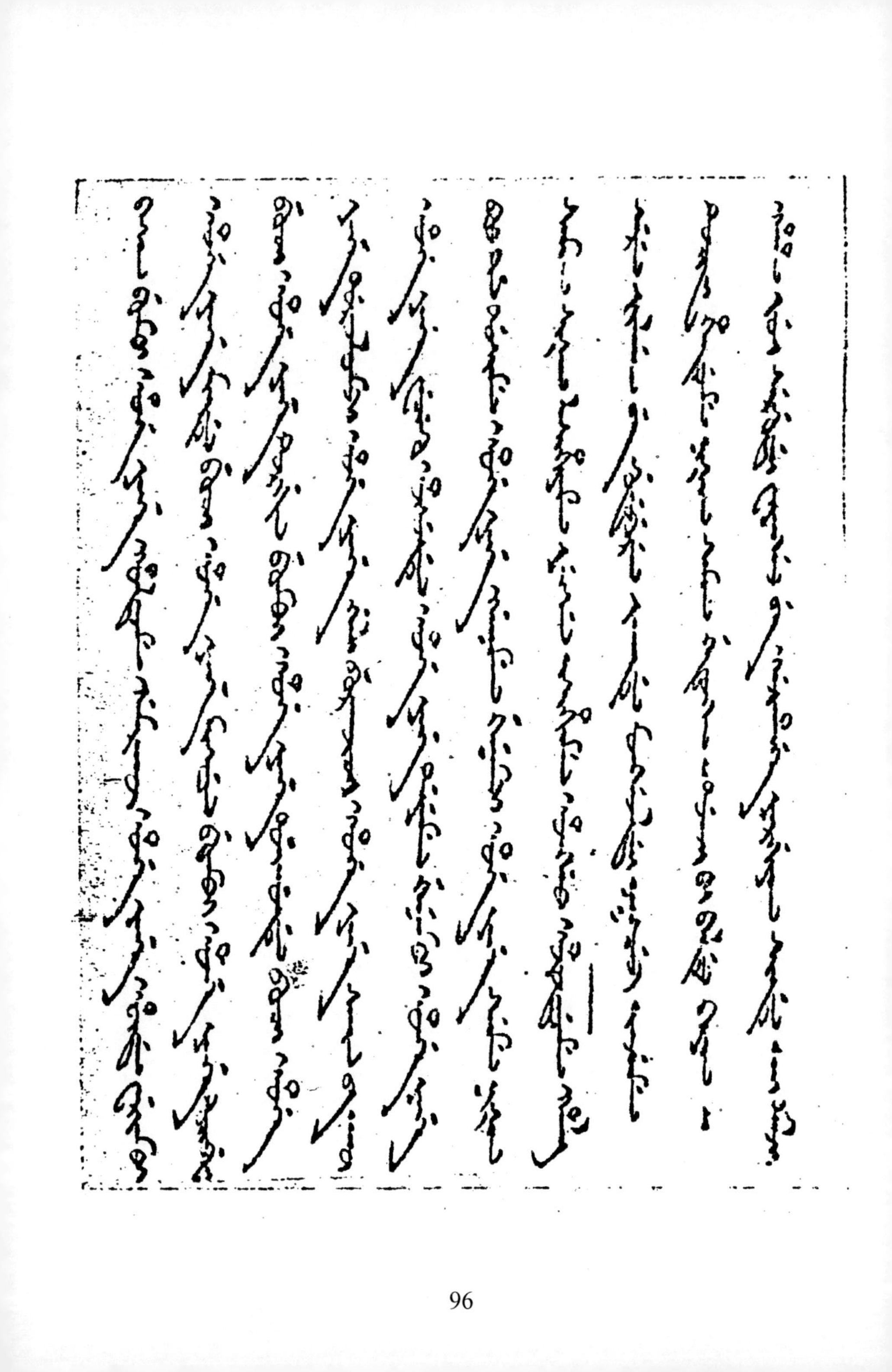

basan bumbi hoge yage holtome gamarakū hoge yage
工錢 給 和格 亞格 欺哄 不 帶 和格 亞格
hūda werimbi hoge yage minde buci hoge yage misun
價錢 存留 和格 亞格 於我 若給 和格 亞格 醬
bumbi hoge yage tucibufi buci hoge yage turgin bumbi
給 和格 亞格 使出 若給 和格 亞格 租金 給
hoge yage doigonde buci hoge yage dorolombi hoge
和格 亞格 預先 若給 和格 亞格 行禮 和格
yage geli burakūci hoge yage sain ba akū hoge yage
亞格 又 若不給 和格 亞格 好 處 無 和格 亞格
weceku hūsunde hoge yage deyeme genembi hoge yage
神祇 於力 和格 亞格 飛着 去 和格 亞格
boo de dosime hoge yage ganame genembi hoge yage
家 於 入 和格 亞格 取去 去 和格 亞格
seme nišan saman siša lasihiyame yekse isihime honggo
云 尼山 薩蠻 腰鈴 搖着 神帽 抖着 神鈴
hoyodome halang sere jilgan be guwebure jakade
齊和着 鏗鏘 云 聲 把 免 之故
monggoldai nakcu injeme tucifi hendume nišan saman
蒙古爾代 舅舅 笑着 出了 說 尼山 薩蠻
getuken i donji bi baldu bayan i haha jui sergudai
明白 的聽吧 我 巴爾杜 巴顏 的 男 兒 色爾古代
fiyanggo be gajihangge yargiyan sinde ai dalji
費揚古 把 帶來的 實在 於你 何 干

給工錢和格亞格，不欺哄帶去和格亞格，留下價錢和格亞格，若給我時和格亞格，給醬和格亞格，若令出來給時和格亞格，給租金和格亞格，若預先給時和格亞格，行禮和格亞格，若又不給時和格亞格，沒有好處和格亞格，靠神力和格亞格，飛著去和格亞格，進入屋裏和格亞格，帶着去和格亞格，尼山薩蠻搖著腰鈴，抖著神帽，和著神鈴，鏗鏘鳴響時，蒙古爾代舅舅笑著出來說：尼山薩蠻明白的聽吧！我把巴爾杜巴顏的男兒色爾古代費揚古帶來的，實在於你何干，

给工钱和格亚格，不欺哄带去和格亚格，留下价钱和格亚格，若给我时和格亚格，给酱和格亚格，若令出来给时和格亚格，给租金和格亚格，若预先给时和格亚格，行礼和格亚格，若又不给时和格亚格，没有好处和格亚格，靠神力和格亚格，飞着去和格亚格，进入屋里和格亚格，带着去和格亚格，尼山萨蛮摇着腰铃，抖着神帽，和着神铃，铿锵鸣响时，蒙古尔代舅舅笑着出来说：尼山萨蛮明白的听吧！我把巴尔杜巴颜的男儿色尔古代费扬古带来的，实在于你何干，

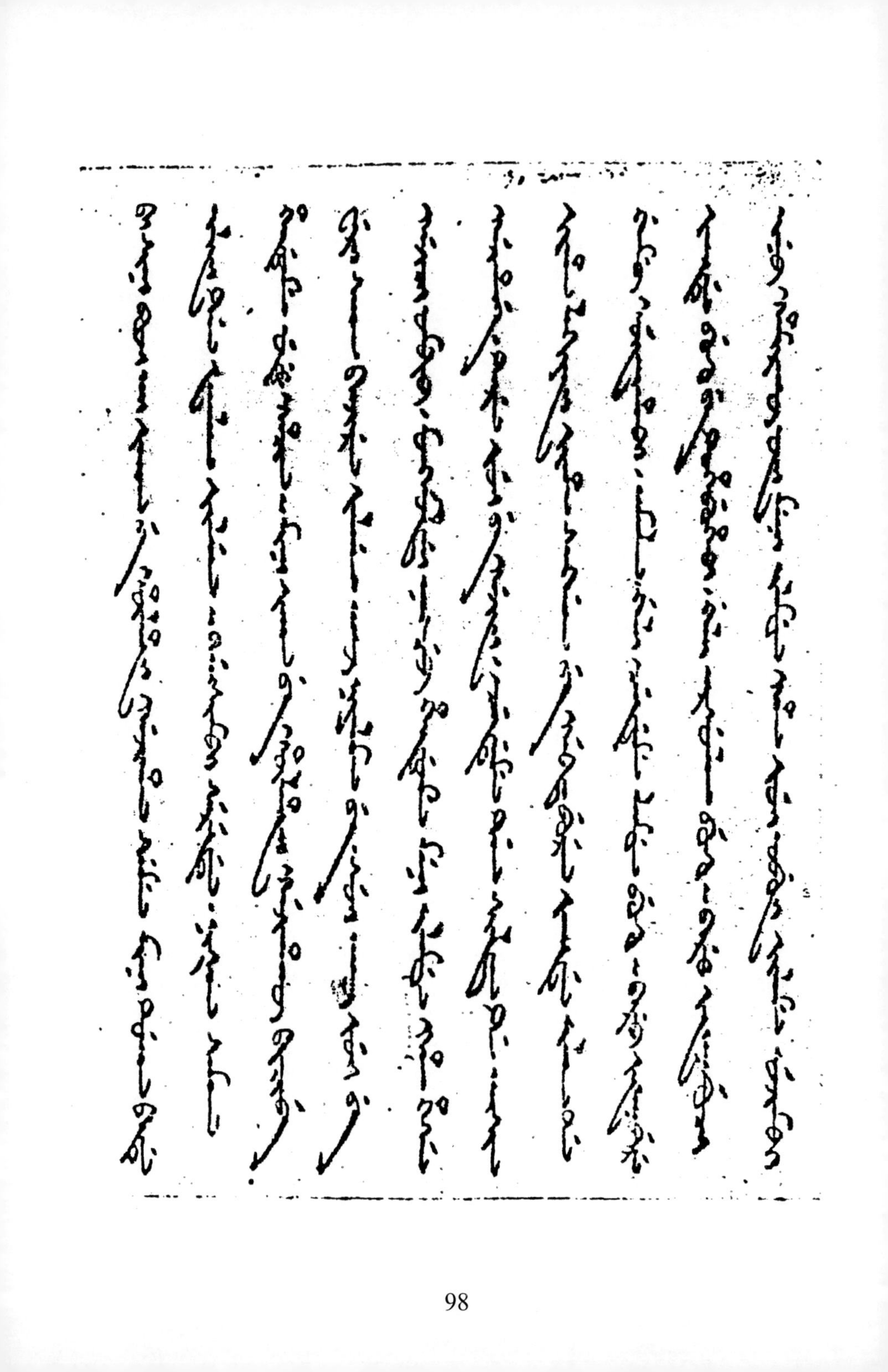

bi sini booi ai jaka be hūlhafi gajiha seme mini duka
我 你的 家的 何 物 把 偷 了 帶來 云 我的 門
bade ilifi den wakalan jilgan i dangsimbi serede,
地方 立了 高 責 怪 聲 的 搶 白 說 時
nišan saman hendume udu hacin i mini jaka be hūlhafi
尼山 薩蠻 說 雖 件 的 我的 物 把 偷 了
gajihakū bicibe weri sain banjire jalgan akū niyalma
沒帶來 雖 人家 好 過日子 壽限 無 人
be, sui akū jui be gajifi ombio, monggoldai nakcu
把 罪 無 子 把 帶來了 可嗎 蒙古爾代 舅 舅
hendume meni ilmun han hese gajihangge, tere jui be
說 我們的 閻羅 王 旨 帶 來 的 那 子 把
gajifi, cendeme den siltan de aisin jiha lakiyafi jiha
帶來了 試 看 高 旗 杆 於 金 錢 掛 錢
sangga be gabtabure jakade ilan da gemu gūwaihabi,
孔 把 使 射 之故 三 枝 都 中 了
amala geli cendeme lamun buku i baru jafanabure jakade
其 後 又 試 看 藍 撩跤 的 向 使 拿 之故
buku be tuhebuhebi, geli arsulan buku i baru jafanabuci
撩跤 把 使 倒 了 又 獅 子 撩跤 的 向 拿 時
inu hamirakū ofi meni ilmun han jui obufi jilame
亦 不 及 因 我們的 閻羅 王 子 成了 慈 愛
ujimbi
養

我把你家的什麼東西偷了來而站在我的門口呢？高聲責怪的搶白時，尼山薩蠻說：雖然沒有偷來我的什麼東西，但是把人家好好過日子沒有壽限的人，無辜的孩子帶了來可以嗎？蒙古爾代舅舅說：是奉我們閻羅王的諭旨帶來的，把那孩子帶了來，在高杆上懸掛金錢試射錢孔時，三枝都中了。後來又試對藍翎撩跤人撩拿時，把撩跤人撩倒了，又對獅子撩跤人撩拿時，也受不了，因此，我們閻羅王把他做了孩子慈養

我把你家的什么东西偷了来而站在我的门口呢？高声责怪的抢白时，尼山萨蛮说：虽然没有偷来我的什么东西，但是把人家好好过日子没有寿限的人，无辜的孩子带了来可以吗？蒙古尔代舅舅说：是奉我们阎罗王的谕旨带来的，把那孩子带了来，在高杆上悬挂金钱试射钱孔时，三枝都中了。后来又试对蓝翎撩跤人撩拿时，把撩跤人撩倒了，又对狮子撩跤人撩拿时，也受不了，因此，我们阎罗王把他做了孩子慈养

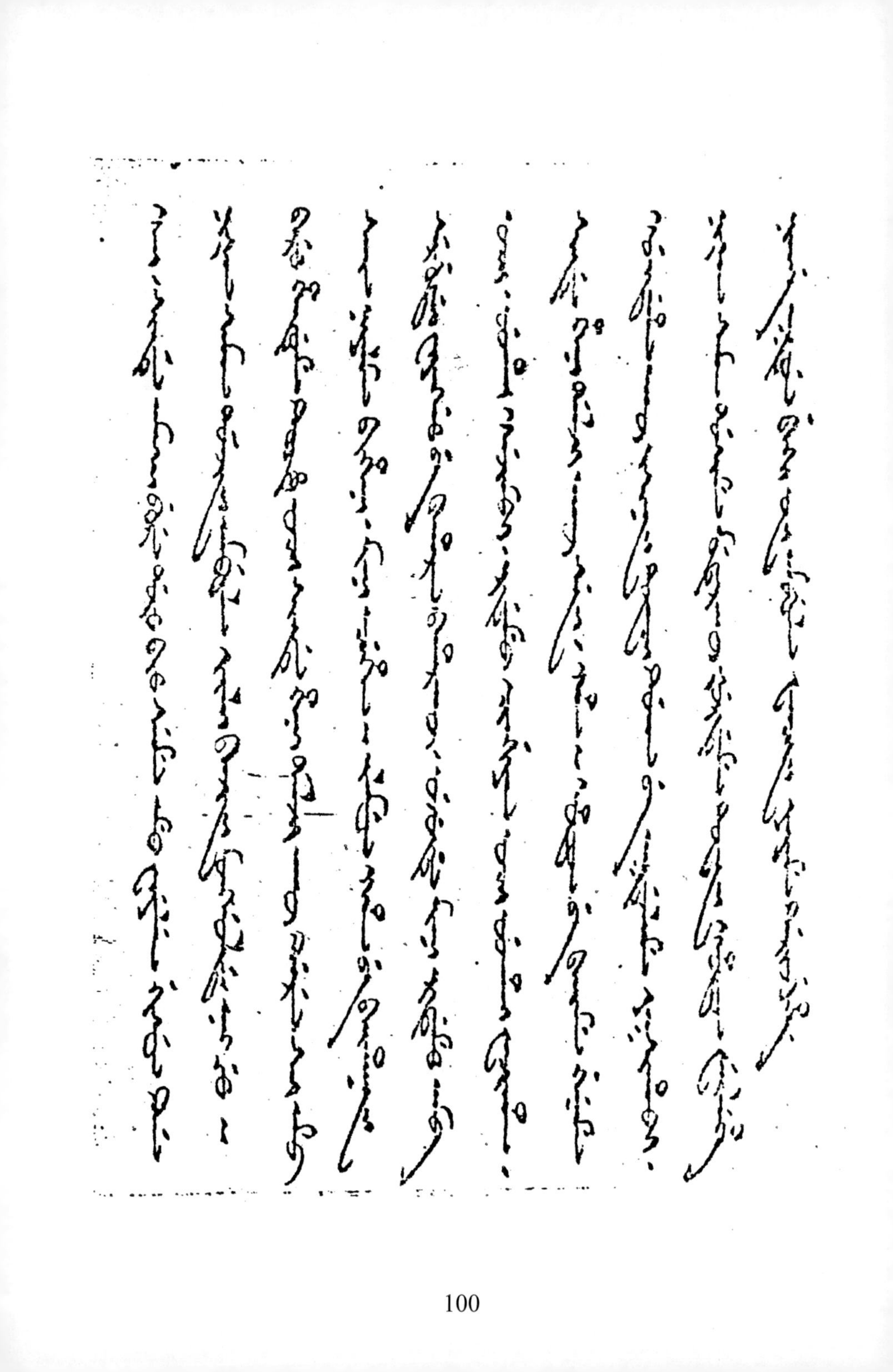

kai, sinde amasi bure doro bio seme emu fiyelen gisun
啊 於你 往後 給 理 有嗎云 一 篇 言
de nišan saman donjifi ambula jili banjifi monggoldai
於尼山 薩蠻 聽了 廣多 氣 生了 蒙古爾代
nakcu i baru hendume tuttu oci sinde heni dalji akū
舅舅的向 說 那樣若是 於你 些微 干 無
dere, si emu sain niyalma biheni, mini ecehen i ilmun
吧 你 一 好 人 來着呢 我的 才 能 的 閻羅
han be baihanafi sergudai fiyanggo be bahara baharakū
王 把 去找 色爾古代 費揚古 把 獲得 不 獲
ujude mini erdemu amba oci, uthai gajimbi, erdemu
於首 我的 才能 大 若 卽 帶來 才能
cingiyan oci uthai wajiha, sinde heni dalji akū sefi han
短淺 若 卽 完了 於你 些微 干 無 說了 王
i hoton be baime geneme goidaha akū isinafi tuwaci
的 城 把 求 去 久 無 去到了 看時
duka be akdulame yaksihabi, nišan saman dosime
門 把 保護 關閉 尼山 薩蠻 進入
muterakū šurdeme tuwafi hoton weilehe ningge akdun
不能 周圍 看了 城 做的 的 結實
beki ofi ambula fancafi yayame deribuhe,
堅固 因 廣多 生氣了 喋喋 開始了

啊！有還給你的道理嗎？尼山薩蠻聽了這一篇話後，大為生氣，對蒙古爾代舅舅說：如此，於你毫不相干吧！你原來是一個好人呢！以我的本領去找閻羅王，得到得不到色爾古代費揚古，首先我的才能若大時，就帶來，若才能不及時，就算了，於你毫不相干。說了就去找王城，不久，去到一看時，把門保護關閉了，尼山薩蠻進不去，周圍看了，因城築的很堅固，大為生氣，開始喋喋地說：

啊！有还给你的道理吗？尼山萨蛮听了这一篇话后，大为生气，对蒙古尔代舅舅说：如此，于你毫不相干吧！你原来是一个好人呢！以我的本领去找阎罗王，得到得不到色尔古代费扬古，首先我的才能若大时，就带来，若才能不及时，就算了，于你毫不相干。说了就去找王城，不久，去到一看时，把门保护关闭了，尼山萨蛮进不去，周围看了，因城筑的很坚固，大为生气，开始喋喋地说：

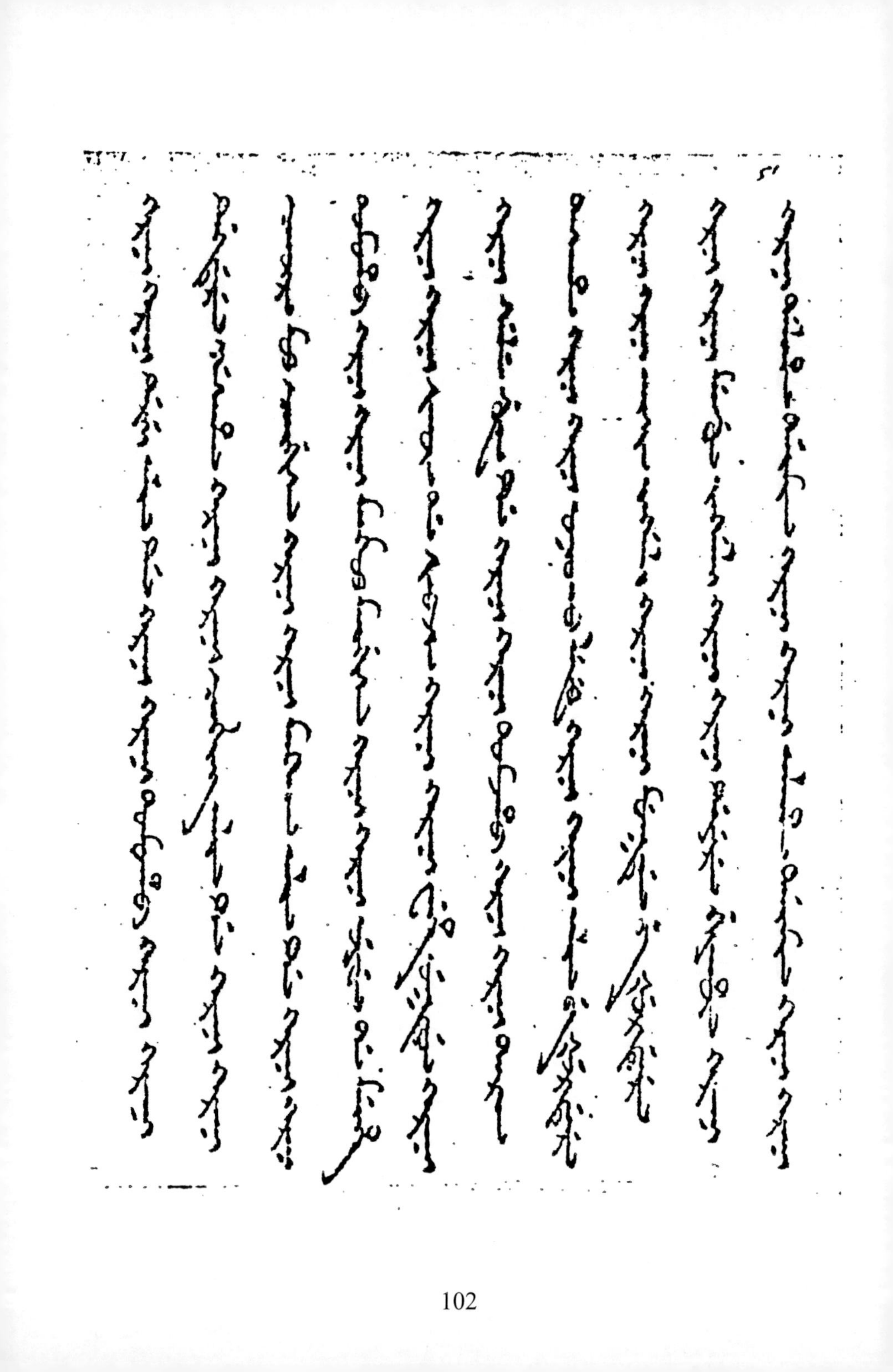

[illegible]

kerani kerani dergi alin de kerani kerani tomoho
克蘭尼 克蘭尼 東 山 於 克蘭尼 克蘭尼 棲息的
kerani kerani dekdere gasha kerani kerani cangling
克蘭尼 克蘭尼 飛起了 鳥 克蘭尼 克蘭尼 常 林
alin de kerani kerani cakūra moo canggisa kerani kerani
山 於 克蘭尼 克蘭尼 檀 木 鬼祟 克蘭尼克蘭尼
mangkan alin de kerani kerani tomoho kerani kerani
沙丘 山 於 克蘭尼 克蘭尼 棲息 克蘭尼 克蘭尼
mangmoo manggisa kerani kerani uyun da meihe kerani
橡 木 鬼祟 克蘭尼 克蘭尼 九 尋 蛇 克蘭尼
kerani jakūn da jabjan kerani kerani wehe ukdun kerani
克蘭尼 八 尋 蟒 克蘭尼 克蘭尼 石 窟 克蘭尼
kerani sele guwan de kerani kerani tomoho kerani
克蘭尼 鐵 關 於 克蘭尼 克蘭尼 棲息 克蘭尼
kerani taran tasha kerani kerani onioko lefu kerani
克蘭尼 彪 虎 克蘭尼 克蘭尼 脆牲 熊 克蘭尼
kerani alin be šurdere kerani kerani aisin inggali
克蘭尼 山 把 圍繞 克蘭尼 克蘭尼 金 鶺鴒
kerani kerani mukden be šurdere kerani kerani menggun
克蘭尼 克蘭尼 瀋陽 把 圍繞 克蘭尼 克蘭尼 銀
inggali kerani kerani deyere giyahūn kerani kerani
鶺鴒 克蘭尼 克蘭尼 飛的 鷹 克蘭尼 克蘭尼
dalaha daimin kerani kerani alaha daimin kerani kerani
爲首 鵰 克蘭尼 克蘭尼 花 鵰 克蘭尼克蘭尼

克蘭尼克蘭尼，在東山上克蘭尼克蘭尼，棲息的克蘭尼克蘭尼，飛鳥克蘭尼克蘭尼，在常林山上克蘭尼克蘭尼，檀木鬼祟克蘭尼克蘭尼，在沙丘山上克蘭尼克蘭尼，棲息的克蘭尼克蘭尼，橡木鬼祟克蘭尼克蘭尼，九尋蛇克蘭尼克蘭尼，八尋蟒克蘭尼克蘭尼，石窟克蘭尼克蘭尼，在鐵關裏克蘭尼克蘭尼，棲息的克蘭尼克蘭尼，彪虎克蘭尼克蘭尼，脆牲熊克蘭尼克蘭尼，圍繞山的克蘭尼克蘭尼，金鶺鴒克蘭尼克蘭尼，圍繞瀋陽的克蘭尼克蘭尼，銀鶺鴒克蘭尼克蘭尼，飛鷹克蘭尼克蘭尼，頭鵰克蘭尼克蘭尼，花鵰克蘭尼克蘭尼，

克兰尼克兰尼，在东山上克兰尼克兰尼，栖息的克兰尼克兰尼，飞鸟克兰尼克兰尼，在常林山上克兰尼克兰尼，檀木鬼祟克兰尼克兰尼，在沙丘山上克兰尼克兰尼，栖息的克兰尼克兰尼，橡木鬼祟克兰尼克兰尼，九寻蛇克兰尼克兰尼，八寻蟒克兰尼克兰尼，石窟克兰尼克兰尼，在铁关里克兰尼克兰尼，栖息的克兰尼克兰尼，彪虎克兰尼克兰尼，脆牲熊克兰尼克兰尼，围绕山的克兰尼克兰尼，金鹡鸰克兰尼克兰尼，围绕沈阳的克兰尼克兰尼，银鹡鸰克兰尼克兰尼，飞鹰克兰尼克兰尼，头鵰克兰尼克兰尼，花鵰克兰尼克兰尼，

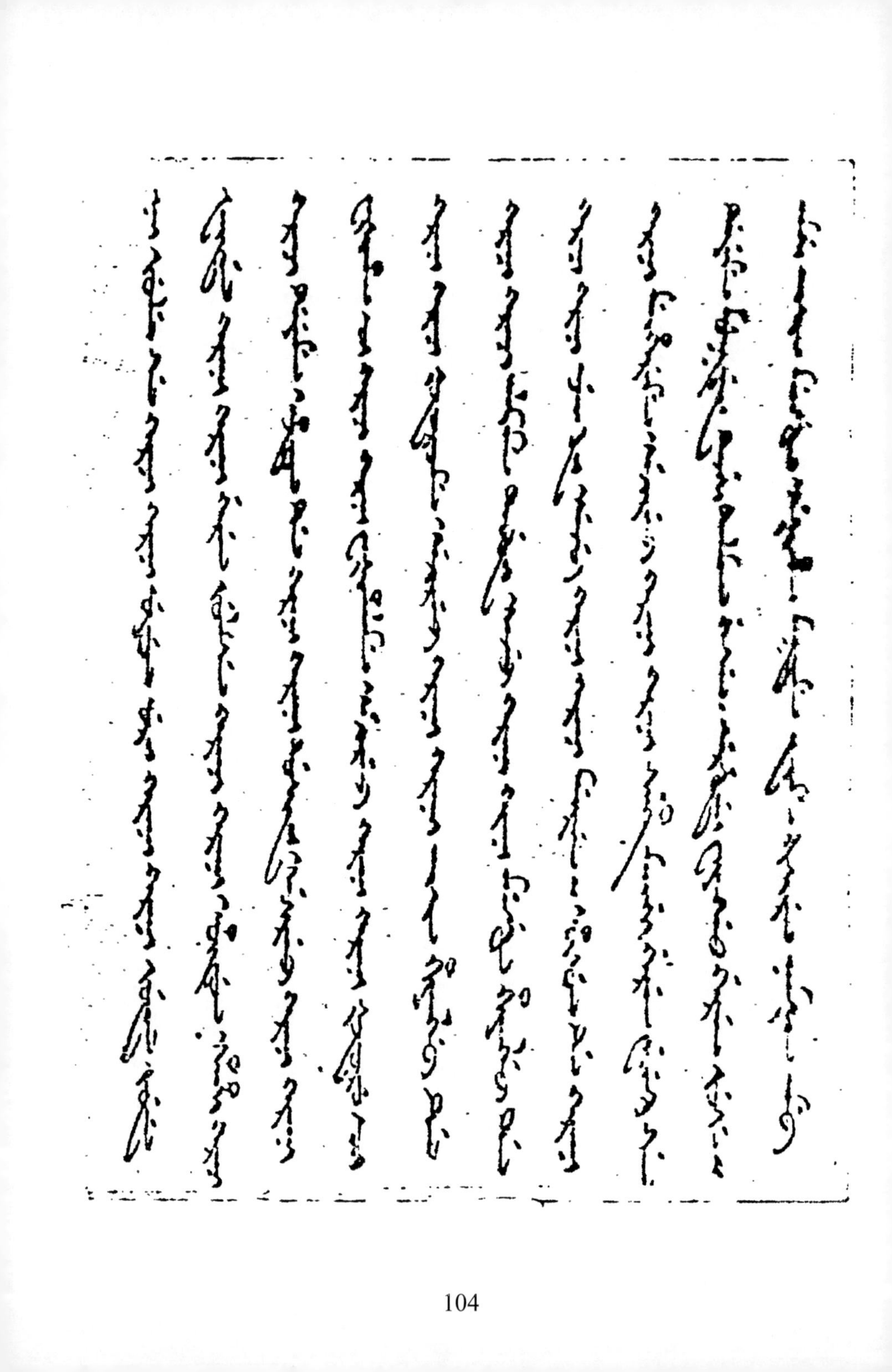

nai jule se kerani kerani uyun uri kerani kerani juwan
地的醜鬼 們 克蘭尼 克蘭尼 九 囤 克蘭尼 克蘭尼 十
iuwe faidan kerani kerani geren julese kerani kerani
二 排 克蘭尼 克蘭尼 衆 醜鬼 克蘭尼 克蘭尼
hūdun hahi kerani kerani deyeme hoton de kerani kerani
速 急 克蘭尼 克蘭尼 飛着 城 於 克蘭尼 克蘭尼
dosifi gajireo kerani kerani wašiha ci kerani kerani
入了 請帶來 克蘭尼 克蘭尼 爪 用 克蘭尼 克蘭尼
wašihalame gajireo kerani kerani šoforo ci kerani
攫着 請帶來 克蘭尼 克蘭尼 撮 用 克蘭尼
kerani šoforome gajireo kerani kerani aisin hiyanglu de
克蘭尼 抓着 請帶來 克蘭尼 克蘭尼 金 香爐 於
kerani kerani alamime tebufi gaju kerani kerani
克蘭尼 克蘭尼 斜背着 裝了 帶來 克蘭尼 克蘭尼
menggun hiyanglu de kerani kerani ungkufi gaju kerani
銀 香 爐 於 克蘭尼 克蘭尼 叩了 帶來 克蘭尼
kerani meiren i hūsun de kerani kerani meihereme
克蘭尼 肩 的 力 於 克蘭尼 克蘭尼 扛着
gajireo kerani kerani sehe manggi geren weceku se
請帶來 克蘭尼 克蘭尼 說了 後 衆 神祇 們
deyeme mukdefi tugi talman gese, sergudai fiyanggo
飛着 騰了 雲 霧 似 色爾古代 費揚古
geren juse i emgi aisin menggun gašiha maktame efime
衆 子們 的 共 金 銀 背式骨 拋着 玩着
bisire namšan emu
所有 隨 卽 一

地上的醜鬼們克蘭尼克蘭尼，九個草囤子克蘭尼克蘭尼，十二排克蘭尼克蘭尼，眾醜鬼們克蘭尼克蘭尼，急速克蘭尼克蘭尼，飛到城上克蘭尼克蘭尼，請進去帶來吧克蘭尼克蘭尼，用爪子克蘭尼克蘭尼，請攫著帶來吧克蘭尼克蘭尼，用抓克蘭尼克蘭尼，請抓著帶來吧克蘭尼克蘭尼，在金香爐上克蘭尼克蘭尼，裝了扛著帶來吧克蘭尼克蘭尼，在銀香驢上克蘭尼克蘭尼，叩著帶來吧克蘭尼克蘭尼，以肩膀的力量克蘭尼克蘭尼，請扛著帶來吧克蘭尼克蘭尼，說了後眾神祇們飛騰像雲霧似的。色爾古代費揚古同眾孩子們一起拋擲金銀背式骨玩著（注 28），一隻

地上的丑鬼们克兰尼克兰尼，九个草囤子克兰尼克兰尼，十二排克兰尼克兰尼，众丑鬼们克兰尼克兰尼，急速克兰尼克兰尼，飞到城上克兰尼克兰尼，请进去带来吧克兰尼克兰尼，用爪子克兰尼克兰尼，请攫着带来吧克兰尼克兰尼，用抓克兰尼克兰尼，请抓着带来吧克兰尼克兰尼，在金香炉上克兰尼克兰尼，装了扛着带来吧克兰尼克兰尼，在银香驴上克兰尼克兰尼，叩着带来吧克兰尼克兰尼，以肩膀的力量克兰尼克兰尼，请扛着带来吧克兰尼克兰尼，说了后众神祇们飞腾像云雾似的。色尔古代费扬古同众孩子们一起抛掷金银背式骨玩着（注 28），一只

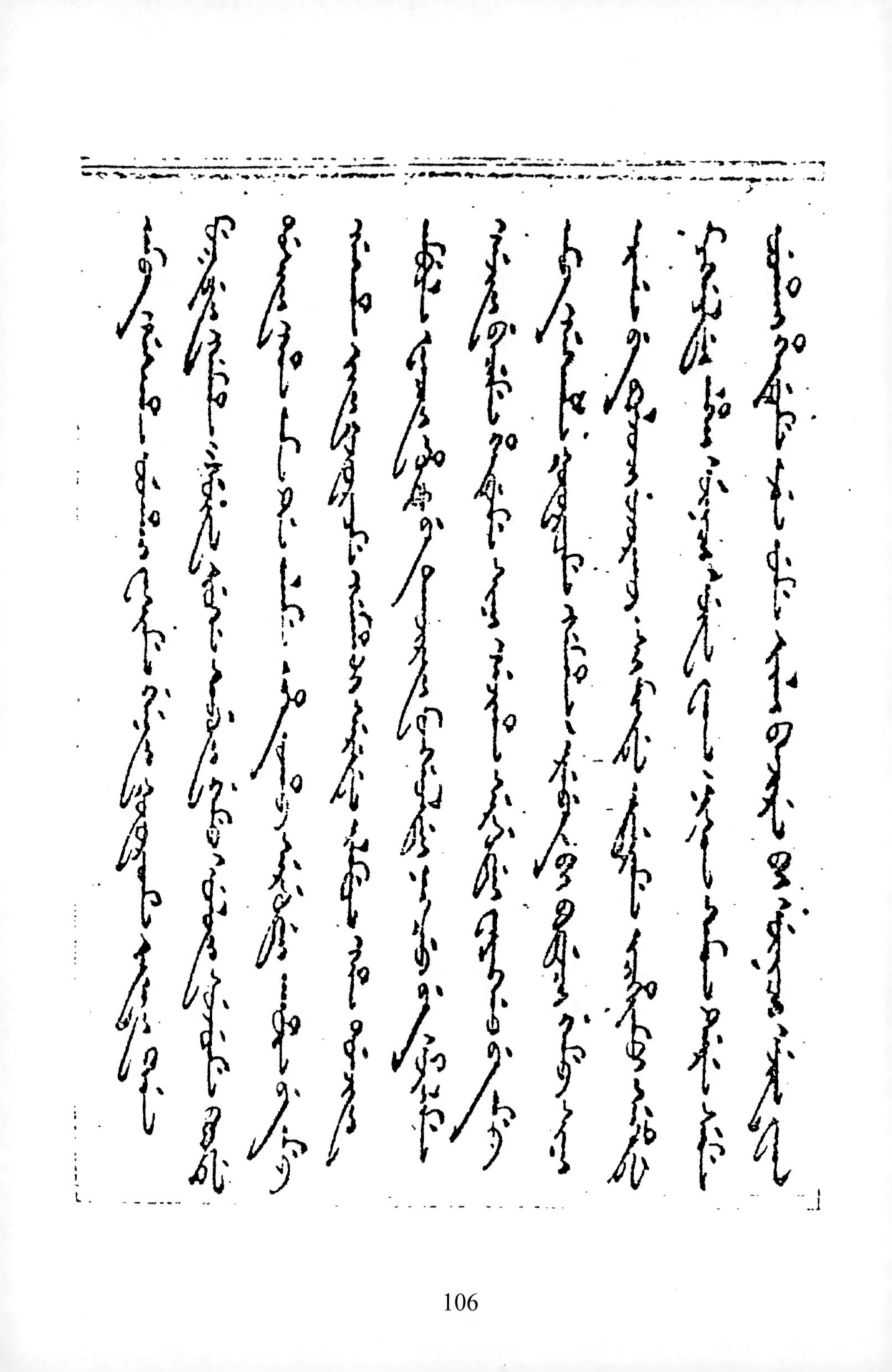

[illegible]

amba gasha uthai wasime genefi šoforome jafafi den
大 鳥 即 降下 去了 抓着 拿了 高
mukdefi gamaha, gūwa juse sabufi gemu golofi sujume
騰了 帶去了 別 子們 見了 皆 怕了 跑着
boode dosifi han ama de alame ehe oho sergudai ahūn
於家 入了 王 父 於 告訴 不好 了 色爾古代 兄
be emu gasha jifi šoforome gamahabi serede ilmun han
把 一 鳥 來了 抓着 帶去了 說時 閻羅 王
donjifi ambula fancafi hutu be takūrafi monggoldai
聽了 廣多 生氣 鬼 把 遣了 蒙古爾代
nakcu be hūlame gajifi beceme hendume sini gajiha
舅舅 把 喚着 帶來 責備 說 你的 帶來了
sergudai fiyanggo be emu amba gasha šoforome gamaha
色爾古代 費揚古 把 一 大 鳥 抓着 帶去了
erebe bi bodoci gemu sini arga be boljoci ojorakū, si
把此 我 算時 皆 你的 計 把 料 不定 你
minde adarame icihiyambi sehede monggoldai elhei
於我 怎麼 處理 說時 蒙古爾代 從容
gūnici gūwa waka, nišan saman dere seme uthai hendume
想時 別 不是 尼山 薩蠻 吧 云 即 說
ejen ume jili banjire bi gūnici gūwa waka
主 不要 生氣 生 我 想時 別 不是

大鳥隨即降下去抓拿高飛帶走了，別的孩子們看了，都害怕得跑進屋裏告訴父王說：不好了，一隻鳥來把色爾古代兄抓走了。閻羅王聽了大為生氣，差遣了鬼把蒙古爾代舅舅喚來，責備說：你帶來的色爾古代費揚古被一隻大鳥抓走了，我算來，這都是你的計策也料不定，你給我怎麼處理呢？蒙古爾代從容一想時，不是別人，是尼山薩蠻吧！就說：主子不要生氣，我想不是別人，

大鸟随即降下去抓拿高飞带走了，别的孩子们看了，都害怕得跑进屋里告诉父王说：不好了，一只鸟来把色尔古代兄抓走了。阎罗王听了大为生气，差遣了鬼把蒙古尔代舅舅唤来，责备说：你带来的色尔古代费扬古被一只大鸟抓走了，我算来，这都是你的计策也料不定，你给我怎么处理呢？蒙古尔代从容一想时，不是别人，是尼山萨蛮吧！就说：主子不要生气，我想不是别人，

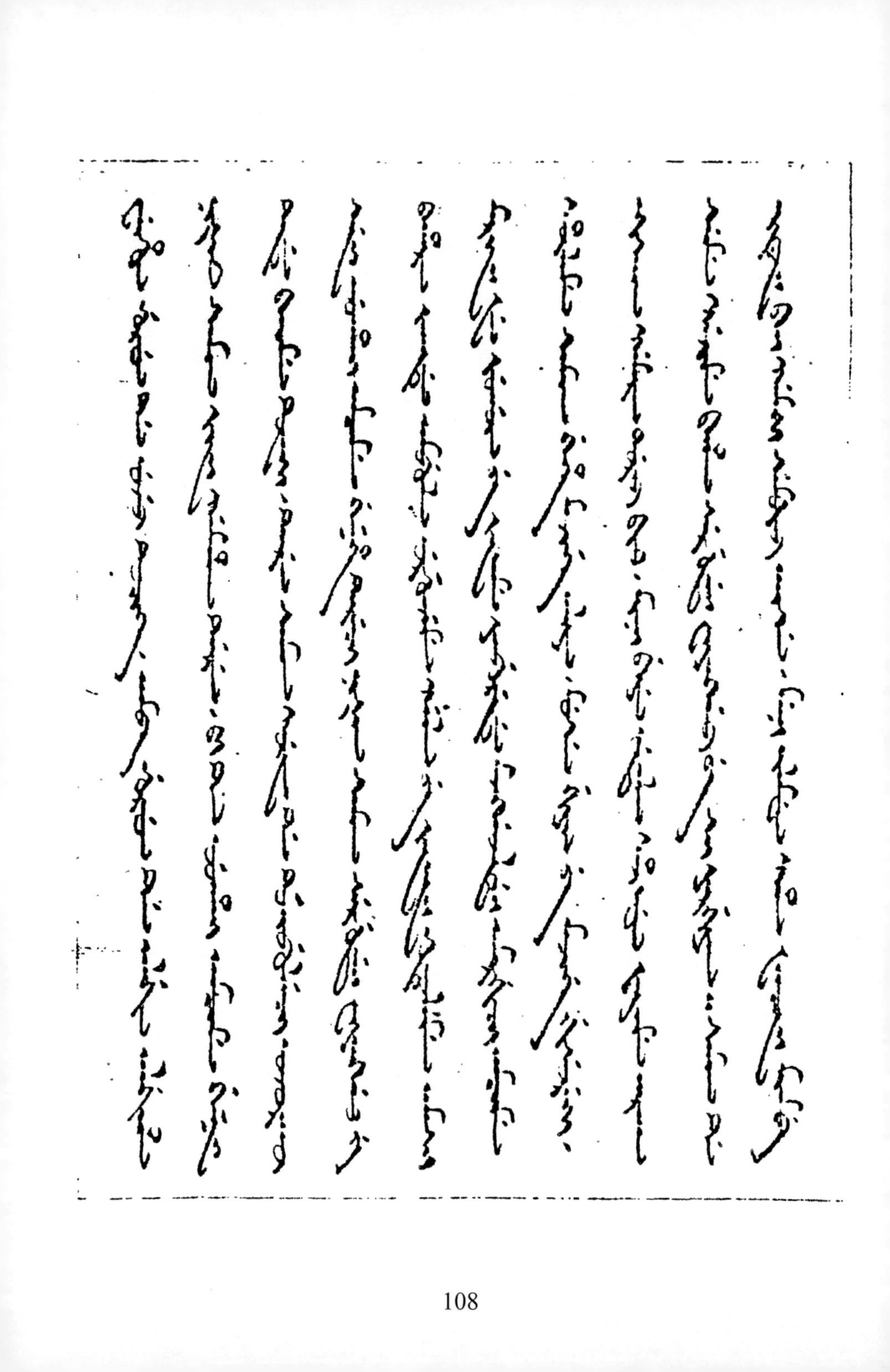

weihun gurun de uju tucike, amba gurun de algin algiha
生 國 於頭 出了 大 國 於 聲名 宣揚
nišan saman jifi gamaha dere, bi te uthai amcame
尼山 薩蠻 來了帶去了 吧 我 今 即 追趕
genefi tede baime tuwaki, tere saman gūwa de duibuleci
去了 那裏 找 看吧 那 薩蠻 別 於 若比時
ojorakū sefi uthai amcame genehe tereci nišan saman
不 可 說了 即 追趕 去了 其後 尼山 薩蠻
sergudai fiyanggo be bahara jakade ambula urgunjeme
色爾古代 費揚古 把 得的 之故 廣多 喜 悅
gala be jafafi kutuleme amasi marifi fe jugūn be
手 把 拿了 牽着 往後 回了 舊 路 把
jafame yaburede monggoldai amargici amcame hūlame
取了 行走時 蒙古爾代 從後 追趕 喊着
saman gehe majige aliya, muse giyan be majige gisureki
薩蠻 姐姐 稍 候 我們 理 把 稍 講吧
ekisaka gamara doro bio, mini beye utala hūsun fayame
悄悄的 帶去的 理 有嗎 我的 自身 這些 力 耗費
arkan seme gajime baha sergudai fiyanggo be si
好容易云 帶來 得的 色爾古代 費揚古 把 你
yargiyan i saman de ertufi bai gamaki sembio aise,
實在 的 薩蠻 於 倚仗了 白 欲帶去 是嗎 或是
meni ilmun han fancafi mimbe.
我們的 閻羅 王 生氣了 把我

是生國裏出了頭，揚名於大國的尼山薩蠻來帶去的吧！我現在就去追趕，到那裏找找看吧！那個薩蠻不可比別的。說完能追趕去了，那時尼山薩蠻因為得到了色爾古代費揚古，大為高興，握住了手牽回去，循著舊路行走時，蒙古爾代從後面追來喊著說；薩蠻姐姐稍等一下，我們講一點理吧！有悄悄帶走的道理嗎？我自己這樣費力，好容易得來的色爾古代費揚古，你倚仗實在是薩蠻，竟想平白帶去嗎？我們的閻羅王生了氣，

是生国里出了头，扬名于大国的尼山萨蛮来带去的吧！我现在就去追赶，到那里找找看吧！那个萨蛮不可比别的。说完能追赶去了，那时尼山萨蛮因为得到了色尔古代费扬古，大为高兴，握住了手牵回去，循着旧路行走时，蒙古尔代从后面追来喊着说；萨蛮姐姐稍等一下，我们讲一点理吧！有悄悄带走的道理吗？我自己这样费力，好容易得来的色尔古代费扬古，你倚仗实在是萨蛮，竟想平白带去吗？我们的阎罗王生了气，

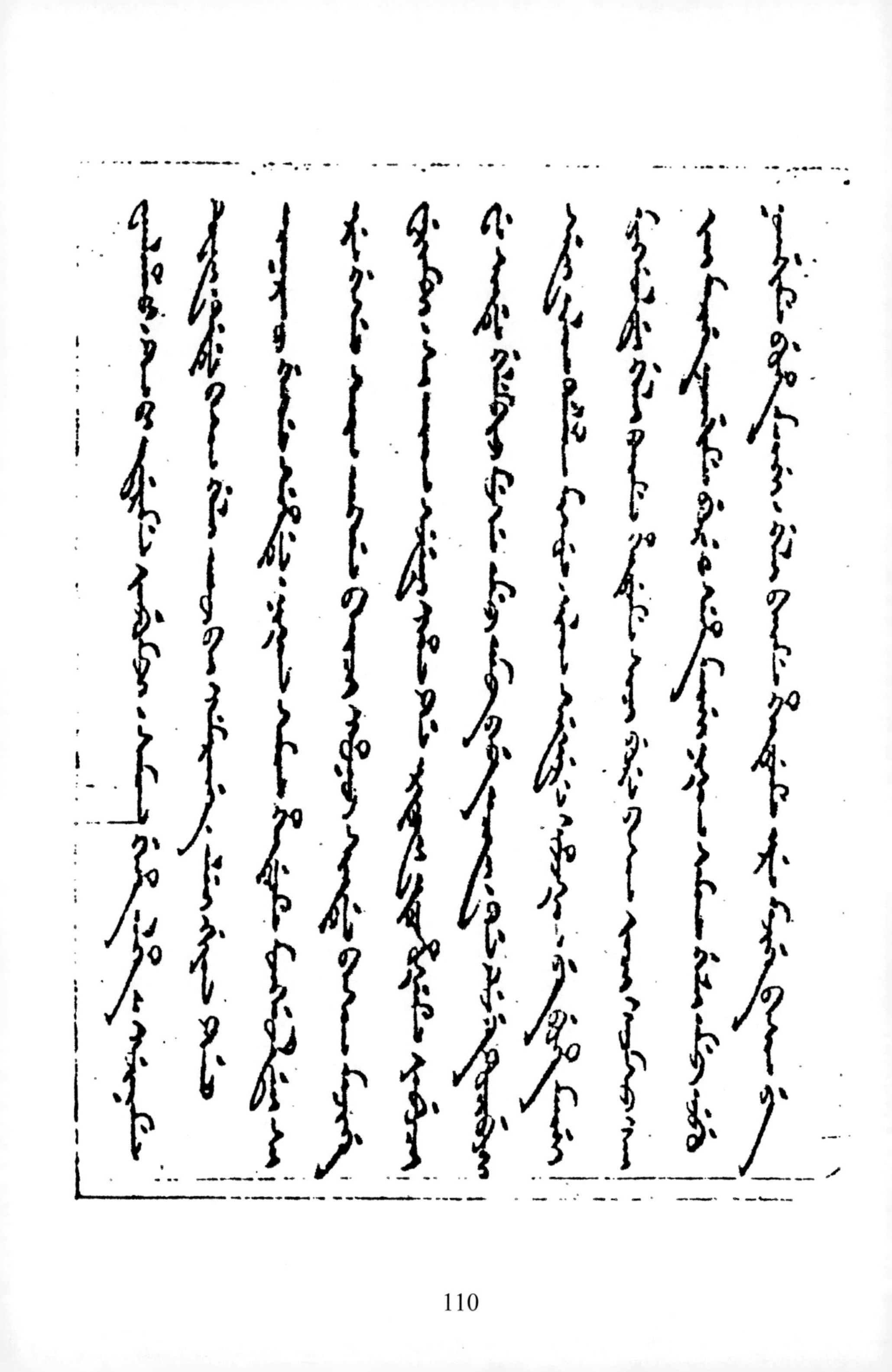

wakalahabi, te bi adarame jabumbi, saman gehe elhe
責怪了 今我 怎麼 回答 薩蠻 姐姐 緩慢
i gūnime tuwafi, dade basa geli akū bai gamarangge,
的想 看 起根 工錢 又 無 白 帶去的
elei giyan de acanarakū gese sehede, nišan saman
更 理 於不合 似 說了時 尼山 薩蠻
hendume monggoldai si ere gese sain angga baici hono
說 蒙古爾代 你此 似 好 口 若求 尚且
sinde basa majige werimbi, si aika suweni han de
於你 工錢 稍 留 你 若是 你們的 王 於
ertufi etuhušeme yabuci we sinde gelembio muse emu
倚仗 用强 若行 誰 於你 怕嗎 我們 一
amba babe acafi, da dube tucibuki sefi ilan dalhan
大 把事 合 本末 欲使出 說了 三 塊
misun, ilan sefere hoošan be buhe manggi monggoldai
醬 三 把 紙 把 給了 後 蒙古爾代
geli baime hendume sini bure basa jaci komso kai jai
又 求着 說 你的 給的 工錢 很 少 啊 再
majige nonggime bureo sehe manggi nišan saman geli
稍 增加 請給 說了 後 尼山 薩蠻 又
emu ubu nonggime buhe manggi, geli baime hendume
一 倍 增加 給了 後 又 求着 說
ere majige basa be
此 稍 工錢 把

責怪我，現在我怎麼回答呢？薩蠻姐姐慢慢的想想看，根本沒有工錢平白帶去的，似乎更不合理。尼山薩蠻說：索古爾代你若是如此好嘴請求時，尚可留下一點工錢給你，你如果倚仗你們的王逞強而行時，誰怕你嗎？我們會合在一大處，現出本末吧！說著給了三塊醬、三把紙後，蒙古爾代又請求說：你給的工錢太少啊！請再多給一點吧！尼山薩蠻又加給了一倍後，又請求說：把這一點工錢

责怪我，现在我怎么回答呢？萨蛮姐姐慢慢的想想看，根本没有工钱平白带去的，似乎更不合理。尼山萨蛮说：索古尔代你若是如此好嘴请求时，尚可留下一点工钱给你，你如果倚仗你们的王逞强而行时，谁怕你吗？我们会合在一大处，现出本末吧！说着给了三块酱、三把纸后，蒙古尔代又请求说：你给的工钱太少啊！请再多给一点吧！尼山萨蛮又加给了一倍后，又请求说：把这一点工钱

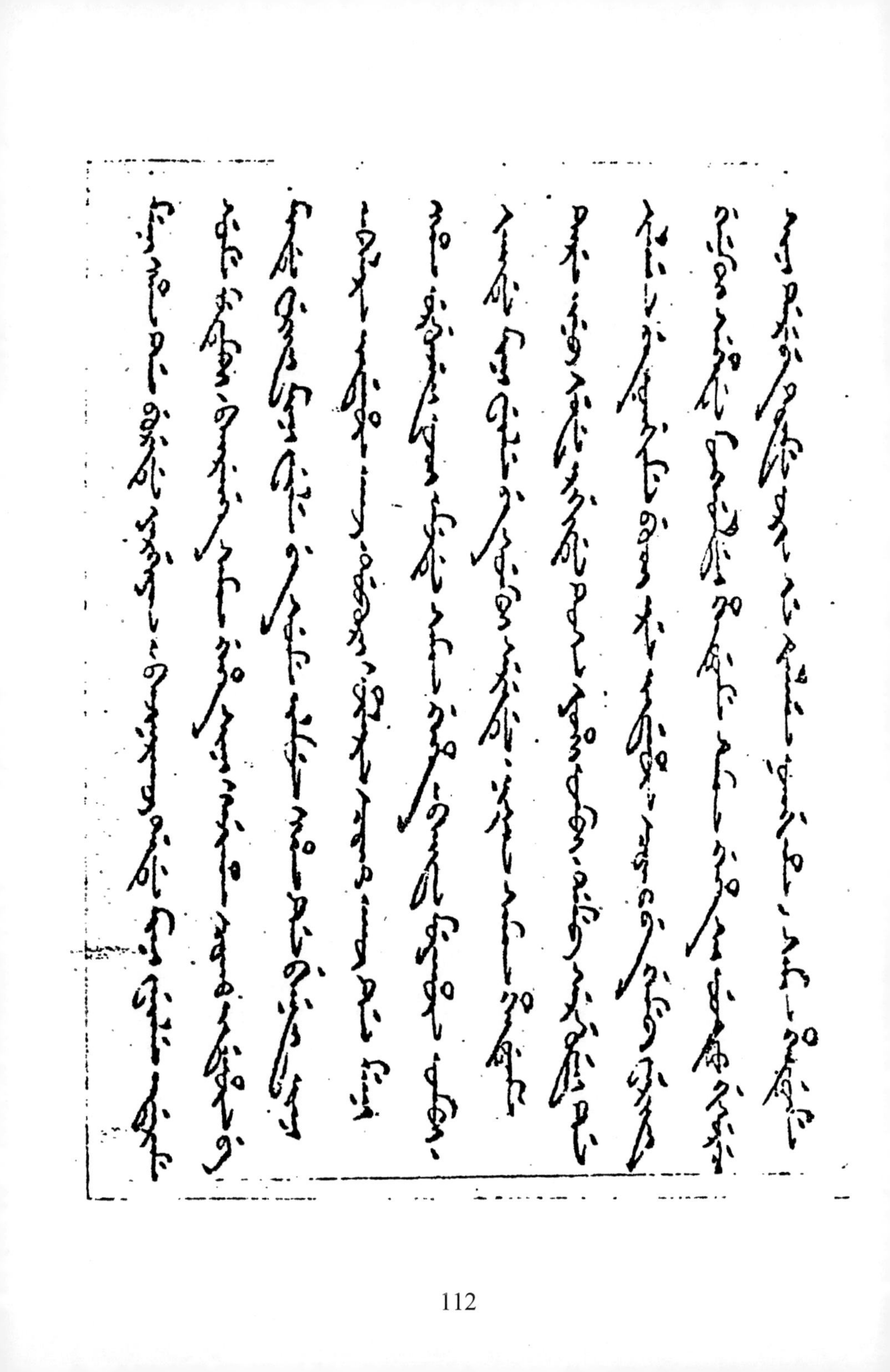

meni han de burede yargiyan i banjinarakū dade mini
我們的王 於 給時 實在 的 不 成 況且 我的
weile adarame sume mutembi, bairengge saman gehe
罪 怎麽 解脫 能 所求者 薩蠻 姐姐
sini gajiha coko indahūn be minde werifi mini weile
你的 帶來的 鷄 犬 把 於我 留下 我的 罪
be sume ilmun han de benefi ini abalara indahūn akū,
把 解脫 閻羅 王 於 送去 他的 打圍的 犬 無
dobori hūlara coko akū de meni han urgunjefi oci
夜 叫 鷄 無 於 我們的王 歡喜了 若
emude saman gehe i baita muyahūn ombi, jaide mini
一則 薩蠻 姐姐 的 事 完全 可 再則 我的
weile be sumbi serede, nišan saman hendume tere inu
罪 把 解脫 說時 尼山 薩蠻 說 那 亦
juwe ergide tusa yohi ombi。damu sergudai de jalgan
二 方面 益 全的 可 但 色爾古代於 壽限
be nonggime buci ere indahūn coko be gemu werifi
把 增加 若給 此 犬 鷄 把 皆 留下
genembi sehede monggoldai hendume saman gehe si
去 說了時 蒙古爾代 說 薩蠻 姐姐 你
uttu gisureci sini derebe tuwame orin se jalgan
這樣 若說 你的 把面 看 二十 歲 壽限
nonggiha, saman hendume
增加了 薩蠻 說

給我們的王時，實在不成，況且我的罪怎麼樣能解脫呢？請薩蠻姐姐把你帶來的鷄、犬留給我，送給閻羅王，以解脫我的罪，他沒有打圍的犬，晚上沒有啼叫的鷄，我們的王若是歡喜，一則薩蠻姐姐的事可成全，二則可解脫我的罪。尼山薩蠻說：那對兩方面也都有益處，但若給色爾古代增加壽限時，就把這犬、鷄都留下而去。蒙古爾代說：薩蠻姐姐你這樣說時，看你的面子，增加二十歲壽限。薩蠻說：

给我们的王时，实在不成，况且我的罪怎么样能解脱呢？请萨蛮姐姐把你带来的鸡、犬留给我，送给阎罗王，以解脱我的罪，他没有打围的犬，晚上没有啼叫的鸡，我们的王若是欢喜，一则萨蛮姐姐的事可成全，二则可解脱我的罪。尼山萨蛮说：那对两方面也都有益处，但若给色尔古代增加寿限时，就把这犬、鸡都留下而去。蒙古尔代说：萨蛮姐姐你这样说时，看你的面子，增加二十岁寿限。萨蛮说：

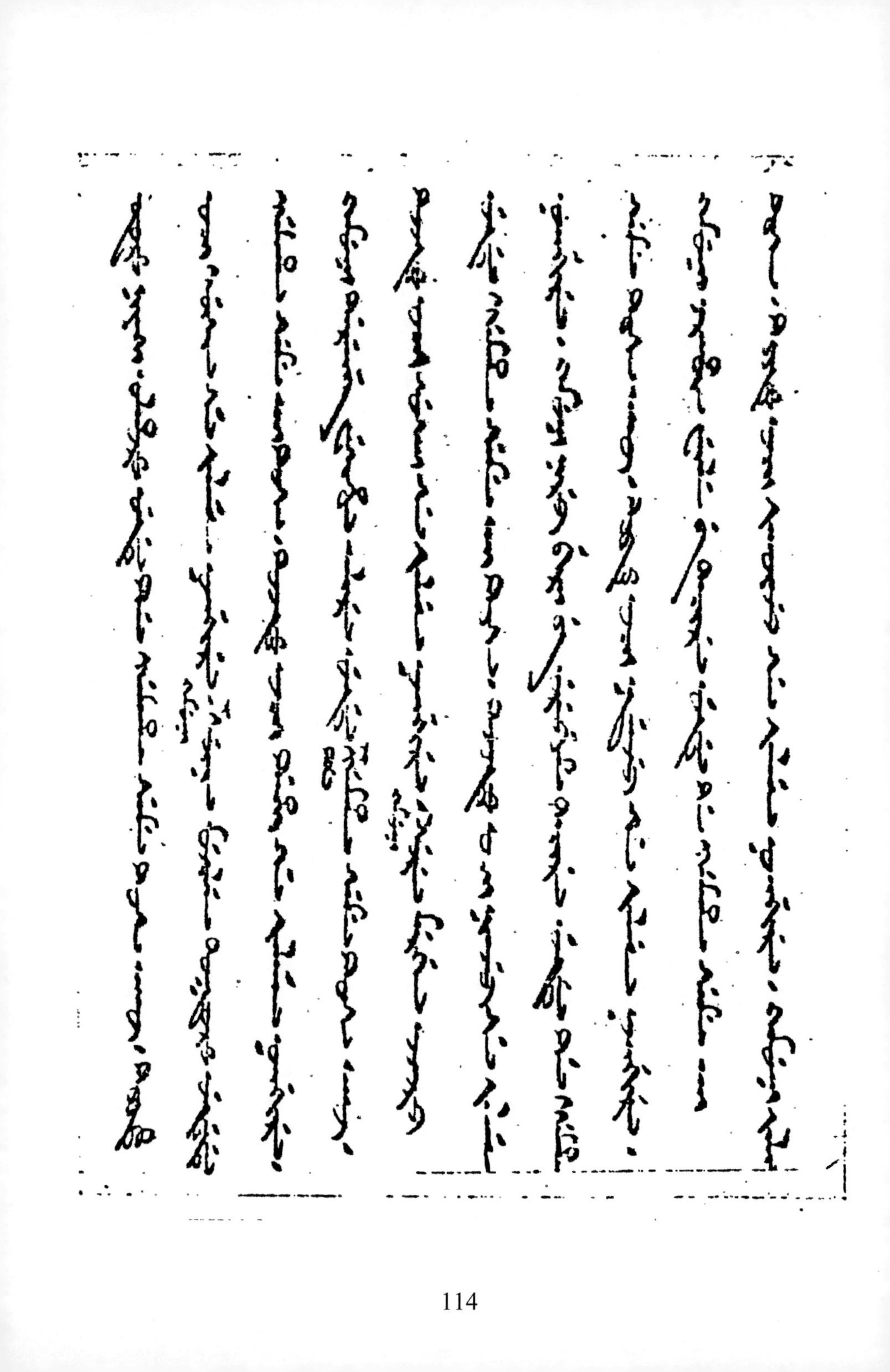

oforo niyaki olhoro unde de gamaha seme tusa akū, tuttu
鼻 涕 乾 未 於 帶去 云 益 無 那樣
oci gūsin se jalgan nonggire, kemuni gūnin mujilen toktoro
若 三十 歲 壽限 增加 仍 心 意 定
undede gamaha seme ai tusa, tuttu oci dehi se jalgan
未時 帶去 云 何 益 那樣 若 四十 歲 壽 限
nonggire, kemuni derengge wesihun alire unde de
增加 仍 體面 尊貴 受 未 於
gamaha seme tusa akū, tuttu oci susai se jalgan nonggire
帶去 云 益 無 那樣 若 五十 歲 壽限 增加
kemuni sure mergen ojoro unde gamaha seme ai tusa,
仍 聰明 智 爲 未 帶去 云 何 益
tuttu oci ninju se jalgan nonggire, kemuni niru beri be
那樣 若 六十 歲 壽限 增加 仍 箭 弓 把
urebume tacire unde de gamaha seme tusa akū, tuttu oci
使熟 學的 未 於 帶去 云 益 無 那樣 若
nadanju se jalgan nonggire, kemuni narhūn weile be
七十 歲 壽限 增加 仍 細 事 把
tacire unde de gamaha seme ai tusa, tuttu oci jakūnju se
學的 未 於 帶去 云 何 益 那樣 若 八十 歲
jalgan nonggire, kemuni jalan
壽限 增加 仍 世

鼻涕未乾時，雖帶了去也無益。若是那樣，增加三十歲壽限。心意還未定時，雖帶去何益？若是那樣，增加四十歲壽限，還未承受體面尊榮時，雖帶去也無益。若是那樣，增加五十歲壽限。還未成為聰睿賢達，雖帶去何益？若是那樣，增加六十歲壽限。弓箭還未熟練時，雖帶去也無益。若是那樣，增加七十歲壽限。細事還未學時，雖帶去何益？若是那樣，增加八十歲壽限。

鼻涕未干时，虽带了去也无益。若是那样，增加三十岁寿限。心意还未定时，虽带去何益？若是那样，增加四十岁寿限，还未承受体面尊荣时，虽带去也无益。若是那样，增加五十岁寿限。还未成为聪睿贤达，虽带去何益？若是那样，增加六十岁寿限。弓箭还未熟练时，虽带去也无益。若是那样，增加七十岁寿限。细事还未学时，虽带去何益？若是那样，增加八十岁寿限。

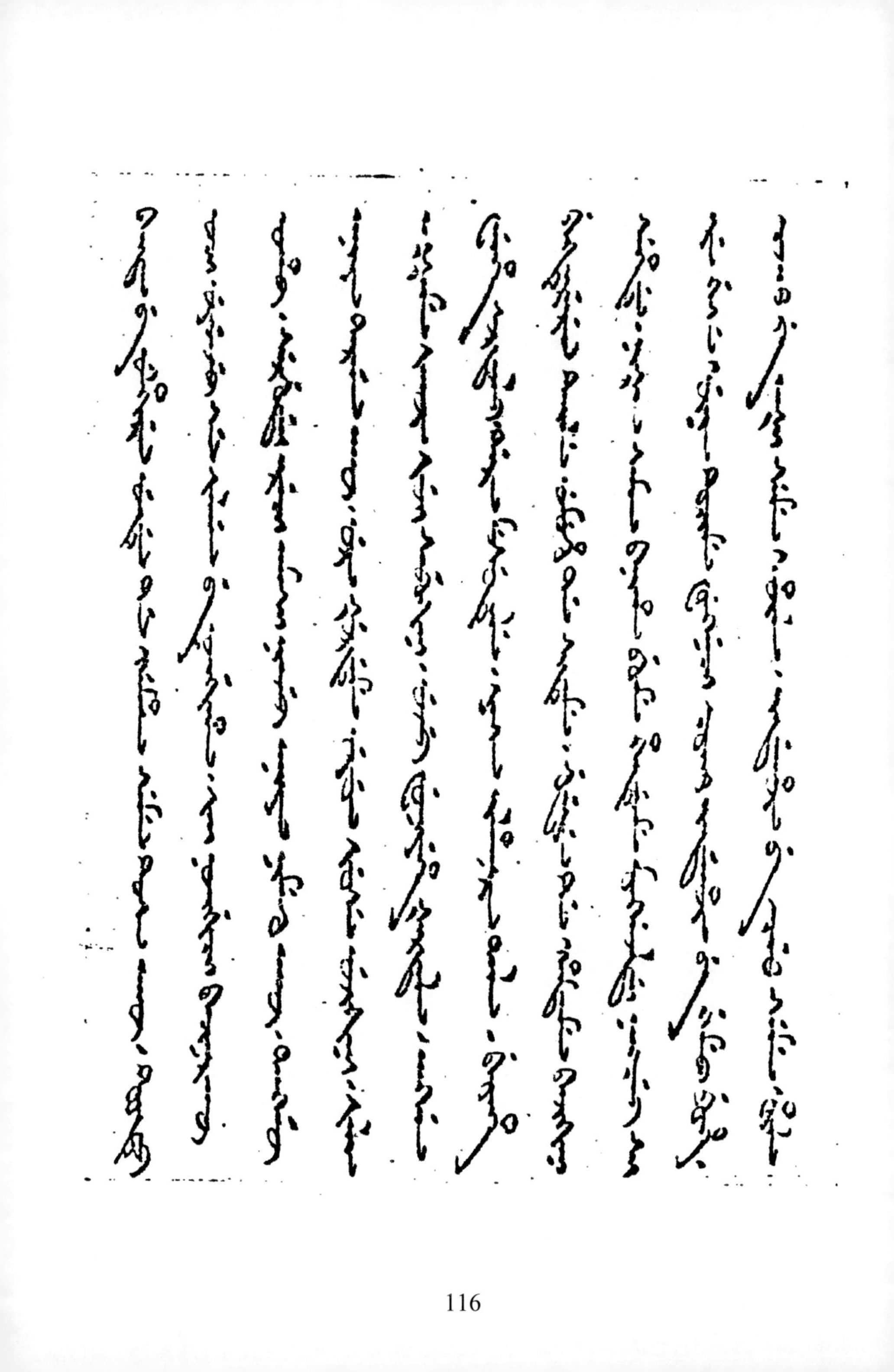

baita be ulhire unde de gamaha seme tusa akū, tuttu oci
事 把 曉 未 於 帶 去 云 益 無 那樣 若
uyunju se jalgan be nonggiha, jai nonggici banjinarakū
九 十 歲 壽 限 把 增 加 了 再 若 增 不 成
oho, sergudai ereci amasi ninju aniya nimeku akū,
了 色爾古代 此後 往後 六十 年 病 無
tanggū aniya targa akū, ura šurdeme uyun juse ujikini,
百 年 禁忌 無 臀 周 圍 九 子們 養 呢
jalan aššame jakūn jui sabukini, uju funiyehe šartala
世 動 八 子 看見呢 頭 髮 全 白
angga weihe sorotolo, dara musetele, yasa ilhanaratala
口 牙 黃 了 腰 彎 曲 眼 生 花 攤
bethe bekterere teile, umuhu de siteme, guweye de
腿 怔 了 儘 脚 面 於 放 尿 脚 根 於
hamtame banjikini sehede, nišan saman baniha bume
出大恭 生活呢 說了時 尼山 薩蠻 謝 道
hendume monggoldai nakcu si ere gese gūnin tucime
說 蒙古爾代 舅舅 你 此 似 心 出
fungneci coko indahūn be gemu buhe, coko be ašai seme
若 封 鷄 犬 把 皆 給了 鷄 把 啊晒 云
hūla, indahūn be ceo seme hūla
喊 犬 把 綽 云 喊

還未曉世事時，雖帶去也無益。若是那樣，增加了九十歲壽限，若再增加時則不成了。色爾古代從此六十年無病，百年無禁忌，臀部周圍養九子，世動見八子，頭髮全白了，口牙黃了，腰彎了，眼睛生花散光了，腿儘怔了，脚面上撒尿，脚根上拉屎地過日子吧！尼山薩蠻道謝說：蒙古爾代舅舅你若如此盡心授封時，鷄、犬都給了，把鷄喊啊晒，把犬喊綽。

还未晓世事时，虽带去也无益。若是那样，增加了九十岁寿限，若再增加时则不成了。色尔古代从此六十年无病，百年无禁忌，臀部周围养九子，世动见八子，头发全白了，口牙黄了，腰弯了，眼睛生花散光了，腿尽怔了，脚面上撒尿，脚根上拉屎地过日子吧！尼山萨蛮道谢说：蒙古尔代舅舅你若如此尽心授封时，鸡、犬都给了，把鸡喊啊晒，把犬喊绰。

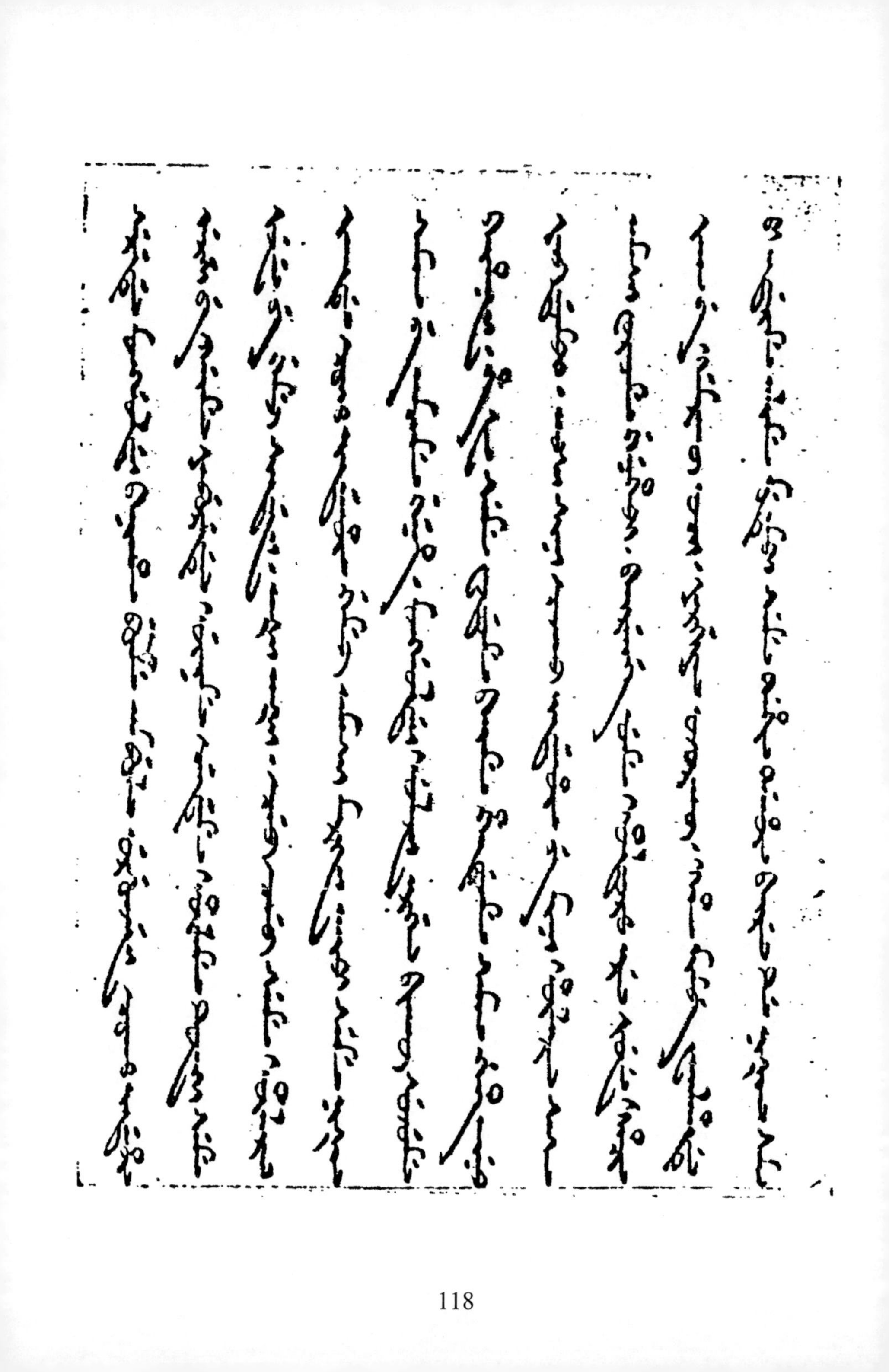

serede monggoldai baniha bume ambula urgunjefi coko
說時 蒙古爾代 謝 道 廣多 歡喜了 鷄
indahūn jergi be gaime yaburede gūnime cendeme
犬 等 把 取 行走時 想 試看
hūlame tuwaki seme juwe be gemu sindafi, ašai ašai
喊着 欲看 云 二 把 皆 放了 啊晒 啊晒
ceo ceo seme hūlara jakade coko indahūn gemu amasi
綽 綽 云 喊 之故 鷄 犬 皆 往後
marifi aibi seme nišan saman be amcame genehe,
轉回有何 云 尼山 薩蠻把 追趕 去了
monggoldai golofi ergen biakū sujume baihanafi, he
蒙古爾代 怕了 命 拚? 跑着 去找了 張
fa seme fodome baime hendume saman gehe ainu
口大喘 急喘 求 說 薩蠻姐姐 爲何
yobodombi, absi sini coko indahūn be mini hūlara sasa
說戲話 怎麼你的 鷄 犬 把我的 喊的 一齊
amasi forome genehebi, bairengge ume holtoro ere
往後 回 去了 所求者 勿 哄 此
juwe hacin jaka be gamarakū oci, yargiyan ojorakū, han
二 樣 物 把不帶 若 實在 不可王
mimbe wakalahade bi adarame alime mutembi seme
把我 責備 時我 怎麽 承受 能 云
dahin dahūn baire de nišan saman
再三 再三 求 時尼山 薩蠻

蒙古爾代道了謝，大為歡喜，帶著鷄、犬行走時，心想試喊喊看，把兩個都放了，啊晒啊晒、綽綽的喊叫時，鷄、犬都往後回去竟追尼山薩蠻去了。蒙古爾代害怕了，拚命跑去找，張口大喘地請求說：薩蠻姐姐為什麼開玩笑呢？怎麼我喊你的鷄、犬一齊向後轉回去了？請不要欺哄吧！這兩樣東西若不帶去時，實在不可以，王責怪我時，我怎麼能承受呢？這樣再三請求時，尼山薩蠻

蒙古尔代道了谢，大为欢喜，带着鸡、犬行走时，心想试喊喊看，把两个都放了，啊晒啊晒、绰绰的喊叫时，鸡、犬都往后回去竟追尼山萨蛮去了。蒙古尔代害怕了，拚命跑去找，张口大喘地请求说：萨蛮姐姐为什么开玩笑呢？怎么我喊你的鸡、犬一齐向后转回去了？请不要欺哄吧！这两样东西若不带去时，实在不可以，王责怪我时，我怎么能承受呢？这样再三请求时，尼山萨蛮

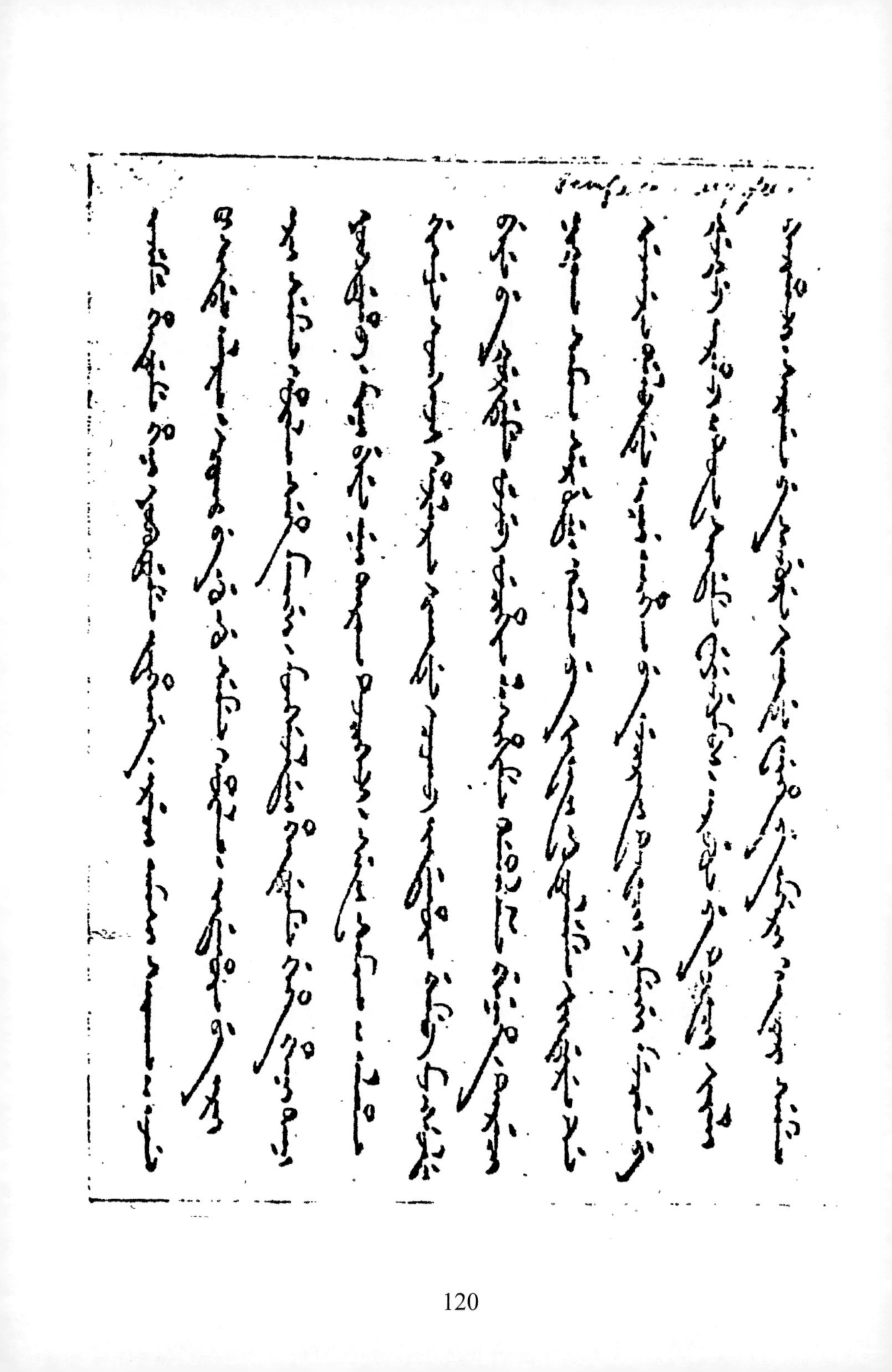

injeme hendume heni yobodome efihengge, ereci amasi
笑着 說 些須 說戲話 戲玩者 從此 以後
saikan i eje, bi sinde alara, coko be gu gu seme hūla
好好 的 記 我 於你 告 訴 鷄 把 咕 咕 云 喊
indahūn be eri eri seme hūla sehe manggi, monggoldai
犬 把 哦哩哦哩 云 喊 說了 後 蒙古爾代
hendume gehe heni tani yobodoho, mini beyenei taran
說 姐姐 些須 些須 說戲話 我的 自身汗 大汗
tucikebi, sefi saman i alaha gisun songkoi hūlara
出 了 說了 薩 蠻 的 告訴的 言 照 喊
jakade coko indahūn gemu monggoldai beye be šurdeme
之故 鷄 犬 皆 蒙古爾代 身 把 圍 繞
uju ucihin lasihime dahalame genehe, tereci nišan
頭 尾 搖 着 隨 着 去 了 其 後 尼山
saman sergudai gala be jafafi kutuleme jidere de
薩 蠻 色爾古代 手 把 握 了 牽 着 來 時
jugūn dalbade ini eigen be ucirafi tuwaci nimenggi
路 旁邊 他的 夫 把 遇到了 看時 油
mucen be šušu orho i tuwa sindame fuyebumbi, arbun be
鍋 把 高粱 草 的 火 放 着 使 滾 形 相 把
tuwaci jili banjihabi, sargan be sabure jakade weihe
看 時 氣 生 了 妻 把 見了 之故 牙
be emgeri katur seme
把 一次 嘎 吱

笑著說：開一點玩笑，此後好好的記往，我告訴你吧！把鷄喊咕咕，把犬叫哦哩哦哩。蒙古爾代說：姐姐開了一點玩笑，我的身體出了大汗。按照薩蠻告訴的話喊叫時，鷄、犬都圍繞蒙古爾代的身體，搖頭擺尾跟著去了。後來尼山薩蠻握了色爾古代的手牽來時，在路旁遇到了他的大夫。一看時，油鍋燒高粱草的火滾著，樣子看來很生氣，一看見妻子時，嘎吱嘎吱吹咬著牙齒

笑着说：开一点玩笑，此后好好的记往，我告诉你吧！把鸡喊咕咕，把犬叫哦哩哦哩。蒙古尔代说：姐姐开了一点玩笑，我的身体出了大汗。按照萨蛮告诉的话喊叫时，鸡、犬都围绕蒙古尔代的身体，摇头摆尾跟着去了。后来尼山萨蛮握了色尔古代的手牵来时，在路旁遇到了他的大夫。一看时，油锅烧高粱草的火滚着，样子看来很生气，一看见妻子时，嘎吱嘎吱吹咬着牙齿

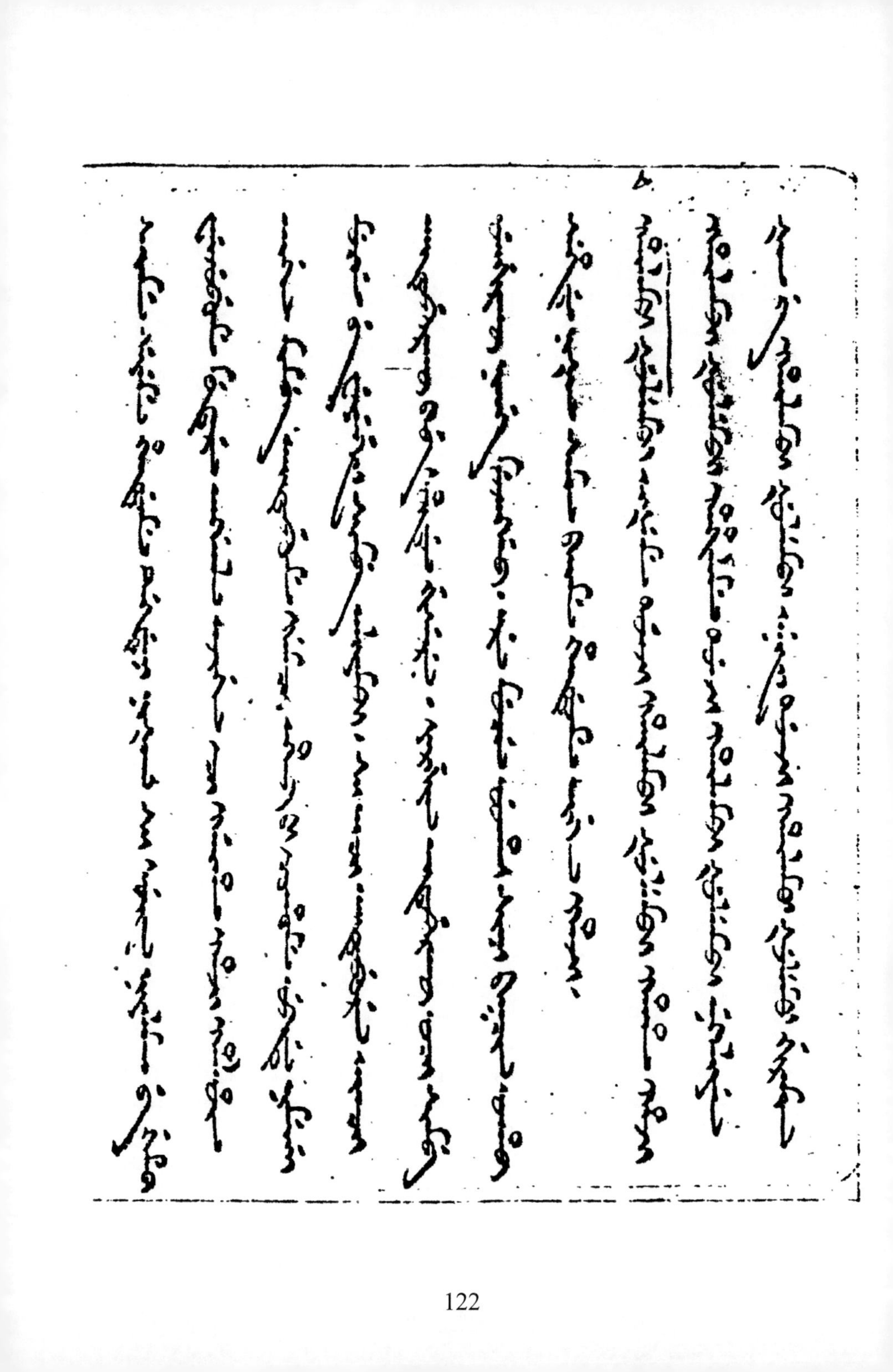

saime seyeme hendume dekdeni nišan si gūwa niyalma
咬着 懷恨着 說 浮蕩 尼山 你 別 人
be gemu weijubume mutere anggala ajigen cigaiha haji
把 皆 使活過來 能 況且 幼 自娶的 親愛
halhūn eigen mimbe aitubume gamaci eheo bi cohome
熱 夫 把我 救助 帶時 不好嗎我 特
ubade nimenggi mucen be fuyebufi simbe aliy mbi, si
於此 油 鍋 把 使滾了 把你 等候 你
eici aitubure eici aituburakū babe hūdun gisure, yargiyan
或 救助 或 不救助 把處 速 說 實在
aituburakū oci simbe unggirakū ningge mujanggo, ere
不救助 若 把你 不 遣 者 當眞 此
mucen uthai sini bakcin oho sehede nišan saman baime
鍋 即 你的 對手 了 說了時 尼山 薩蠻 求着
hendume eigen haji hailambi šulembi, ekšeme donji
說 夫 親愛 不受享 徵收 急忙 聽吧
hailambi šulembi, haha haji hailambi šulembi, hahilame
不受享 徵收 男 親愛 不受享 徵收 趕緊
donji hailambi šulembi, nekeliyen šan be hailambi
聽吧 不受享 徵收 薄 耳 把 不受享
šulembi, neifi donji hailambi šulembi, giramin
徵收 開了 聽吧 不受享 徵收 厚

懷恨著說：浮蕩的尼山你能把別人都救活過來，何況自幼娶的親熱丈夫呢？把我救活帶去時不好嗎？我特在這裏把油鍋燒滾等你，你或是救活，或是不救活之處，趕快說吧！若是實在不救活時，不讓你去的是當真的，這鍋子就是你的對頭了。尼山薩蠻懇求著說：親愛的夫婿不受享徵收，急忙聽吧不受享徵收，親愛的男人不受享徵收，趕緊聽吧不受享徵收，把薄耳不受享徵收，打開聽吧不受享徵收，把厚

怀恨着说：浮荡的尼山你能把别人都救活过来，何况自幼娶的亲热丈夫呢？把我救活带去时不好吗？我特在这里把油锅烧滚等你，你或是救活，或是不救活之处，赶快说吧！若是实在不救活时，不让你去的是当真的，这锅子就是你的对头了。尼山萨蛮恳求着说：亲爱的夫婿不受享征收，急忙听吧不受享征收，亲爱的男人不受享征收，赶紧听吧不受享征收，把薄耳不受享征收，打开听吧不受享征收，把厚

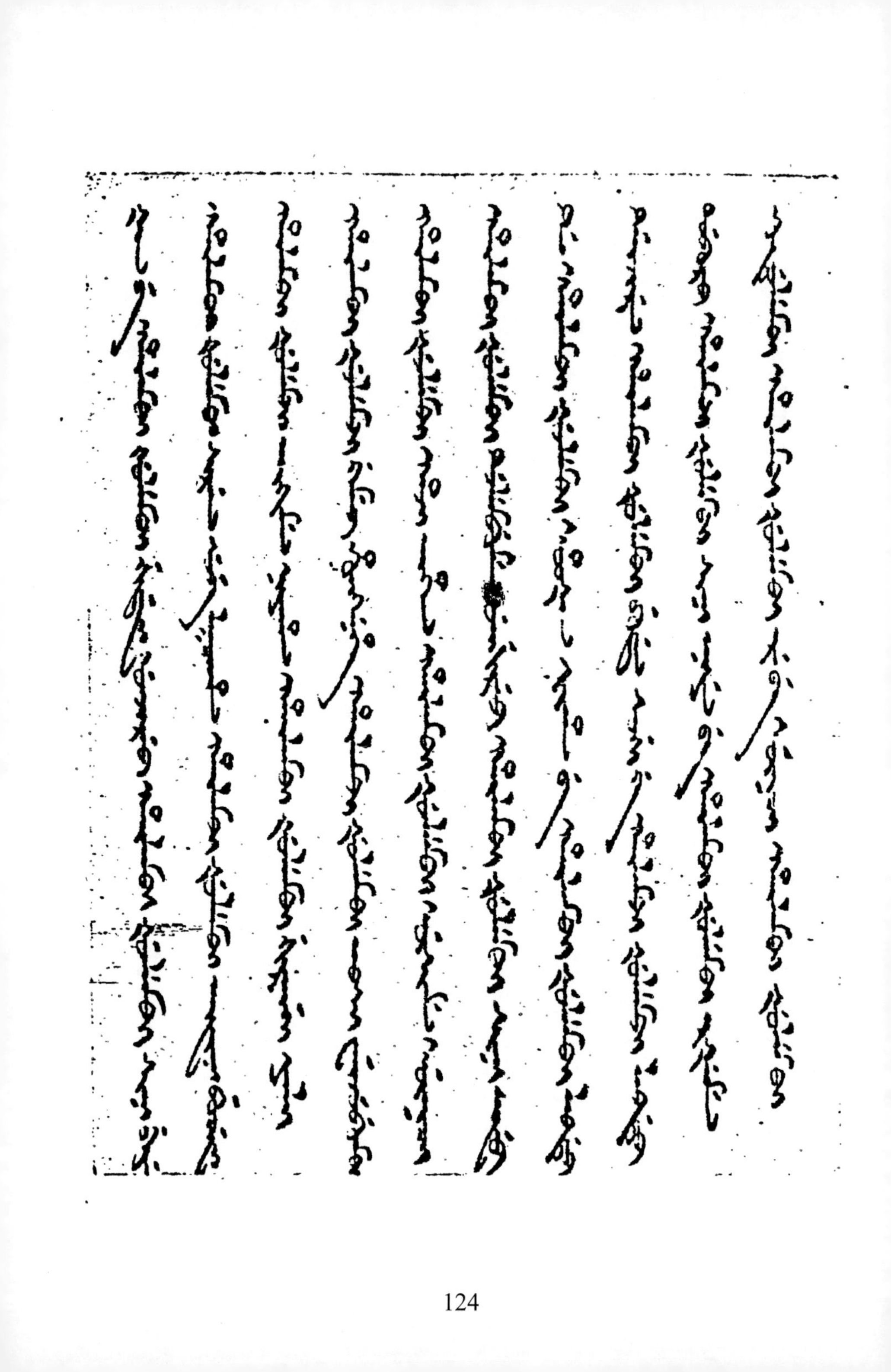

šan be hailambi šulembi, gidafi donjireo hailambi
耳 把 不受享 徵 收 垂了 請聽 不受享
šulembi, sini beye hailambi šulembi, siren sube lakcaha
徵 收 你的 身體 不受享 徵 收 關節 筋肌 斷 了
hailambi šulembi, aifini bucefi hailambi šulembi,
不受享 徵 收 早 已 死 了 不受享 徵 收
aikime niyaha hailambi šulembi, giranggi yali hailambi
乾 朽 不受享 徵 收 骨 肉 不受享
šulembi, gemu hungkenehe hailambi šulembi, absi
徵 收 皆 破 爛 不受享 徵收 怎麼
weijubumbi hailambi šulembi, haji eihen hailambi
使活過來 不受享 徵 收 親愛的 夫 不 受 享
šulembi, gūsime gūnici hailambi šulembi, dulembume
徵 收 憐 愛 想時 不受享 徵 收 使 過
unggireo hailambi šulembi, sini eifu de hailambi šulembi
請 遣 不受享 徵 收 你的 墓 於 不受享 徵收
hoošan jiha be hailambi šulembi, labdu deijire hailambi
紙 錢 把 不受享 徵 收 多 燒 不受享
šulembi, buda sogi be hailambi šulembi, labdu doboro
徵收 飯 菜 把 不受享 徵 收 多 供獻
hailambi šulembi, sini eniye be hailambi šulembi eršeme
不受享 徵 收 你的 母 把 不受享 徵 收 服 事
kudulembi hailambi šulembi, erebe gūnici hailambi
趨 奉 不受享 徵 收 把此 想時 不受享
šulembi,
徵 收

耳不受享徵收，請垂聽吧不受享徵收，你的身體不受享徵收，關節筋肌斷了不受享徵收，早已死了不受享徵收，乾朽了不受享徵收（注30），骨肉不受享徵收，都破爛了不受享徵收（注31），怎麼使活過來不受享徵收，親愛的夫婿不受享徵收，若憐愛想一想時不受享徵收，請打發讓我過去吧不受享徵收，在你的墳上不受享徵收，把紙錢不受享徵收，多多焚燒不受享徵收，把飯菜不受享徵收，多多上供不受享徵收，把你的母親不受享徵收，服事奉養不受享徵收，若想到這個不受享徵收，

耳不受享征收，请垂听吧不受享征收，你的身体不受享征收，关节筋肌断了不受享征收，早已死了不受享征收，干朽了不受享征收（注30），骨肉不受享征收，都破烂了不受享征收（注31），怎么使活过来不受享征收，亲爱的夫婿不受享征收，若怜爱想一想时不受享征收，请打发让我过去吧不受享征收，在你的坟上不受享征收，把纸钱不受享征收，多多焚烧不受享征收，把饭菜不受享征收，多多上供不受享征收，把你的母亲不受享征收，服事奉养不受享征收，若想到这个不受享征收，

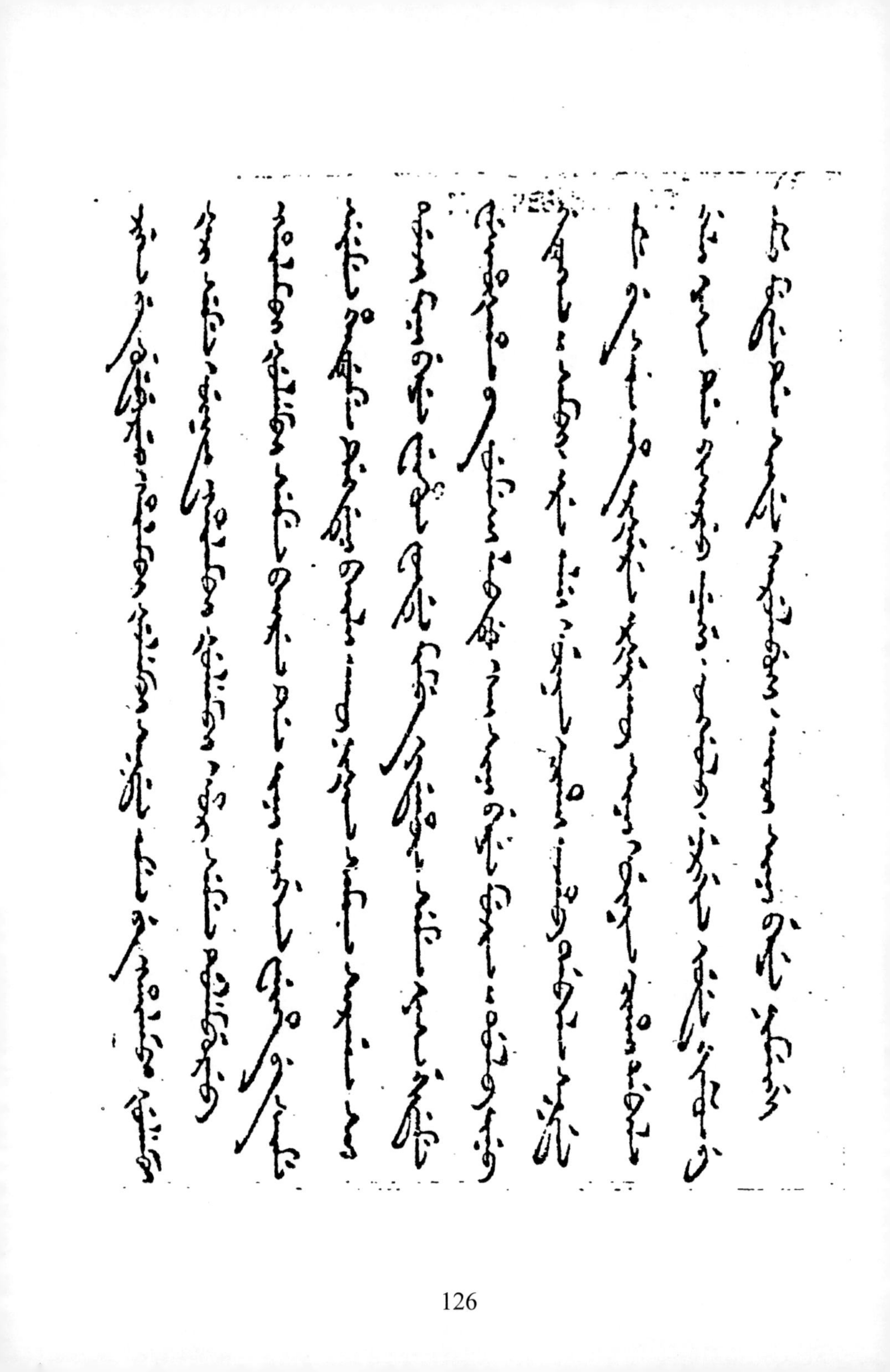

ergen be guwabureo hailambi šulembi, sakda eme be
命 把 請赦免 不受享 徵 收 老 母 把
hailambi šulembi, šar seme gūnifi hailambi šulembi hor
不受享 徵 收 惻 然 想 了 不受享 徵 收 嗤
seme dulembureo hailambi šulembi, seme baire de ini
云 請使過 不受享 徵 收 云 請求 時他的
eigen weihe be saime seyeme hendume dekdeni baili
夫 齒 把 咬着 懷 恨 說 浮 蕩 恩情
akū nišan saman sargan si donji mini beye weihun fonde
無 尼山 薩蠻 妻 你 聽吧 我的 身體 生 時
mimbe yadahūn seme yasa gidame fusihūšaha ba umesi
把我 貧 窮 云 眼 垂着 輕 視 處 很
labdu kai sini beye mujin i dolo inu getuken i sambi,
多 啊 你的 自身 心 志 的内 也 明白 的 知道
ere elei gūnin cihai oho dabala sakda eme be sain
此 更 意 任 着了 罷 了 老 母 把 好
ehe eršere eršerakū sini gūnin cihai dabala geli yasa
不好 服事 不服事 你的 意 任 着 罷 了 又 眼
de bisireo, enenggi, onggolo, nergin juwe kimun be
於 在 嗎 今 日 以 前 此際 二 仇 把
emu mudan de sinde karulabuki, eici sini beye
一 次 於 於你 欲 報 或 你的 自 身
nimenggi
油

請赦命吧不受享徵收，把老母親不受享徵收，惻然想到不受享徵收，嗤然請讓我通過吧不受享徵收，這樣懇求時，他的丈大咬牙懷恨著說：浮蕩無情的尼山薩蠻妻子你聽吧！我的身體活著時，以我貧窮垂眼輕視之處很多啊！你自己心裏頭也明白的知道，這時更是任性罷了，對老母親好不好，服事不服事，隨你意罷了，又在眼裏嗎？今日，以前，在此際把兩仇一次對你報復吧！或是你自己

请赦命吧不受享征收，把老母亲不受享征收，恻然想到不受享征收，嗤然请让我通过吧不受享征收，这样恳求时，他的丈大咬牙怀恨着说：浮荡无情的尼山萨蛮妻子你听吧！我的身体活着时，以我贫穷垂眼轻视之处很多啊！你自己心里头也明白的知道，这时更是任性罢了，对老母亲好不好，服事不服事，随你意罢了，又在眼里吗？今日，以前，在此际把两仇一次对你报复吧！或是你自己

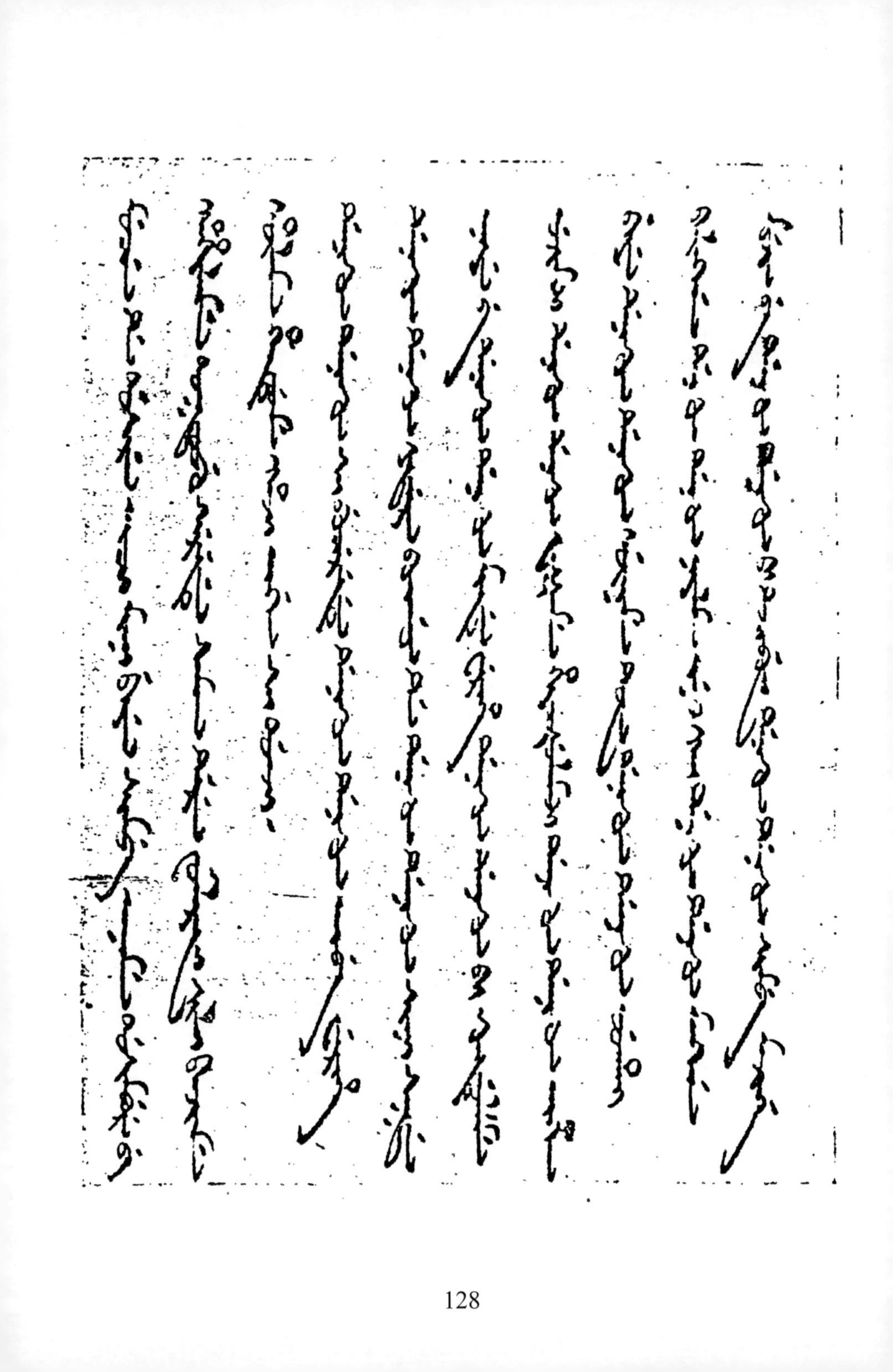

mucen de dosire eici mini beye simbe aname dosimbure
鍋 於 入的 或 我的 自身 把 你 推着 使 入
be hahilame toktobu serede saman dere fularafi jili
把 趕 緊 定 吧 說 時 薩蠻 面 紅 了 怒
banjime hulame hendume haji eigen si donji
生 喊 着 說 親愛 夫 你 聽吧
denikun denikun si bucerede denikun
德尼昆 德尼昆 你 死了時 德尼昆
denikun aibe werihe denikun denikun yadara boigon de
德尼昆 把何 留 了 德尼昆 德尼昆 窮的 戶產 於
denikun denikun sini sakda eniye be denikun denikun
德尼昆 德尼昆 你的 老 母 把 德尼昆 德尼昆
minde werihe denikun denikun bi kunduleme ujimbi
於我 留 了 德尼昆 德尼昆 我 恭 謹 養
denikun denikun fassame hiyoošulambi denikun denikun
德尼昆 德尼昆 盡 力 行 孝 德尼昆 德尼昆
eigen beye denikun denikun gūnime tuwa denik
夫 自身 德尼昆 德尼昆 想 着 看吧 德尼昆
denikun uthai balingga denikun denikun niyalma inu
德尼昆 卽 恩情 德尼昆 德尼昆 人 是
kai denikun denikun mangga mujin be denikun denikun
啊 德尼昆 德尼昆 强 心志 把 德尼昆 德尼昆
bi tucibufi denikun denikun simbe majige
我 使 出 德尼昆 德尼昆 把你 稍

進入油鍋，或是我自己把你推進去，趕緊決定吧！薩蠻面紅生氣唱著說：親愛的夫婿你聽吧！德尼昆德尼昆，你死時德尼昆德尼昆，留下了什麼德尼昆德尼昆，貧窮的家戶德尼昆德尼昆，把你的老母德尼昆德尼昆，留給我德尼昆德尼昆，我恭敬地贍養著德尼昆德尼昆，努力盡孝德尼昆德尼昆，夫婿自己德尼昆德尼昆，想想看吧德尼昆德尼昆，就是有恩情的德尼昆德尼昆，人啊德尼昆德尼昆，把強硬的心德尼昆德尼昆，我讓它發洩出來德尼昆德尼昆，讓你稍微

进入油锅，或是我自己把你推进去，赶紧决定吧！萨蛮面红生气唱着说：亲爱的夫婿你听吧！德尼昆德尼昆，你死时德尼昆德尼昆，留下了什么德尼昆德尼昆，贫穷的家户德尼昆德尼昆，把你的老母德尼昆德尼昆，留给我德尼昆德尼昆，我恭敬地赡养着德尼昆德尼昆，努力尽孝德尼昆德尼昆，夫婿自己德尼昆德尼昆，想想看吧德尼昆德尼昆，就是有恩情的德尼昆德尼昆，人啊德尼昆德尼昆，把强硬的心德尼昆德尼昆，我让它发泄出来德尼昆德尼昆，让你稍微

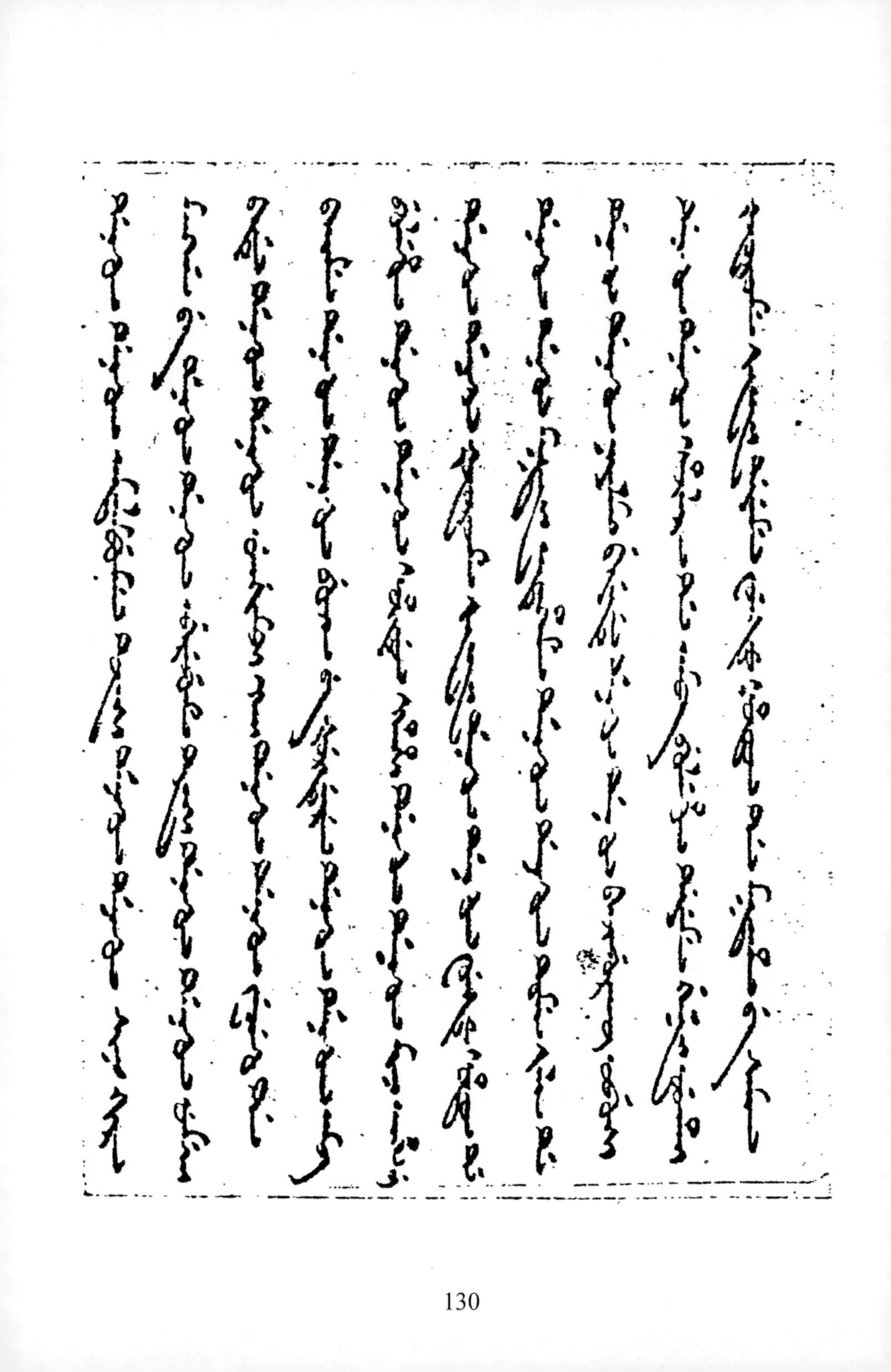

[illegible]

denikun denikun amtalambume tuwaki denikun denikun
德尼昆 德尼昆 使 嚐 看吧 德尼昆 德尼昆
sini kira mangga bedenikun denikun eberebume tuwaki
你的 硬 强 把 德尼昆 德尼昆 消 減 看 吧
denikun denikun umesi bade denikun denikun unggimbi
德尼昆 德尼昆 極 處 德尼昆 德尼昆 差 遣
kai denikun denikun weceku de baime denikun denikun
啊 德尼昆 德尼昆 神祇 於 求着 德尼昆 德尼昆
bujan be šurdere denikun denikun amba bulehun denikun
樹林 把 圍繞 德尼昆 德尼昆 大 鶴 德尼昆
denikun hūdun hahi denikun denikun mini eihen be
德尼昆 速 急 德尼昆 德尼昆 我的 夫 把
denikun denikun šoforome jafafi denikun denikun fungtu
德尼昆 德尼昆 抓 着 拿了 德尼昆 德尼昆 酆都
hoton de denikun denikun maktafi enteheme denikun
城 於 德尼昆 德尼昆 拋 了 永 久 德尼昆
denikun tumen jalan de denikun denikun niyalmai beyede
德尼昆 萬 世 於 德尼昆 德尼昆 人 的 於身
denikun denikun banjiburakū obuki denikun denikun
德尼昆 德尼昆 不 生 使成 德尼昆 德尼昆
hūlara de amba bulehun deyeme genefi uthai šoforome
喊的 於 大 鶴 飛着 去了 卽 抓 着
jafafi deyeme fungtu hoton de maktaha be saman
拿了 飛 着 酆都 城 於 拋 了 把 薩蠻

德尼昆德尼昆，嚐嚐看吧德尼昆德尼昆，把你的剛硬德尼昆德尼昆(注32)，消滅看吧德尼昆德尼昆，到極點德尼昆德尼昆，打發啊德尼昆德尼昆，請求神祇德尼昆德尼昆，圍繞樹林的德尼昆德尼昆，大鶴德尼昆德尼昆，急速德尼昆德尼昆，把我的夫婿德尼昆德尼昆，抓拿德尼昆德尼昆，到酆都城德尼昆德尼昆，拋下永久德尼昆德尼昆，萬世德尼昆德尼昆，人身德尼昆德尼昆，不讓他轉生吧德尼昆德尼昆，呼喊時，大鶴飛去，就抓拿了，飛著拋到了酆都城。薩蠻

德尼昆德尼昆，尝尝看吧德尼昆德尼昆，把你的刚硬德尼昆德尼昆(注32)，消减看吧德尼昆德尼昆，到极点德尼昆德尼昆，打发啊德尼昆德尼昆，请求神祇德尼昆德尼昆，围绕树林的德尼昆德尼昆，大鹤德尼昆德尼昆，急速德尼昆德尼昆，把我的夫婿德尼昆德尼昆，抓拿德尼昆德尼昆，到酆都城德尼昆德尼昆，抛下永久德尼昆德尼昆，万世德尼昆德尼昆，人身德尼昆德尼昆，不让他转生吧德尼昆德尼昆，呼喊时，大鹤飞去，就抓拿了，飞着抛到了酆都城。萨蛮

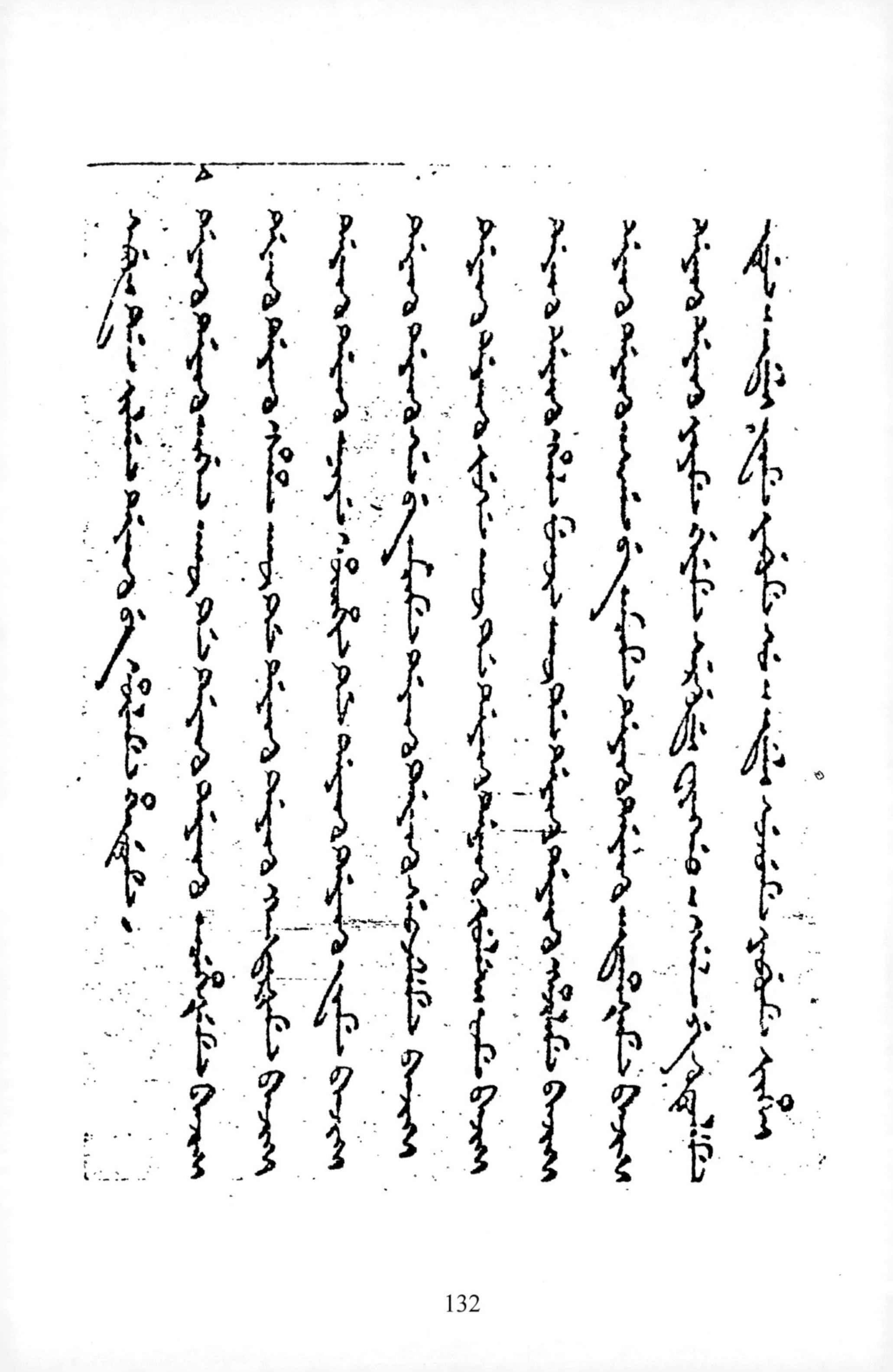

sabufi den jilgan deyangku be hūlame hendume deyangku
見了 高 聲 德揚庫 把 喊着 說 德揚庫
deyangku eigen akū de deyangku deyangku enceheše me
德揚庫 夫 無時 德揚庫 德揚庫 鑽 營
banjiki deyangku deyangku haha akū de deyangku
生活吧 德揚庫 德揚庫 男 無時 德揚庫
deyangku kangtaršame banjiki deyangku deyangku
德揚庫 昂 然 生活吧 德揚庫 德揚庫
eniye hūcihin de deyangku deyangku efime banjiki
母 親族 於 德揚庫 德揚庫 玩 生活吧
deyangku deyangku se be amcame deyangku deyangku
德揚庫 德揚庫 歲 把 趕着 德揚庫 德揚庫
sebjeleme banjiki deyangku deyangku juse akū de
快樂 生活吧 德揚庫 德揚庫 子們 無 時
deyangku deyangku julesi ome banjiki deyangku deyangku
德揚庫 德揚庫 向前 爲 生活吧 德揚庫 德揚庫
hala mukūn akū de deyangku deyangku hajilame banjiki
姓 族 無時 德揚庫 德揚庫 親愛 生活吧
deyangku deyangku asigan be amcame deyangku deyangku
德揚庫 德揚庫 少年 把 趕着 德揚庫 德揚庫
antahašame banjiki deyangku deyangku yayame geyeme
衆賓客 生活吧 德揚庫 德揚庫 喋喋 咕咕
sergudai fiyanggo i gala be kutuleme edun i adali
色爾古代 費揚古 的 手 把 牽着 風 的 相同
efime yabume su i adali sujume yabume jihei
玩 行走 旋風的相同 跑着 行走 來

看見了高聲唱著德揚庫說：德揚庫德揚庫，因無夫婿德揚庫德揚庫，自營生活吧德揚庫德揚庫，因無男人德揚庫德揚庫，昂然生活吧德揚庫德揚庫，在母親族人裏德揚庫德揚庫，戲玩生活吧德揚庫德揚庫，趁著年紀德揚庫德揚庫，快樂地生活吧德揚庫德揚庫，因無孩子德揚庫德揚庫，向前活下去吧德揚庫德揚庫，因無同姓族人德揚庫德揚庫，親愛地生活吧德揚庫德揚庫，趁著年輕德揚庫德揚庫，如同賓客地生活吧德揚庫德揚庫，喋喋咕咕地牽著色爾古代費揚古的手，像風似的戲玩行走，像旋風似的奔跑而來

看见了高声唱着德扬库说：德扬库德扬库，因无夫婿德扬库德扬库，自营生活吧德扬库德扬库，因无男人德扬库德扬库，昂然生活吧德扬库德扬库，在母亲族人里德扬库德扬库，戏玩生活吧德扬库德扬库，趁着年纪德扬库德扬库，快乐地生活吧德扬库德扬库，因无孩子德扬库德扬库，向前活下去吧德扬库德扬库，因无同姓族人德扬库德扬库，亲爱地生活吧德扬库德扬库，趁着年轻德扬库德扬库，如同宾客地生活吧德扬库德扬库，喋喋咕咕地牵着色尔古代费扬古的手，像风似的戏玩行走，像旋风似的奔跑而来

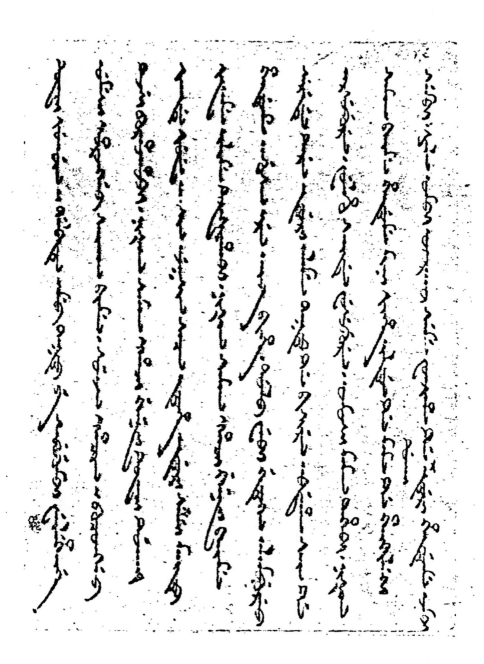

tuwaci jugūn i dalbade emu taktu be sabubumbi
看 時 路 的 旁 一 樓 把 被看見
weilehengge umesi horonggo saikan bime, sunja hacin
造 的 很 威 嚴 好看 且 五 項
i boconggo tugi borhohohobi, nišan saman hanci genefi
的 彩 色 雲 積 了 尼 山 薩 蠻 附近 去 了
tuwaci duka jakade juwe aisin uksin saca etuhe enduri
看 時 門 跟前 二 金 甲 盔 穿了 神
selei maitu jafame ilime tuwakiyahabi, nišan saman
鐵的 棍 拿着 站着 看 守 尼山 薩蠻
hanci genefi baime hendume agusa ere aiba bihe, dolo
附近 去 了 求 說 衆老兄 此 何處 來着 内
webi getuken alambureo serede tere enduri alame
有誰 明 白 請 告 訴 說時 那 神 告 訴
taktu de bisire abdaha sain de arsubure, fulhu saide
樓 於 有 葉子 好 於 發 芽 根 於好
fusebure, omosi mama tehebi, nišan saman baime
滋 生 子孫 娘娘 住 了 尼 山 薩 蠻 求
hendume mini jihe ildun de mama de hengkileki sembi
說 我的 來的 順便 於 娘娘 對 欲叩首 云
yala ombi ojorakū seme fonjiha de dukai enduri hendume
果然 可 不 可 云 問的 於門的 神 說
ombi
可

看見路旁有一座樓閣，造的既威嚴美觀，且籠罩了五樣彩雲。尼山薩蠻走近看時，在門前有兩個穿了盔甲的神，拿著鐵棍站著看守。尼山薩蠻走近請求說：衆老兄們這裏是什麼地方來著？裏面有誰？請明告吧！那神告訴說：在樓閣裏有葉子好好發芽，根好好滋生，子孫娘娘住著（注 33）。尼山薩蠻請問說：我來順便向子孫娘娘叩頭，果真可以不可以呢？門神說：可以。

看见路旁有一座楼阁，造的既威严美观，且笼罩了五样彩云。尼山萨蛮走近看时，在门前有两个穿了盔甲的神，拿着铁棍站着看守。尼山萨蛮走近请求说：众老兄们这里是什么地方来着？里面有谁？请明告吧！那神告诉说：在楼阁里有叶子好好发芽，根好好滋生，子孙娘娘住着（注 33）。尼山萨蛮请问说：我来顺便向子孙娘娘叩头，果真可以不可以呢？门神说：可以。

[illegible]

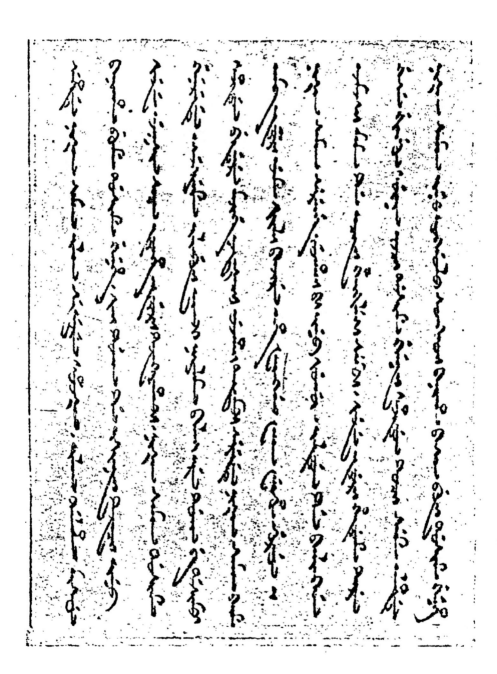

sehede nišan saman ilan sefere hoošan, ilan dalhan
說了時 尼山 薩蠻 三 把 紙 三 塊
misun baniha bume dosime genehe, jai duka de isinafi
醬 謝 道 進入 去了 第二 門 於 去到
tuwaci inu juwe uksin saca etuhe enduri tuwakiyahabi,
看時 也 二 甲 盔 穿了 神 看 守
nišan saman dosime generede esukiyeme ilibufi aibi
尼山 薩蠻 進入 去時 怒 嚇 使止 有何
niyalma balai ere duka be dosimbi hūdun bedere
人 妄 此 門 把 進入 速 退回
majige notašaci uthai tantambi serede nišan saman
稍 留連 即 責打 說時 尼山 薩蠻
baime amba enduri ume jili banjire ehe fainggo waka
求 大 神 勿 氣 生 兇 魂 不是
weihun gurun i nišan saman serengge uthai bi inujugūn
生 國 的 尼山 薩蠻 者 即 我 是 路
ildun de bailingga omosi mama de acafi hengkileki
順便 於 恩 情 子孫 娘娘 於 見 欲 叩 首
sembi, juwe enduri hendume tere gese ginggun gūnin
云 二 神 說 那 似 恭敬 心
oci dosime genefi hūdun tuci seme alahade nišan
若 進入 去了 速 出吧 云 告訴時 尼山
saman inu onggolo songkoi baniha basa bufi dosime
薩蠻 亦 以前 照 謝 禮 工錢 給了 進入
genehe
去了

尼山薩蠻給了三把紙、三塊醬，道謝進去了。來到第二個門看時，也是兩個穿了盔甲的神看守。尼山薩蠻進去時，怒嚇著加以阻止說：何人妄行入門，趕快退回，若留連一下時，就責打。尼山薩蠻請求說：大神不要生氣，不是兇魂，生國的尼山薩蠻就是我，是順路叩見有恩情的子孫娘娘。兩個神告訴說：若如此敬意，進去後快出來吧！尼山薩蠻也照前給了道謝的工錢，進去了。

尼山萨蛮给了三把纸、三块酱，道谢进去了。来到第二个门看时，也是两个穿了盔甲的神看守。尼山萨蛮进去时，怒吓着加以阻止说：何人妄行入门，赶快退回，若留连一下时，就责打。尼山萨蛮请求说：大神不要生气，不是凶魂，生国的尼山萨蛮就是我，是顺路叩见有恩情的子孙娘娘。两个神告诉说：若如此敬意，进去后快出来吧！尼山萨蛮也照前给了道谢的工钱，进去了。

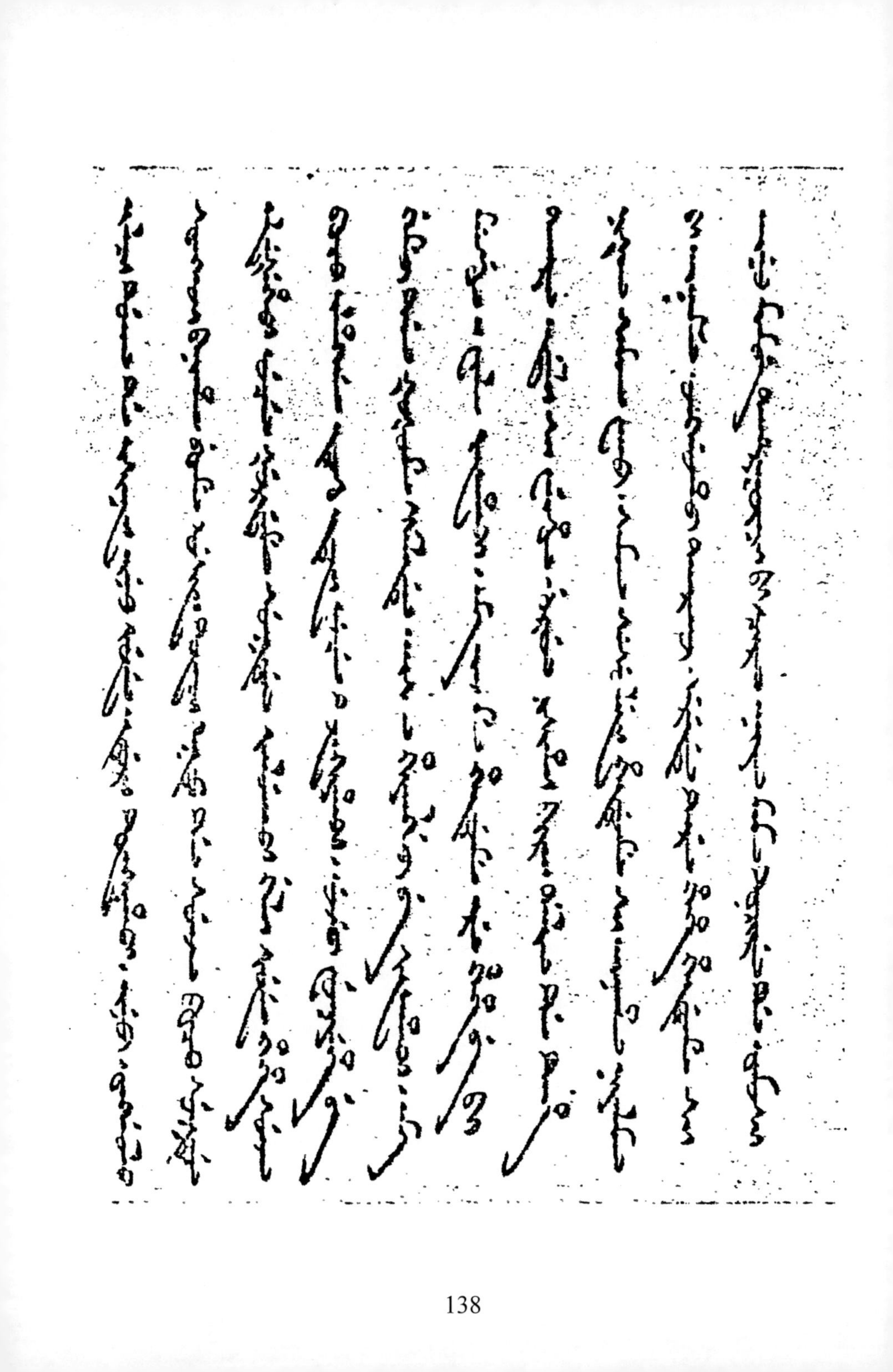

ilaci duka de isinafi inu juwe enduri tuwakiyahabi inu
第三　門　於　去到了　也　二　神　看　守　也
onggolo songkoi baniha bume dosifi tuwaci taktu de
以前　照　謝　道　入了　看時　樓　於
sunja boco sukdun eldešehebi uce šurdeme sukdun jalukabi
五　色　氣　照耀　房門　周圍　氣　滿了
geli juwe hehe sunja boco ilhangga etuku etufi uce
又　二　女　五　色　花紋　衣　穿了　房門
tuwakiyahabi, uju funiyehe be gemu den šošome galade
看　守　頭　髮　把　皆　高　紮着　於手
aisin hiyanglu be jafahabi, emke menggun i fila
金　香爐　把　拿了　一個　銀　的　碟
jafahabi, emke injeme hendume ere hehe be bi takara
拿了　一個　笑着　說　這　女　把我　認識的
adali si weihun gurun nisihai birai dalin de tehe nišan
相同　你　生　國　尼西海　河的　岸　於　住的尼山
saman wakao, saman sesulefi hendume si ainaha
薩蠻　不是嗎　薩蠻　驚訝了　說　你　怎麽樣
niyalma bi ainame onggoho takarakū serede tere hehe
人　我　怎麽　忘　了　不認識　說時　那　女
hendume si ainu mimbe takarakūnii bi cara aniya
說　你　爲何　把我　不認識呢　我　前　年
mama tucire de omosi
痘　出的　於　子孫

來到第三個門時，也有兩個神看守，也照前道謝進去，看時，樓閣照耀著五彩氣，房門周圍充滿瑞氣。又有兩個女人穿著五彩花衣，看守房門，都把頭髮高束著，手上拿了金香爐，一個拿了銀碟子，一個笑著說：這個女人，我好像認識。你不是住在生國尼西海河岸的尼山薩蠻嗎？薩蠻驚訝的說：你是何許人？我怎麼忘了不認識？那女人說；你為什麼不認識我呢？我前年出痘時，子孫

来到第三个门时，也有两个神看守，也照前道谢进去，看时，楼阁照耀着五彩气，房门周围充满瑞气。又有两个女人穿着五彩花衣，看守房门，都把头发高束着，手上拿了金香炉，一个拿了银碟子，一个笑着说：这个女人，我好像认识。你不是住在生国尼西海河岸的尼山萨蛮吗？萨蛮惊讶的说：你是何许人？我怎么忘了不认识？那女人说；你为什么不认识我呢？我前年出痘时，子孙

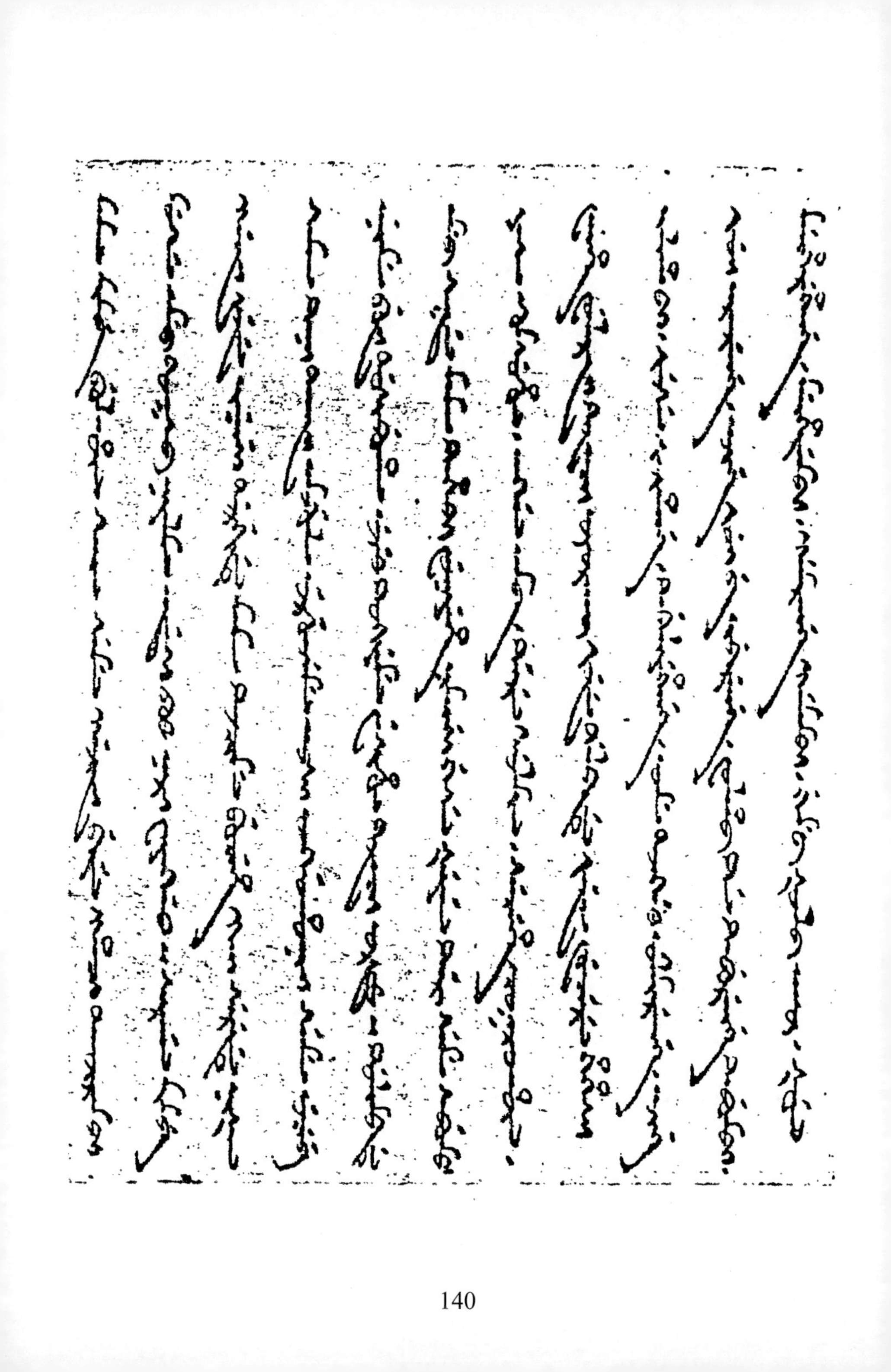

mama mimbe bulhūn sain seme gajifi beye hanci
娘娘 把 我 潔 淨 好 云 帶來了 身 附 近
takūrambi muse emu tokso niyalma adaki boo nari
使 喚 我們 一 村莊 人 鄰 家 納哩
fiyanggo i sargan mimbe gaifi juwe inenggi dorgide
費揚古 的 妻 把 我 娶了 二 日 於內
mama tucime bucehe kai serede nišan saman teni
痘 出 死 了 啊 說時 尼 山 薩蠻 才
takafi ambula urgunjeme absi onggohonii seme ucebe
認識 廣多 歡 喜 怎麼 忘 了 呢 云 把房門
neime bufi dosibuha uju tukiyeme wesihun tuwaci
打開 給了 使 入 頭 擡 頭 上 看 時
orto i dulimbade emu sakda mama tehebi funiyehe
亭殿 的 中 央 一 老 娘 娘 坐 了 頭 髮
nimanggi gese šeyen der seme sabumbi yasa kumsuhun,
雪 似 雪白 雪 白 看 見 眼 彎
angga amba, dere golmin, sencehe cokcohūn, weihe
口 大 臉 長 下 頦 高 突 牙
fularfi tuwaci ojorakū juwe dalbade juwan funcere
微 紅 看 時 不 可 二 旁邊 十 餘
hehesi ilihabi, juse jajihangge, tebeliyehengge, ome
衆女 站 了 子們 背 的 抱 的 為
tonggo ulmirengge, ajige jui ararengge, ajige jui be
線 穿 的 小 子 裝 做 的 小 子 把
iberengge, folho de teburengge tebumbi, meiherehengge
進 前 的 口袋 於 裝 的 裝 扛 的
meiherembi, gamarangge gamambi, gemu šolo akū, šun
扛 帶 的 帶 皆 暇 無 日

娘娘以我潔淨善良而帶來，在身邊使喚。我們是一個村莊的人，鄰居納哩費揚古的妻子，娶了我兩日內，出痘死了啊！尼山薩蠻才認識，大為歡喜，怎麼忘了呢？把房門給打開讓他進去了。擡頭向上看時，在亭式殿的中央，坐了一個娘娘，見頭髮雪白，眼彎，口大，臉長，下頦高突，牙齒微紅不可看。兩旁有十幾個女人站著，孩子們背的、抱的，穿成線，裝作小孩子的，令小孩子進前的，口袋裏裝的裝，扛的扛，帶的帶，都沒有空閒，

—

娘娘以我洁净善良而带来，在身边使唤。我们是一个村庄的人，邻居纳哩费扬古的妻子，娶了我两日内，出痘死了啊！尼山萨蛮才认识，大为欢喜，怎么忘了呢？把房门给打开让他进去了。抬头向上看时，在亭式殿的中央，坐了一个娘娘，见头发雪白，眼弯，口大，脸长，下颏高突，牙齿微红不可看。两旁有十几个女人站着，孩子们背的、抱的，穿成线，装作小孩子的，令小孩子进前的，口袋里装的装，扛的扛，带的带，都没有空闲，

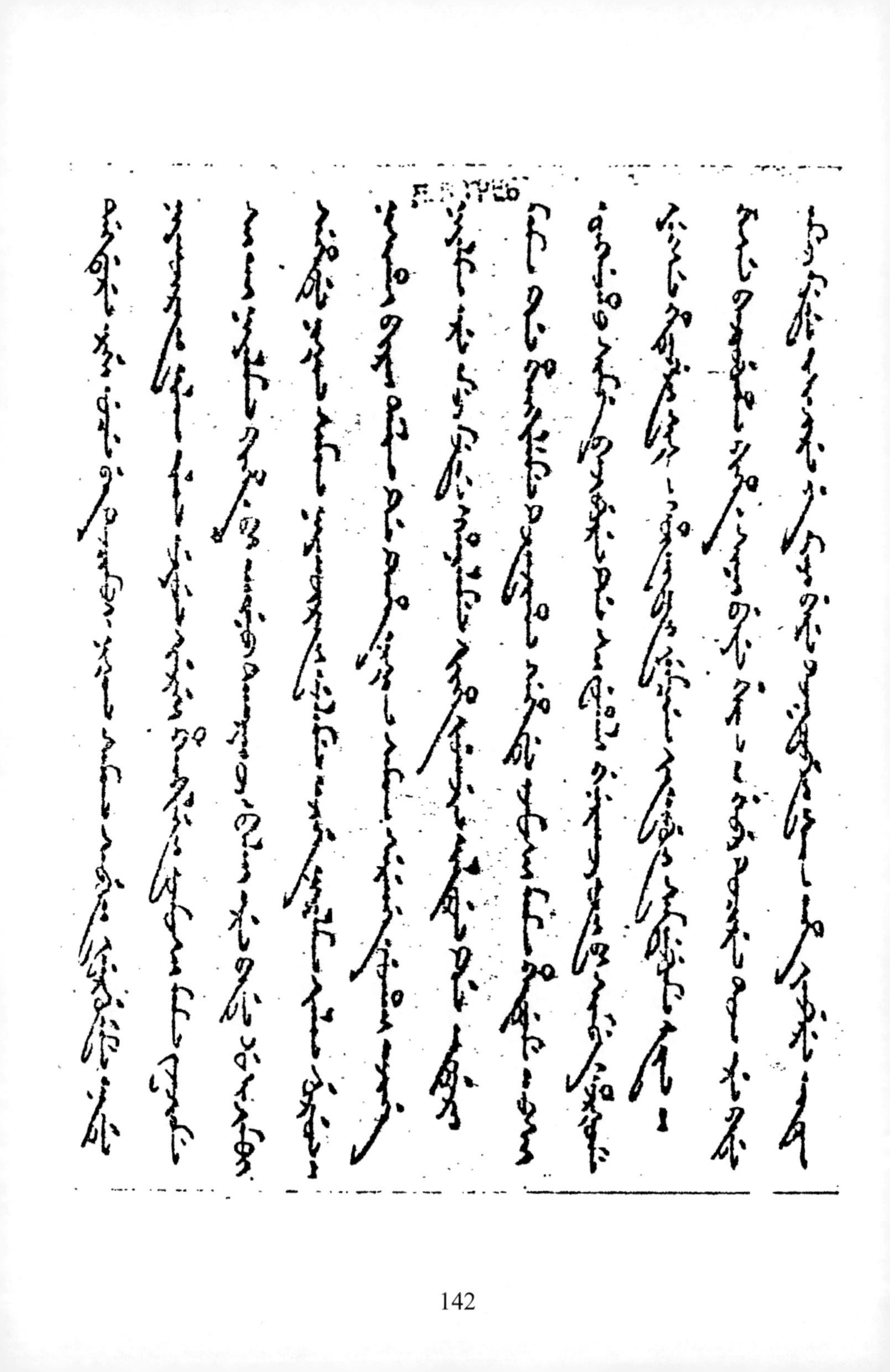

dekdere ergi uce be tucimbi, nišan saman sabufi
浮的 方 房門把 出 尼山 薩蠻 見了
ferguweme nade niyakūrafi ilan ilan uyun jergi
驚 奇 於地 跪 了 三 三 九 次
hengkilefi omosi mama fonjime si ai niyalma bihe, bi
叩 頭 子孫 娘娘 問 着 你 何 人 來着 我
ainu takarakū, balai ere bade dosinjimbi sehede nišan
爲何 不認識 妄 此 地方 進 來 說了時 尼山
saman niyakūrafi ulame ajige niyalma jalan gurun i
薩蠻 跪 了 傳話 小 人 世 國 的
nisihai birai dalin de tehe nišan saman serengge uthai
尼西海 河的 岸 於住的 尼山 薩蠻 者 卽
ajige niyalma ere emu mudan hanilame jihe jugūn
小 人 是 一 次 隨 合 來了 路
ildun de enduri mama de hengkileme tuwanjiha sehede
順 便 於 神 娘娘 於 叩 頭 來問好 說了時
omosi mama hendume absi onggoho simbe banjibure de
子 孫 娘 娘 說 怎麼 忘 了 把 你 轉 生 時
si fuhali generakū ofi bi simbe horšome yekse hetebufi
你 竟然 不 去 因 我 把 你 哄 着 神帽 使 捲
siša hūwaitafi yemcen jafabufi samdabume efin i gese
腰鈴 拴 了 男手鼓 使 拿 跳 神 玩 藝的 似
banjibuha bihe, sini beye giyan i gebu tucire ton ere
轉 生 來着 你的自身 理 的 名 出的 數 此
bade emu mudan isinjire be mini beye toktobufi sain
地方 一 次 來的 把 我的 自身 定 了 善
ehe yabure eiten
惡 行的 一切

由東邊房門出去。尼山薩蠻見了很驚奇，在地上三跪九叩。子孫娘娘問說：你是什麼人來著？我怎麼不認識？胡亂進來這裏？尼山薩蠻跪下稟告說：小人，住在世間尼西海河岸的尼山薩蠻者就是小人，這一次巧合前來順路向神娘娘叩頭問好。子孫娘娘說：怎麼忘了？轉生你時，因你竟然不去，我哄著你（注 34），使捲了神帽，繫了腰鈴，使拿了男手鼓，像跳神玩藝似的轉生來著，你自己該是出名的數，這裏來一次，是我自己所定，見了行善為惡的一切

由东边房门出去。尼山萨蛮见了很惊奇，在地上三跪九叩。子孙娘娘问说：你是什么人来着？我怎么不认识？胡乱进来这里？尼山萨蛮跪下禀告说：小人，住在世间尼西海河岸的尼山萨蛮者就是小人，这一次巧合前来顺路向神娘娘叩头问好。子孙娘娘说：怎么忘了？转生你时，因你竟然不去，我哄着你（注 34），使卷了神帽，系了腰铃，使拿了男手鼓，像跳神玩艺似的转生来着，你自己该是出名的数，这里来一次，是我自己所定，见了行善为恶的一切

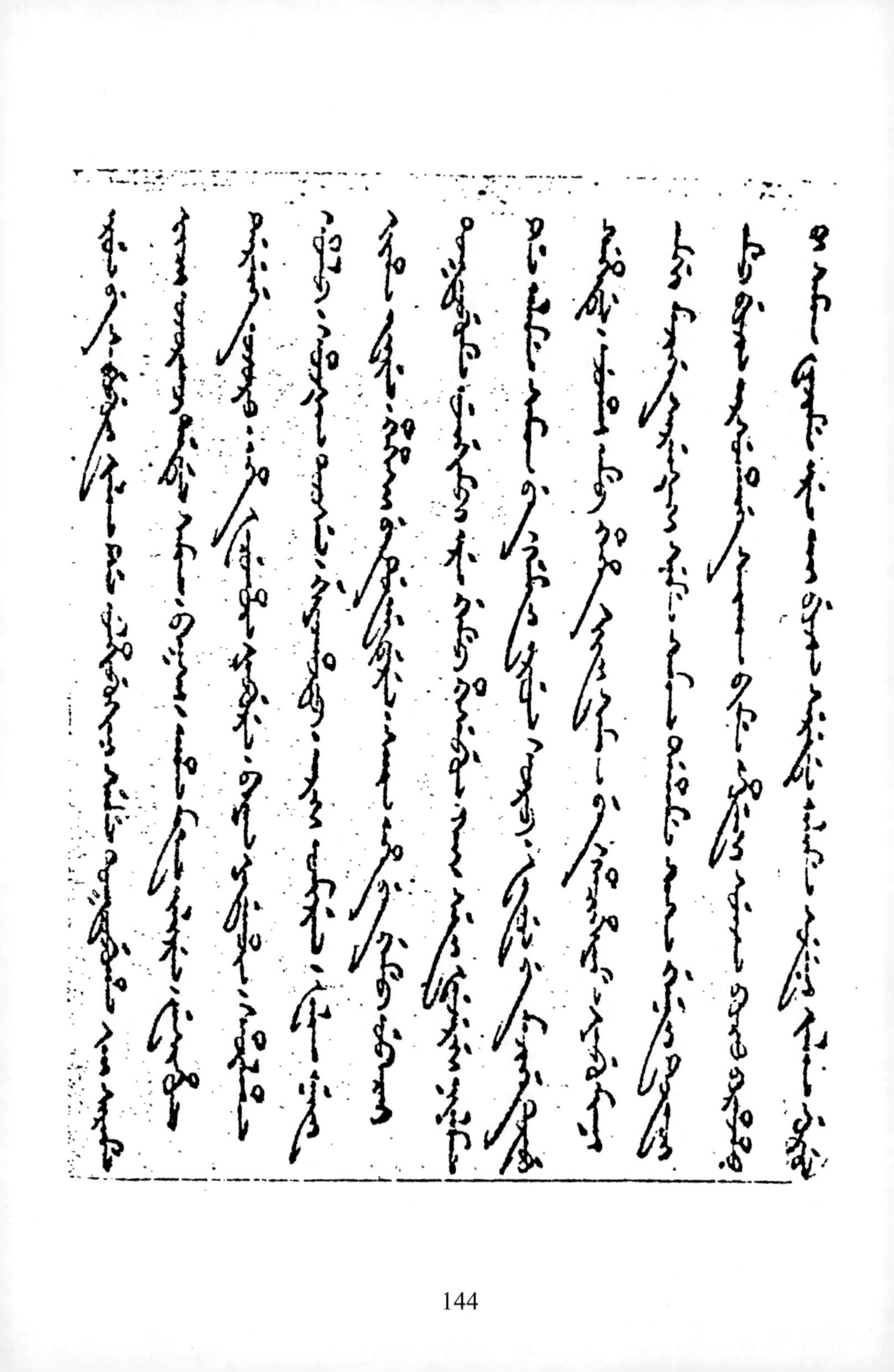

erun be sabubufi jalan de ulhibukini seme toktobuha jai
刑罰 把 使見 世 於 使曉 呢 云 定的 再
sirame jici ojorakū dade saman, baksi, aha, mafa ilire,
續 若來 不可 起初 薩蠻 儒者 奴僕 老翁 立了
wesihun derengge ojoro, ehe facuhūn yabure, bayan
高貴 體面 爲 惡 亂 行的 富
yadahūn, hūlha holo, hoošan toose, giyohoto, arki
貧 賊 盜 紙 錢 權力 乞丐 燒酒
omire, falin neifi jiha efire, hehesi be dufendere, sain
飲 館肆 開 錢 玩 衆女 把 貪淫 善
ehe be gemu ubaci toktobume unggimbi, ere gemu hesebun
惡 把 皆 由此 定着 差遣 此 皆 天命
kai, sefi fejergi niyalma de alame saman be gamafi
啊 說了 屬下 人 於 告訴 薩蠻 把 帶了
erun koro, fafun be majige tuwabu sehede, uthai emu
刑罰 罰 法度 把 稍 使看 說了時 即 一
hehe jifi saman be hacihiyame yabu mini emgi majige
女 來了 薩蠻 把 勸勉 行 我的 一同 稍
sargašaki seme saman dahame sasa genefi tuwaci emu
遊玩 云 薩蠻 跟隨 一齊 去了 看時 一
bujan arsuhangge saikan bime huweki sunja boco
樹林 發芽的 好看 且 肥壯 五 色
borhoho bi saman fonjime ere ai bujan serede alame
積 了 薩蠻 問着 此何 樹林 說時 告訴
suweni jalan gurun
你們的 世 國

刑罰，讓世上的人曉得而定的，下次不可再來。起初立了薩蠻、儒者、奴僕、老翁，成為高貴體面，行惡作亂，貧富、盜賊、紙錢權力，乞丐、飲酒、開館玩錢、貪淫婦女、善惡，都是從這裏決定打發去的，這都是天命啊！說了告訴屬下人帶薩蠻去稍微觀看刑罰、法度等語。即刻來了一個女人，催薩蠻走說：同我一齊稍為遊玩吧！薩蠻跟隨一齊去看時，一處樹林發的芽既好看，且肥壯，籠罩五彩。薩蠻問說：這是什麼樹林呢？告訴說：你們世間

刑罚，让世上的人晓得而定的，下次不可再来。起初立了萨蛮、儒者、奴仆、老翁，成为高贵体面，行恶作乱，贫富、盗贼、纸钱权力，乞丐、饮酒、开馆玩钱、贪淫妇女、善恶，都是从这里决定打发去的，这都是天命啊！说了告诉属下人带萨蛮去稍微观看刑罚、法度等语。即刻来了一个女人，催萨蛮走说：同我一齐稍为游玩吧！萨蛮跟随一齐去看时，一处树林发的芽既好看，且肥壮，笼罩五彩。萨蛮问说：这是什么树林呢？告诉说：你们世间

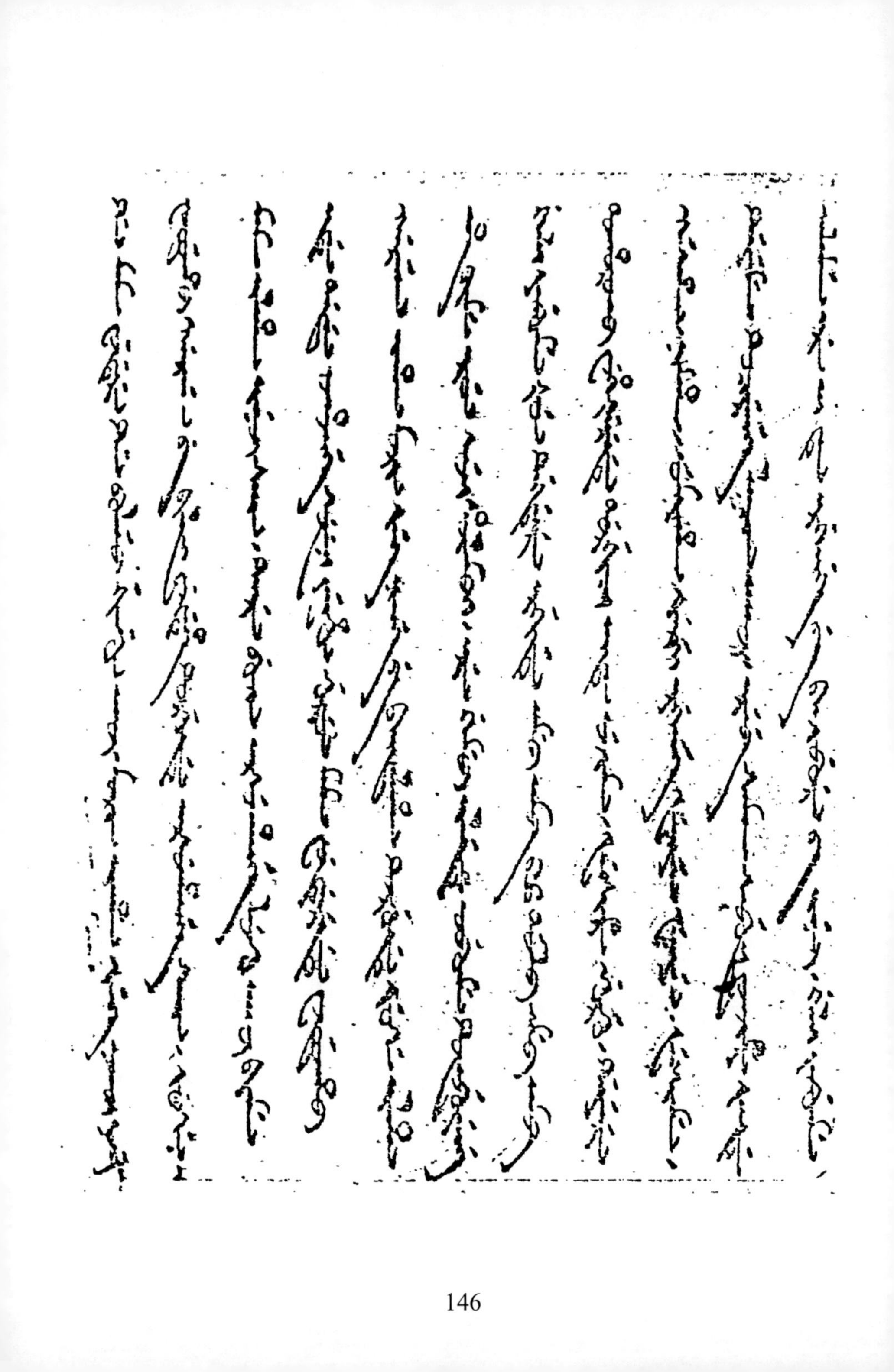

de mama fudere de bolgo ginggun akū, morin ihan jeke
於 娘娘 送 於 潔 恭 敬 不 馬 牛 吃的
akū ningge fodoho gargan be bilafi fudehe turgunde
無 的 柳 枝 把 折 了 送了 之 故
arsuhangge sain, juse i mama ilha inu sain, tere bujan
發 芽 的 好 子們 的 痘 花 也 好 那 樹林
arsuhangge luku akū bime eden dadan ohongge suweni
發 芽 的 稠 密 不 且 殘 缺 所以然 你們的
weihun gurun mama fuderede fodoho gargan ihan morin
生 國 娘娘 送 時 柳 枝 牛 馬
jeke ningge be baitalaha turgunde juse ilha ehe bime
吃了 的 把 用 了 之 故 子們 花 不好 且
erun sui hūlambi, ere gemu iletu obume tuwaburengge
刑 罪 喊 此 皆 明 顯 成 使 看 者
geli yabume šun dekdere ergide emu amba boo dolo emu
又 行 走 日 浮 的 方向 一 大 屋 内 一
amba tohoroko fuheserede dorgici eiten ujima, feksire
大 墩 轂 轆 滾 時 由 内 一切 牲 畜 跑 的
gurgu, deyere gasha, nimaha, umiyaha jergi ergengge
獸 飛 的 鳥 魚 蟲 等 生 靈
feniyen feniyen, feksime, deyeme tucirengge lakcan akū,
群 群 跑 着 飛 着 出 的 斷 不
erebe saman sabufi fonjire jakade alame ere eiten
把此 薩 蠻 見 了 問 的 之 故 告 訴 此 一 切
ergengge be bajibure ba inu, geli yabume
生 靈 把 轉 生 地 是 又 行 走

送娘娘時不潔淨恭敬，馬牛沒有吃的，折斷柳枝送了之故，發的芽好，孩子們的痘子花也好，那樹林發的芽既不稠密，而且所以殘缺者，是因你們生國送娘娘時，把柳枝、牛馬吃的用了之故，子花既不好，且念出刑罪，這都很明顯的讓他觀看。又走到東邊一個大屋內，有一個大墩轂轆在滾動時，一切牲畜，走獸、飛鳥、魚、蟲等生靈，從裏面一群一群不斷跑著、飛著出來。薩蠻看了這個而問時，告訴說：這是一切生靈轉生的地方。又走著

送娘娘时不洁净恭敬，马牛没有吃的，折断柳枝送了之故，发的芽好，孩子们的痘子花也好，那树林发的芽既不稠密，而且所以残缺者，是因你们生国送娘娘时，把柳枝、牛马吃的用了之故，子花既不好，且念出刑罪，这都很明显的让他观看。又走到东边一个大屋内，有一个大墩毂辘在滚动时，一切牲畜，走兽、飞鸟、鱼、虫等生灵，从里面一群一群不断跑着、飞着出来。萨蛮看了这个而问时，告诉说：这是一切生灵转生的地方。又走着

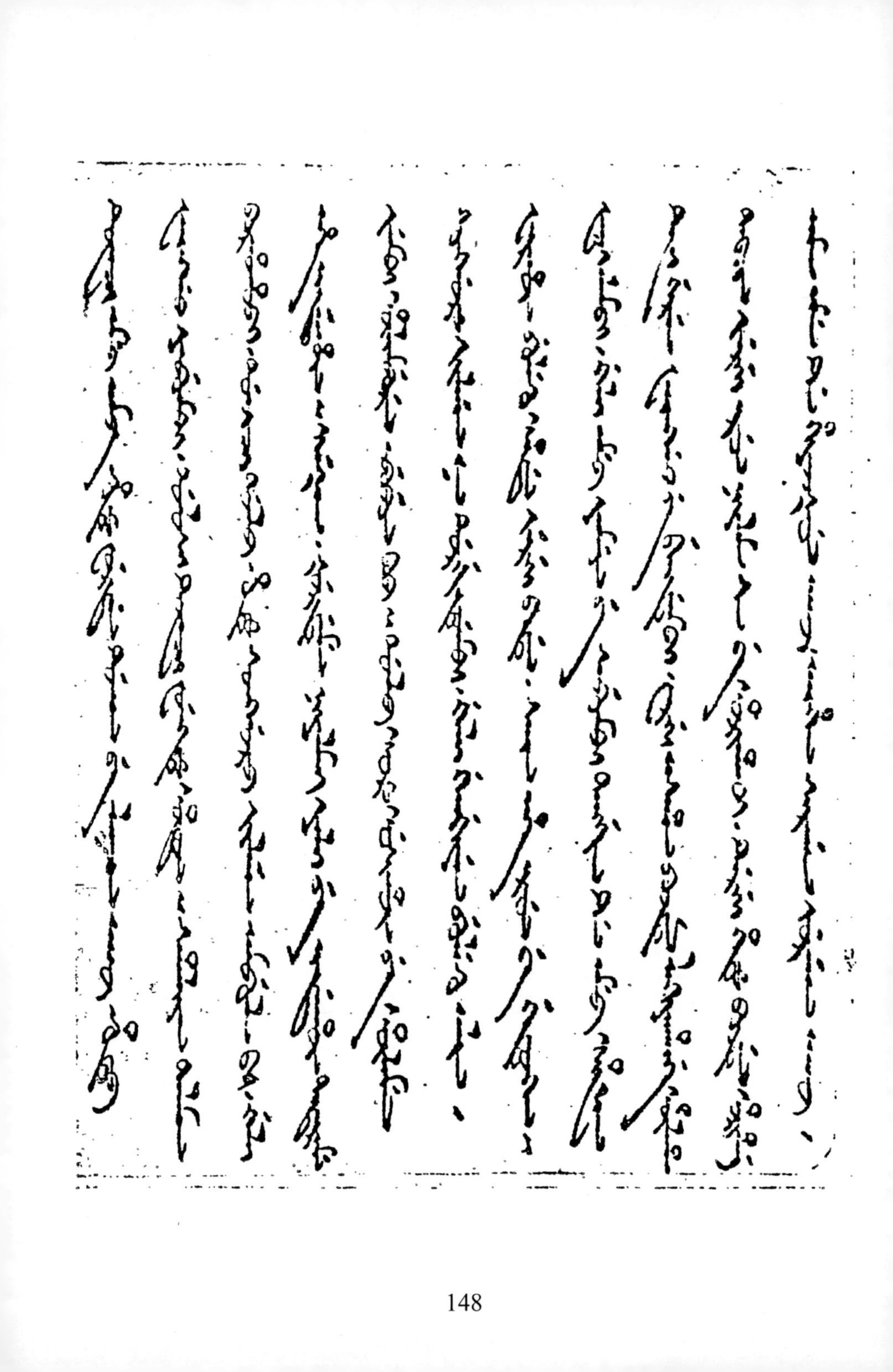

tuwaci emu amba hutu furdan duka be lakcan akū hutu
看時 一 大 鬼 關 門 把 斷 不 鬼
fainggo yabumbi, dolosi tuwaci fungtu hoton i sahaliyan
魂 行走 往内 看時 酆都 城 的 黑
talman borhohobi, donjici dolo hutu songgoro jilgan
霧 凝聚 聽時 内 鬼 哭的 聲
ambula bi, geli ehe indahun i gašan, šurdeme niyalmai
廣多 有 又 惡 犬 的 鄉村 周圍 人的
yali be indahūn tatarame jembi hūlimbure ebubun boo i
肉 把 犬 扯着 吃 被誘惑 下程 房 的
dolo koro gosihūn be hūlame songgoro jilgan na
内 傷心慟 哭 把 喊着 哭的 聲 地
durgidumbi, geli genggiyen buleku alin, farhūn buleku
震動 又 明 鏡 山 暗 鏡
hada jergi bade, sain ehe erun be getuken i faksalambi
峰 等 地方 善 惡 刑 把 明白的 的 分開
geli emu yamun be sabumbi tanggin de emu hafan tefi
又 一 衙門 把 見 堂 於 一 官 坐了
geren fainggo be beidembi, wargi ashan boode lakiyahangge
衆 魂 把 審問 西 側 房裏 懸掛 的
hūlha tabcin jergi erun niyalma sa be horihabi, dergi
偷的 搶 等 刑 人 們 把 監禁 東
hetu boode horihangge ama eme de hiyoošun akū, eigen
廂 房裏 監禁 的 父 母 於 孝 不 夫
sargan jurgan akū,
妻 義 無

看時，一個大鬼關口，鬼魂不斷的走著。向裏面看時，酆都城的黑霧凝聚着，聽時，裏面有很多鬼哭聲。又有惡犬村，犬把周圍的人扯著吃。被誘惑住下的房内，傷心悲慟哭喊的聲音，地被震動。又在明鏡山、暗鏡峰等地，善惡刑罰明白的分開。又看見一個衙門，在堂上坐了一個官員，審問眾魂。在西廂房裏懸掛的是監禁竊搶等刑罰人犯。在東廂房裏監禁的是對父母不孝，夫妻之間無義

看时，一个大鬼关口，鬼魂不断的走着。向里面看时，酆都城的黑雾凝聚着，听时，里面有很多鬼哭声。又有恶犬村，犬把周围的人扯着吃。被诱惑住下的房内，伤心悲恸哭喊的声音，地被震动。又在明镜山、暗镜峰等地，善恶刑罚明白的分开。又看见一个衙门，在堂上坐了一个官员，审问众魂。在西厢房里悬挂的是监禁窃抢等刑罚人犯。在东厢房里监禁的是对父母不孝，夫妻之间无义

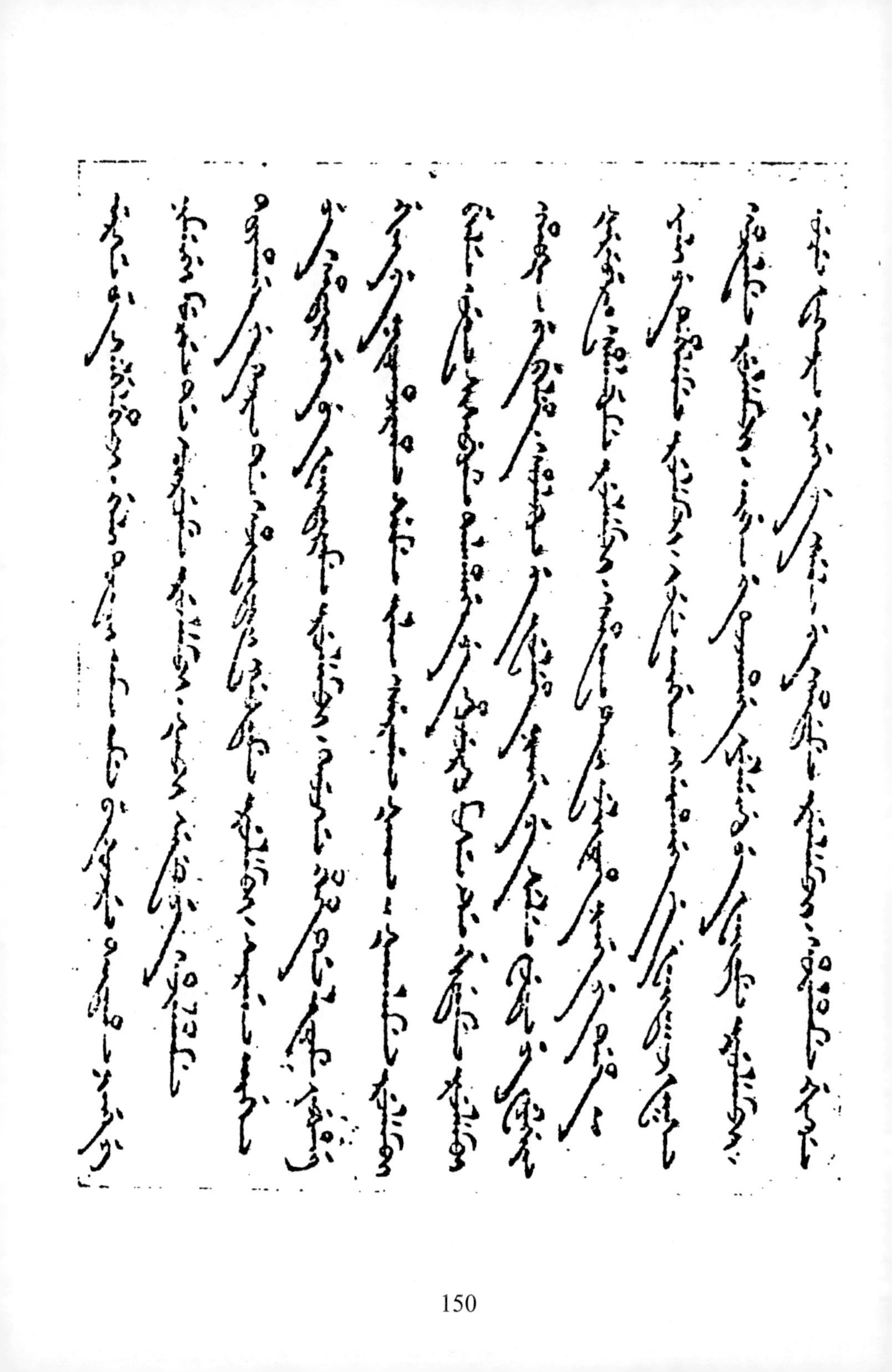

[illegible]

urse be selgelehebi, geli tuwaci ama eme be toore
衆人 把 枷 號 又 看 時 父 母 把 罵
tantaha ningge be nimenggi mucen de carume erulembi,
打了 的 把 油 鍋 於 烹炸 用 刑
šabi sefu be hūlhame toohangge be tura de hūwaitafi
徒弟 師傅 把 偷 着 罵 的 把 柱子 於 拴 了
gabtame erulembi, sargan eigen be hatarangge be
射 着 用 刑 妻 夫 把 粗暴 者 把
faitarame erulembi, doose hehe de latume yabuhangge
碎 割 用 刑 道士 女人 於 姦淫 行 的
ging be natuhūraha seme ilan gargan šaka i šakalame
經 把 不淨 云 三 枝 叉 以 扎 叉
erulembi bele ufa sisabume talahangge be hujurku mose
用 刑 米 麪 漉 出 抄 沒 者 把 小磨 大磨
de gidame erulembi habšan be belehe, holbon be efulehe
於 壓 着 用 刑 訟 把 誣害 結親 把 破 壞
ningge be sele futa be fulgiyan šerebufi halabume
的 把 鐵 繩 把 紅 使燒紅 燙 灼
erulembi, hafan tefi ulintuhe ningge be dehe i yali
用 刑 官 坐了 行 賄 的 把 魚鈎 以 肉
be deheleme erulembi, juwe eigen gaihangge be faitakū
把 鈎 着 用 刑 二 夫 娶 者 把 小 鋸
faksa hūwalame erulembi, eigen be toohangge yelenggu
分開 打 破 用 刑 夫 把 罵 者 舌
be faitame erulembi, uce fangkara ningge be gala be
把 割 片 用 刑 房 門 摔 者 把 手 把
hadame erulembi, hūlhame gigun
釘 着 用 刑 偷 着 言

而枷首的眾人。又再看時，是把打罵父母者以油鍋烹炸處刑，徒弟偷罵師傅者以拴在柱子上射箭處刑，妻子對丈夫粗暴者以碎割處刑，道士姦淫婦女及污穢經典者以三枝叉扎叉處刑，米麪漉出抄沒者在小磨大磨上壓著處刑，誣訟破壞結親者燒紅鐵索燙灼處刑，居官行賄者以魚鈎鈎肉處刑，嫁二夫者以小鋸破開處刑，罵丈夫者以割舌處刑，摔房門者以釘手處刑，

而枷首的众人。又再看时，是把打骂父母者以油锅烹炸处刑，徒弟偷骂师傅者以拴在柱子上射箭处刑，妻子对丈夫粗暴者以碎割处刑，道士奸淫妇女及污秽经典者以三枝叉扎叉处刑，米麪漉出抄没者在小磨大磨上压着处刑，诬讼破坏结亲者烧红铁索烫灼处刑，居官行贿者以鱼钩钩肉处刑，嫁二夫者以小锯破开处刑，骂丈夫者以割舌处刑，摔房门者以钉手处刑，

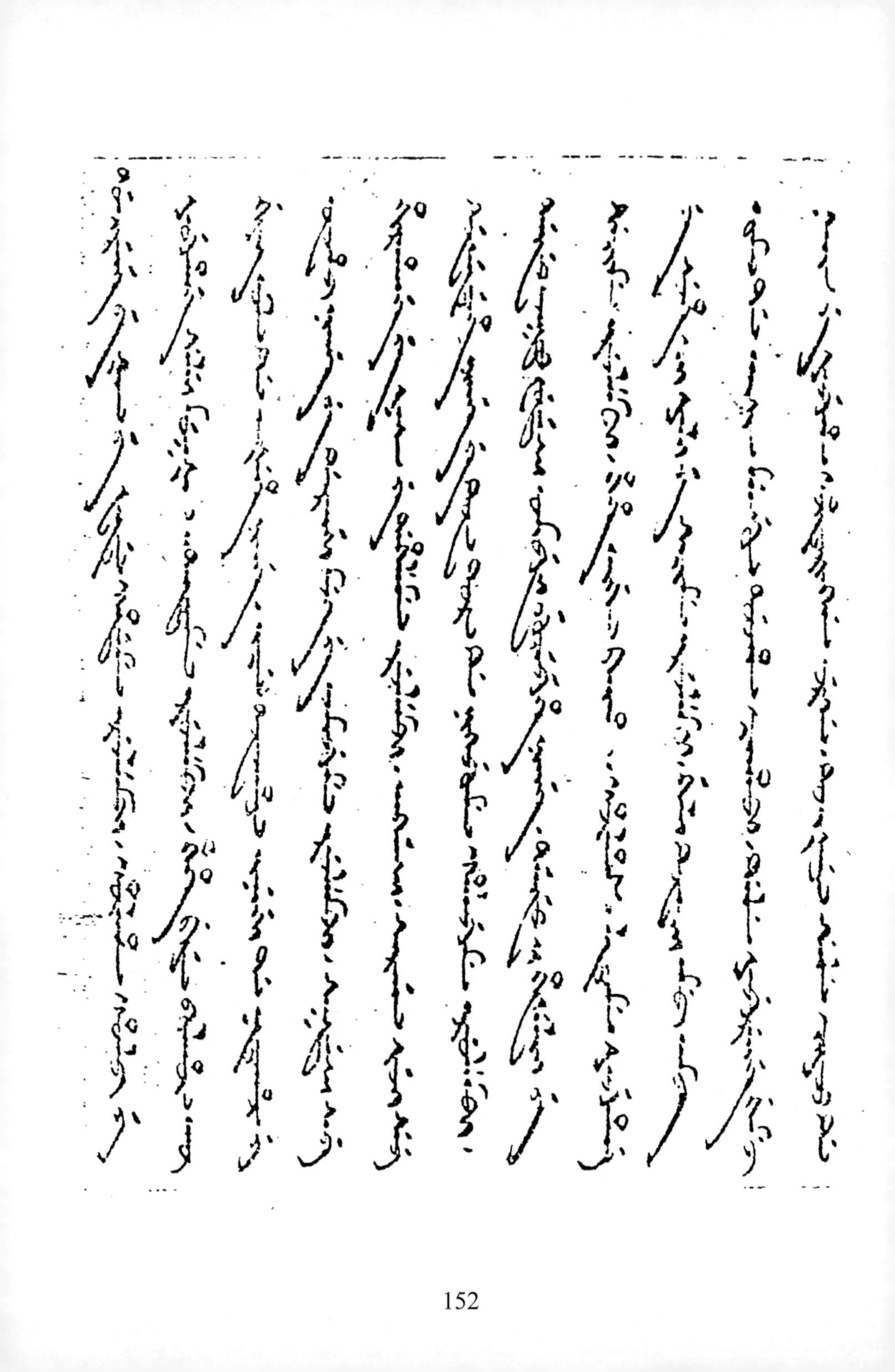

donjirengge be šan be fade hadame erulembi, hūlha holo
聽的 把 耳 把 於窗 釘 着 用 刑 賊 盜
be yabuhangge selei mukšan i tantame erulembi, hehe
把 行 的 鐵的 棍 以 責打 用 刑 女
beye bolhūn akū giyang ula de ebšehe ningge, ice
身 淨 不 江 河 於沐浴 的 初一
tofohon inenggi de natuhūn be ofoho ningge be duranggi
十五 日 於汚穢 把 洗 的 把 濁
muke be omibume erulembi, sakdasi sabe hirahanggebe
水 把 使飲 用 刑 衆老人 把們 斜看者 把
yasa be deheleme erulembi, anggasi, sargan jui sebe
眼 把 鈎着 用 刑 寡婦 女 兒 把們
dufendehe ningge be tuwa tura de nikebume halabume
貪淫了 的 把 火 柱子 於 使倚 燙灼
erulembi, daifu okto fudasi omibufi bucebuhe ningge,
用 刑 大夫 藥 不順 使飲了 死 了 的
daifu i hefelii be secime erulembi, hehe eigen baiha,
大夫的肚子 把 割開 用 刑 女 夫 娶了
hūlhame latume yabuhangge be suhe ci yali be sacime
偷着 姦淫 行者 把 斧 以肉 把 砍
erulembi, geli tuwaci emu amba omo de aisin menggun
用 刑 又 看時 一 大 池 於金 銀
dooha cahabi, dele yaburengge gemu sain be yabuha
橋 支了 上 行走的 皆 好 把 行的
hūturingga urse, tuišun sele ciyoo de
有福的 衆人 黄銅 鐵 橋 於

竊聽話者以耳朵釘在窗上處刑，做盜賊者以鐵棍責打處刑，婦女身體不潔淨在江河裏沐浴者及在初一、十五日洗濯污穢者以令其飲濁水處刑，斜看眾老人們者以鈎眼處刑，貪淫寡婦、女孩子者令其倚靠火柱燙灼處刑，大夫藥不順吃了而死者將大夫以割開肚子處刑，女人嫁了丈夫，偷行姦淫者以斧砍肉處刑。又再看時，在一個大池子裏支起了金銀橋，在上面行走的都是行善有福的人，在銅鐵橋上

窃听话者以耳朵钉在窗上处刑，做盗贼者以铁棍责打处刑，妇女身体不洁净在江河里沐浴者及在初一、十五日洗濯污秽者以令其饮浊水处刑，斜看众老人们者以钩眼处刑，贪淫寡妇、女孩子者令其倚靠火柱烫灼处刑，大夫药不顺吃了而死者将大夫以割开肚子处刑，女人嫁了丈夫，偷行奸淫者以斧砍肉处刑。又再看时，在一个大池子里支起了金银桥，在上面行走的都是行善有福的人，在铜铁桥上

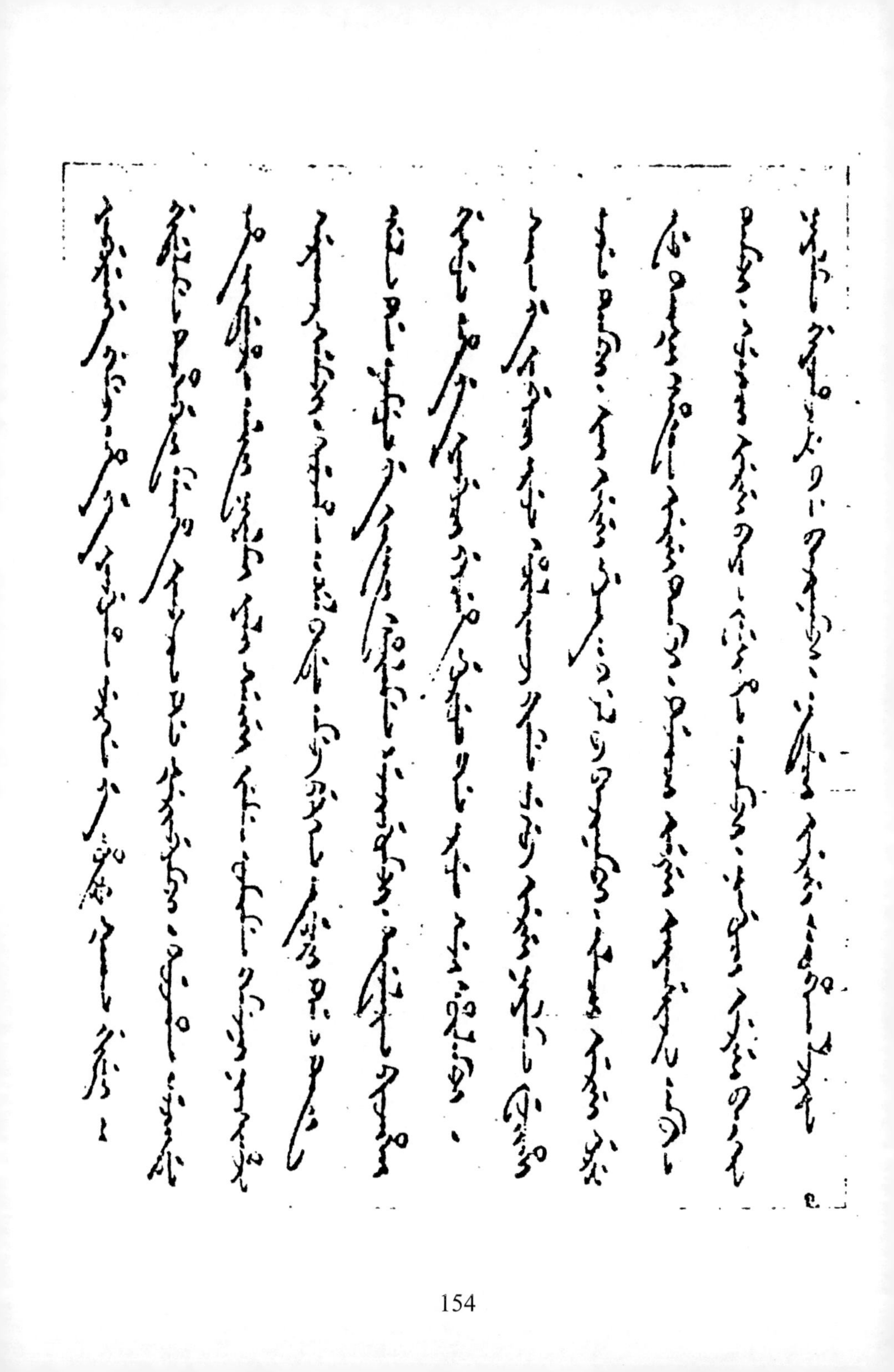

yaburengge gemu ehe be yabuha urse be hutu šaka
行 者 皆 惡 把 行 了 衆人 把 鬼 叉
gidai i gidalame tuhebufi meihe jabjan de šeribumbi,
鎗 以 鎗 扎 使倒了 蛇 蟒 於 使 螫
dooha ujande ehe indahūn alifi niyalmai yali senggi
橋 於頭 惡 犬 承受 人 的 肉 血
jeme omime kemuni niosihūn serakū sembi, dooha i
吃 飲 仍 變色發怒 不語 云 橋 的
dalbade emu pusa enduri den tefi gala de nomun be
旁邊 一 菩薩 神 高坐了 手 於 經 把
jafafi hūlame donjibumbi, tafulara bithei gisun ehe be
拿了 念着 使聽 勸告的 書的 言 惡 把
yabuci bucehe gurun de erun sui hūlambi, sain be
若行 死了 國 於 刑 罪 喊 善 把
yabuci erun hūlarakū bime uju jergi niyalma fucihi
若行 刑 不喊 且 頭 等 人 佛
ejen tembi, jai jergi gung i dolo banjinambi, ilaci
主 坐 第二 等 宮 的 內 去出生 第三
jergi gurun efu taiši hafan jergi tembi, duici jergi
等 國 駙馬 太師 官 等 居 第四 等
jiyanggiyūn amban tembi, sunjaci jergi bayan wesihun
將軍 大臣 居 第五 等 富 貴
ombi, ningguci jergi baisin niyalma giyohoto de
可 第六 等 白丁 人 乞丐 於
banjinambi, nadaci jergi eihen lorin
去出生 第七 等 驢 騾

行走者都是行惡的人，鬼用叉、鎗扎落後，為蛇蟒所螫。在橋頭上有惡犬接受吃喝人的血肉，還變色嗔怒。在橋的旁邊高高坐了一個答薩神，手上拿了經念著給人聽，勸告書中說：若行惡時在死國被唱到罪刑，若行善時既不被唱到刑罰，且第一等之人做佛主，第二等之人到宮內去出生，第三等人做國家駙馬、太師、官員等，第四等人做將軍、大臣，第五等人為富貴人，第六等人生為乞丐、平民，第七等人生為驢騾

行走者都是行恶的人，鬼用叉、鎗扎落后，为蛇蟒所螫。在桥头上有恶犬接受吃喝人的血肉，还变色嗔怒。在桥的旁边高高坐了一个答萨神，手上拿了经念着给人听，劝告书中说：若行恶时在死国被唱到罪刑，若行善时既不被唱到刑罚，且第一等之人做佛主，第二等之人到宫内去出生，第三等人做国家驸马、太师、官员等，第四等人做将军、大臣，第五等人为富贵人，第六等人生为乞丐、平民，第七等人生为驴骡

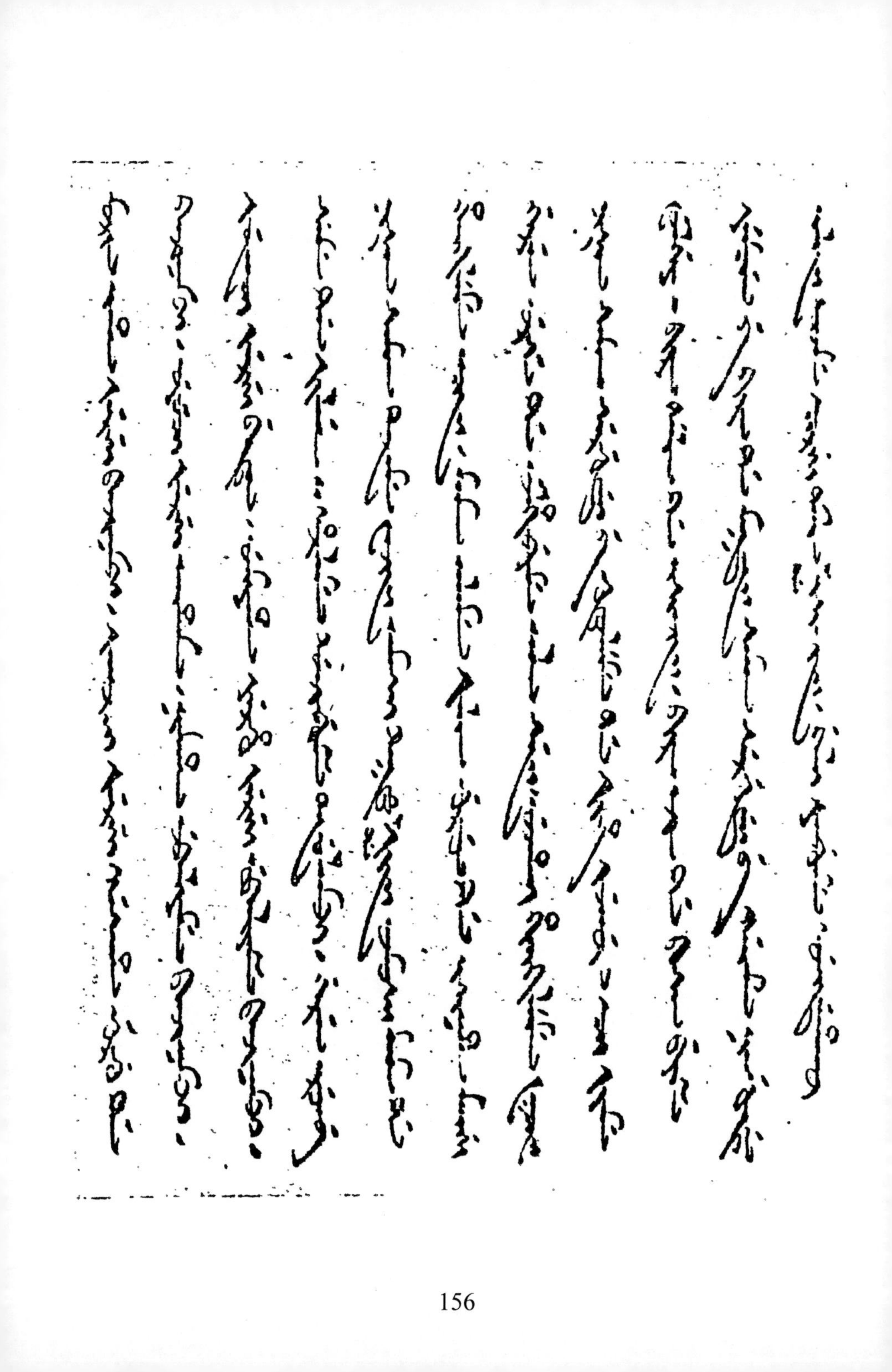

morin ihan jergi banjinambi, jakūci jergi gasha gurgu
馬 牛 等 去出生 第八 等 鳥 獸
de banjinambi, uyuci jergi aihūma nimaha ubaliyame
於 去出生 第九 等 鼈 魚 轉
banjinambi, juwanci jergi beten, umiyaha yerhu jergi
去出生 第十 等 曲蟺 蟲 螞蟻 等
ubaliyame banjinambi, seme den jilgan i hūlame
轉 去出生 云 高 聲 的 念着
donjibume tafulambi, geren erunbe nišan saman tuwame
使聞 勸告 各 把刑 尼山 薩蠻 看
wajifi amasi taktu de jifi omosi mama de hengkileme
完後 往回 樓 於來了 子孫 娘娘於 叩頭
acafi, mama alame jalan gurun de isinaha manggi
見了 娘娘 告訴 世 國 於去到了 後
geren urse de ulhibume ala sefi, uthai henkileme fakcafi
衆 衆人 於 曉諭 告訴說了 就 叩見 離別
nišan saman sergudai be kutuleme da jihe jugūn cijime
尼山 薩蠻 色爾古代把 牽着 本來的 路 從來着
fulgiyan bira dalin de isinjifi, bira ejin de basan bume
紅 河 岸 於來到了 河 主 於工錢 給
yemcen be bira de maktafi saman sergudai be gaime
男手鼓把 河 於 拋了 薩 蠻 色爾古代 把 拿着
ninggude ilifi doome cargi dalin de isinjifi, geli
於上 立了 渡 那邊 岸 於來到了 又
yabume goidahakū
行着 不久

馬牛等，第八等人去生為鳥獸，第九等人轉生為鼈、魚，第十等人轉生為曲蟺、蟲、螞蟻等，高聲念著忠告給人聽。尼山薩蠻看完了各種刑罰後，返回來到樓閣，叩見子孫娘娘，娘娘告訴說：回到世間後告訴曉諭眾人，即叩別了。尼山薩蠻牽著色爾古代，從原路來到了紅河岸時，給河主工錢，把男手鼓拋到河裏，薩蠻帶著色爾古代站在上面，渡到了對岸。又再走不久，

—

马牛等，第八等人去生为鸟兽，第九等人转生为鳖、鱼，第十等人转生为曲蟺、虫、蚂蚁等，高声念着忠告给人听。尼山萨蛮看完了各种刑罚后，返回来到楼阁，叩见子孙娘娘，娘娘告诉说：回到世间后告诉晓谕众人，即叩别了。尼山萨蛮牵着色尔古代，从原路来到了红河岸时，给河主工钱，把男手鼓抛到河里，萨蛮带着色尔古代站在上面，渡到了对岸。又再走不久，

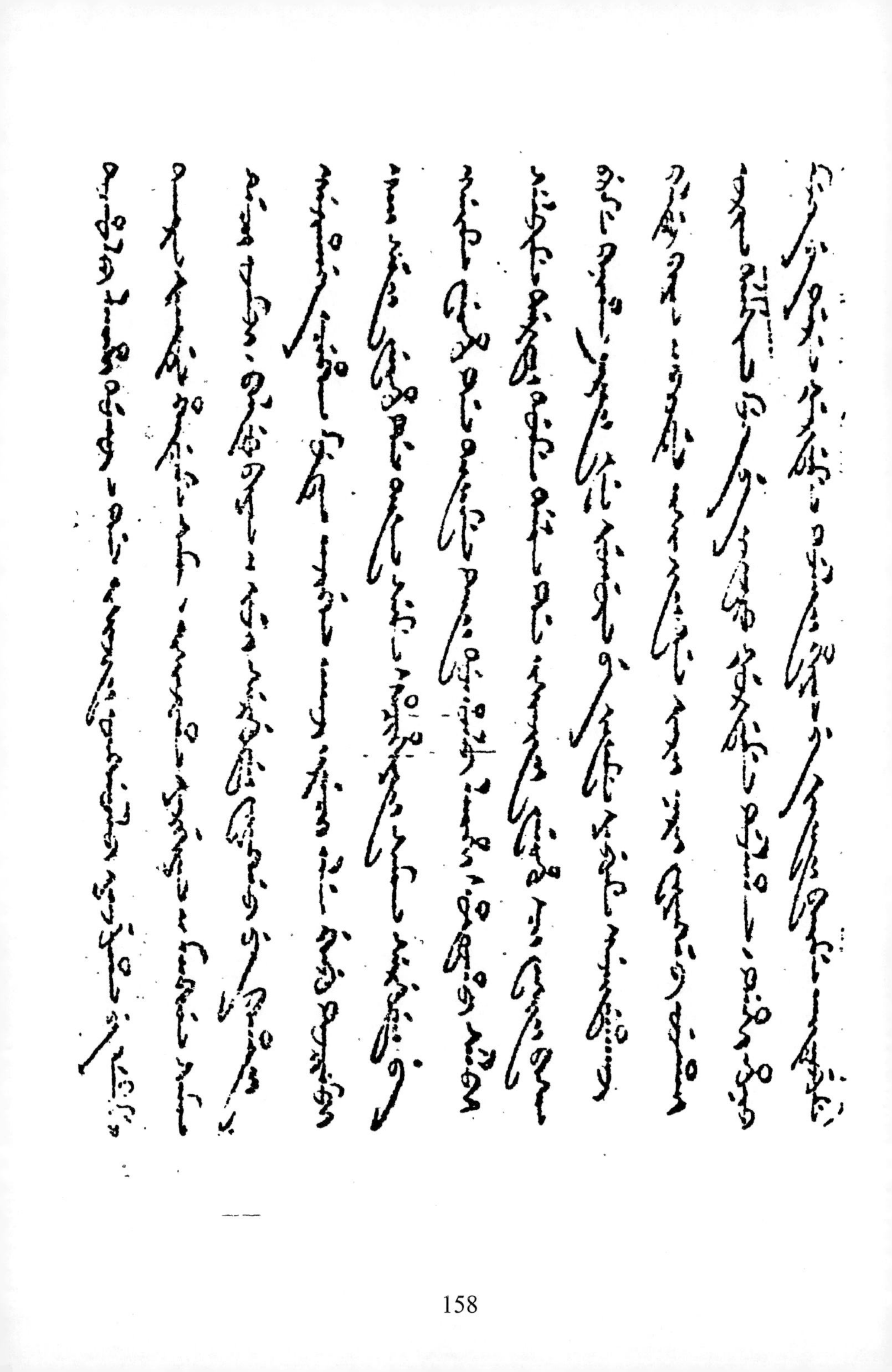

doholo laihi dokūn de isinjifi onggolo yabuha be dahame
瘸子 賴皮 渡口 於 來 到 了 以 前 行 的 把 既 然
takara jakade hendume saman isinjiha yargiyan i
認識的 之故 說 薩蠻 來到了 實 在 的
mangga saman seci ombi, baldu bayan i jui sergudai
出群 薩蠻 說 可 巴爾杜 巴 顏 的 子 色爾古代
fiyanggo be bahafi gajihangge ecehen muten ajigen
費揚古 把 得 了 帶來者 才幹 能力 小的
akū ereci ele gebu tucimbi kai sefi weihu de tafa seme
不 從此 更 名 出 啊 說了 獨木舟 於 登上 云
hacihiyafi saman sergudai be gaime weihu de tafame tefi
催 促 薩蠻 色爾古代 把 拿着 獨木舟於 登上 坐了
doholo laihi hontoho selbi selbime dartai dome dalin de
瘸子 賴皮 半 划子 划 着 暫 時 渡 岸 於
isinjifi weihu ci wasifi basan bume baniha arafi fe
來到了 獨木舟從 下 了 工 錢 給 謝 做 了 舊
jugūn be jafame yabume goidahakū baldu bayan i boode
路 把 拿 着 行 走 不 久 巴爾杜巴顏 的於家
isinjifi, da jari nari fiyanggo uthai orin damgin muke
來 到 了 首念神歌納哩 費揚古 就 二十 擔 水
be oforo šurdeme dulaha, dehi hunio muke be dere
把 鼻 周 圍 倒 了 四十 桶 水 把 臉
šurdeme dulafi hiyan be jafafi baime aitubume
周 圍 倒 了 香 把 拿 了 請求 救 助

瘸子賴皮來到渡口，即是以前走的，因為認識，說：薩蠻來到，實在可說是能幹的薩蠻，獲得巴爾杜巴顏的孩子色爾古代費揚古而帶來者才能不小，從此更為出名啊！催促登上獨木舟，薩蠻帶著色爾古代坐上了獨木舟，瘸子賴皮划著半划子，一會兒渡到河岸，下了獨木舟，給工錢道謝，循著舊路行著不久，來到了巴爾杜巴顏的家裏，為首念神歌者納哩費揚古即把二十擔的水倒在鼻子周圍，把四十桶的水倒在臉的周圍，拿了香，請求救

瘸子赖皮来到渡口，即是以前走的，因为认识，说：萨蛮来到，实在可说是能干的萨蛮，获得巴尔杜巴颜的孩子色尔古代费扬古而带来者才能不小，从此更为出名啊！催促登上独木舟，萨蛮带着色尔古代坐上了独木舟，瘸子赖皮划着半划子，一会儿渡到河岸，下了独木舟，给工钱道谢，循着旧路行着不久，来到了巴尔杜巴颜的家里，为首念神歌者纳哩费扬古即把二十担的水倒在鼻子周围，把四十桶的水倒在脸的周围，拿了香，请求救

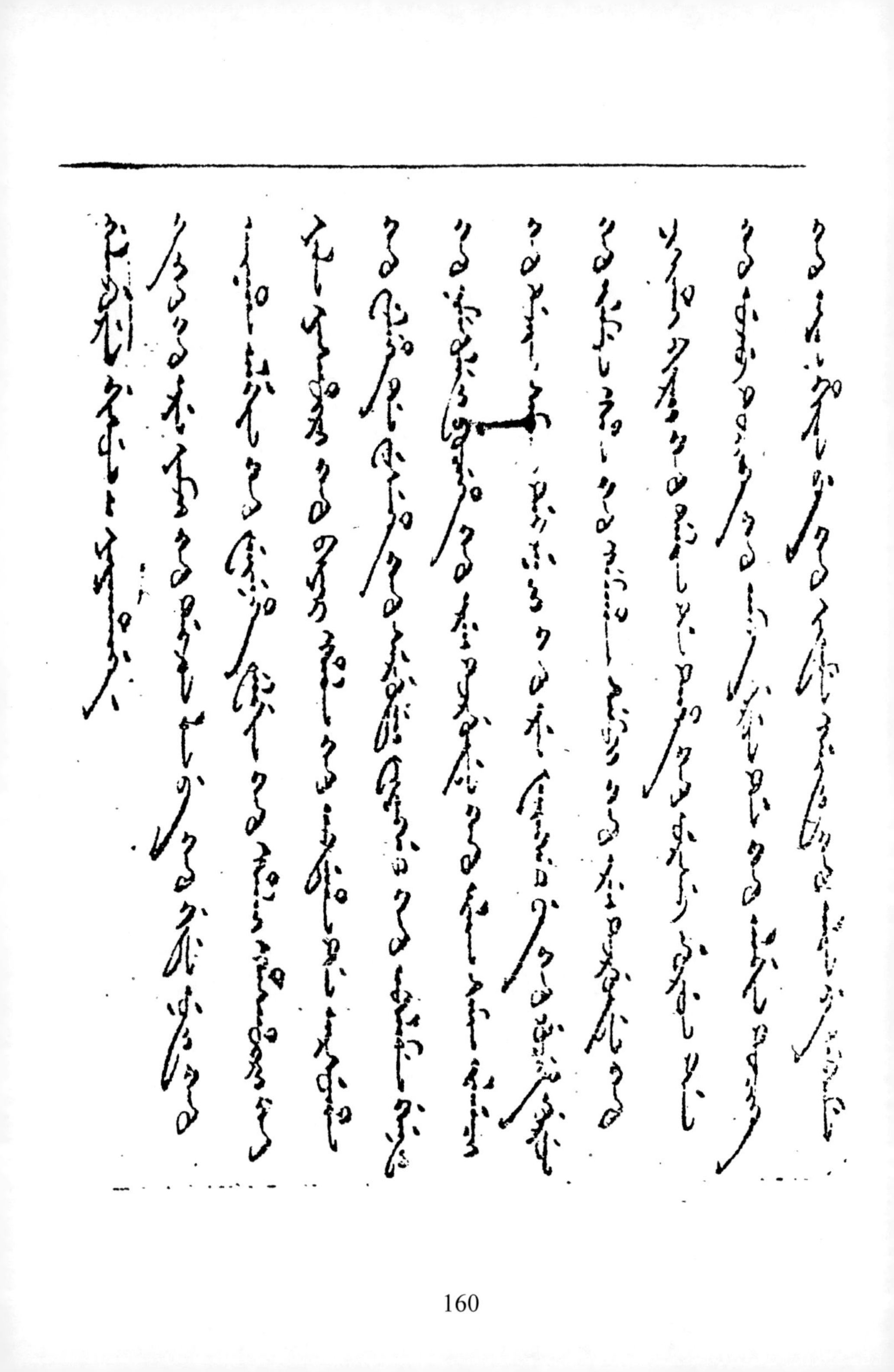

gelabure gisun i yayahangge, ke keku keku ere yamji
使醒過來 言 的 喋喋的 可 可庫 可庫 此 晚
keku dengjan la be keku gida nufi keku ainaha algin keku
可庫 燈 蠟 把 可庫 蓋 熄了 可庫 怎麼 聲 名可庫
weinehe welgin keku halai hashūri keku yala yashūrikeku
誰 聲 名 可庫 姓的 哈思呼哩 可庫 果眞 雅思呼哩可庫
bayari hala keku abdaha de arsuha keku fulehe de fusehe
巴雅哩 姓 可庫 葉子 於 發芽可庫 根 於 滋 生
keku sergudai fiyanggo keku abalame genefi keku
可庫 色爾古代 費揚古 可庫 打 圍 去 了 可庫
nimekulefi bucehe keku erei turgunde keku ilan saman
成病了 死了 可庫 此 緣故 可庫 三 薩蠻
ilgaci keku duin saman dekeneci keku ere fainggo be
別於 可庫 四 薩蠻 稱於 可庫 此 魂 把
keku bucehe gurun keku ilmun han keku gamaha sembi
可庫 死了 國 可庫 閻羅 王 可庫 帶 了 云
keku erei turgunde keku nisihai birai keku dalin de tehe
可庫 此 緣故 可庫 尼西海 河的 可庫 岸 於 住了
keku ursu gurun de keku uju tucike keku amba gurun de
可庫 衆 國 於 可庫 頭 出了 可庫 大 國 於
keku algin tucike keku ayan hiyan be keku jafame gaifi
可庫 聲名 出了 可庫 芸 香 把 可庫 拿着 取了
keku alin be dabame
可庫 山 把 越 過

醒過來的話喋喋地說：可！可庫！可庫！今晚可庫！把燈蠟可庫！蓋熄了可庫！怎樣的聲名可庫！誰的聲名可庫！姓哈思呼哩可庫！果真雅思呼哩可庫！姓巴雅哩可庫！葉子上發芽可庫！根上滋生可庫！色爾古代費揚古可庫！打圍去了可庫！病死了可庫！為了這個緣故可庫！別於三個薩蠻可庫！等於四個薩蠻可庫！把這魂可庫！死國可庫！閻羅王可庫！帶去了可庫！為了這個緣故可庫！尼西海河的可庫！住在河岸可庫！在眾人國裏可庫！出了頭可庫！在大國裏可庫！出了聲名可庫！把芸香可庫！拿著帶去可庫！越過山

醒过来的话喋喋地说：可！可库！可库！今晚可库！把灯蜡可库！盖熄了可库！怎样的声名可库！谁的声名可库！姓哈思呼哩可库！果真雅思呼哩可库！姓巴雅哩可库！叶子上发芽可库！根上滋生可库！色尔古代费扬古可库！打围去了可库！病死了可库！为了这个缘故可库！别于三个萨蛮可库！等于四个萨蛮可库！把这魂可库！死国可库！阎罗王可库！带去了可库！为了这个缘故可库！尼西海河的可库！住在河岸可库！在众人国里可库！出了头可库！在大国里可库！出了声名可库！把芸香可库！拿着带去可库！越过山

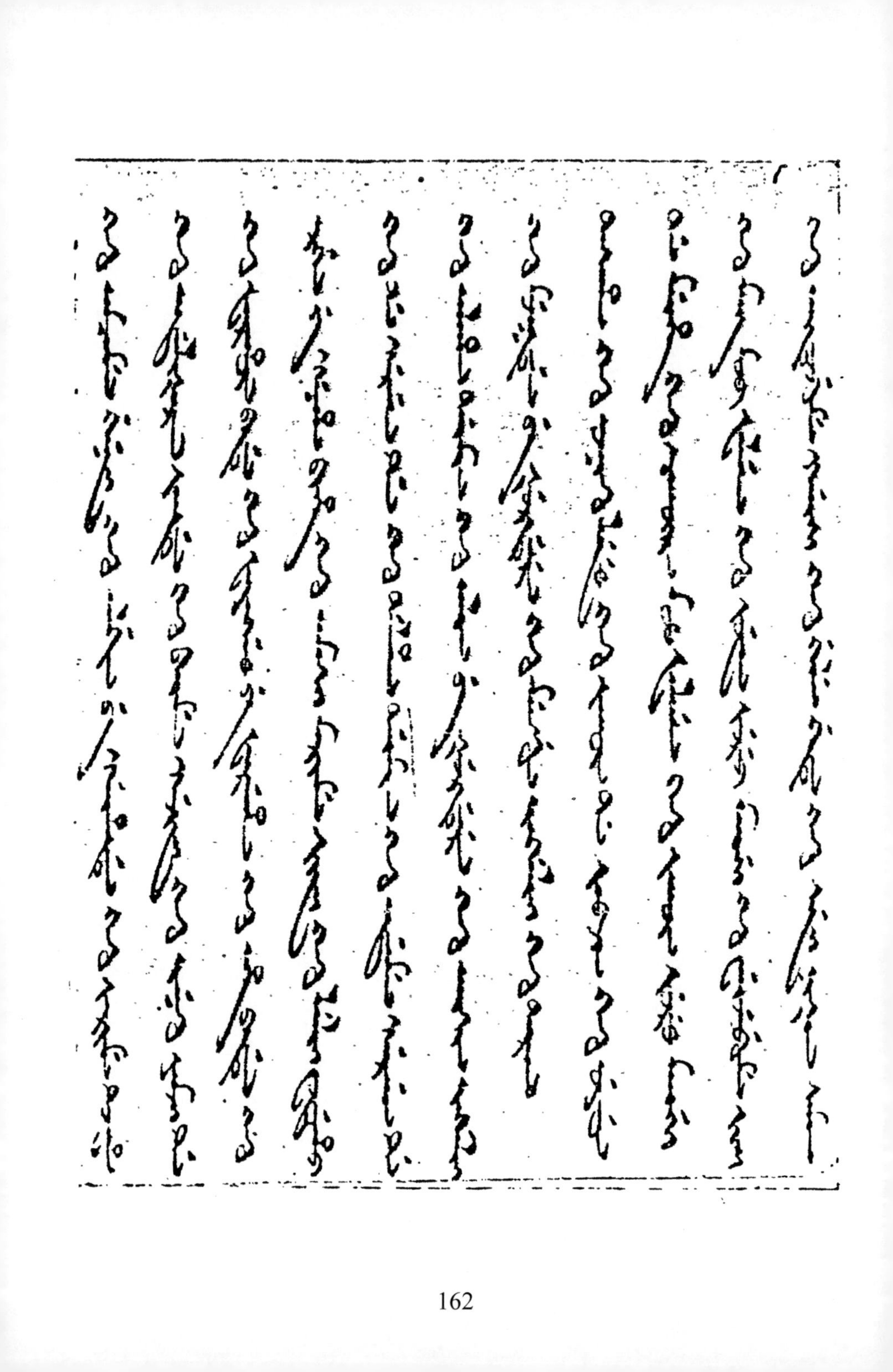

keku amcame genefi keku algin be gaihade keku jorime
可庫 追趕 去了 可庫 聲 名 把 取了時 可庫 指 示
tuwaha keku adališara jakade keku baime gajifi keku
看了 可庫 彷 彿 之故 可庫 請求 帶來 可庫
ineku yamji de keku farhūn bade keku fayanggo be
本 晚 於 可 庫 暗 地方 可庫 魂 把
fargaha keku ehe bade keku ergen be ganaha bihe keku
追趕了 可庫 惡 地方 可庫 命 把 去 取 來着 可庫
amasi marime jifi keku leli fodoho keku da gargan de
往後 回 來了 可庫 寬廣 柳 可庫 本 枝 於
keku dalaha daimin keku adame gargan de keku alha
可庫 爲首 鵰 可庫 附 枝 於 可庫 花
daimin keku alin be šurdere keku aisin inggali keku
鵰 可庫 山 把 圍繞 可庫 金 鶺 鴒 可庫
mukden be šurdere keku menggun inggali keku tarantasha
瀋陽 把 圍繞 可庫 銀 鶺 鴒 可庫 彪 虎
keku oniku lefu keku jakūn da jabjan keku uyun da meihe
可庫 脆牲 熊 可庫 八 尋 蟒 可庫 九 尋 蛇
keku cakūra moo falga keku jakūn juru manggi keku
可庫 檀木 木 叢 可庫 八 雙 鬼 祟 可庫
mang moo falga keku juwan juru manggi keku weijubume
芒 木 叢 可庫 十 雙 鬼 祟 可庫 使活過來
jiki keku aitubume gaiki keku gele gete keku sefi nišan
來吧 可庫 救 助 取吧 可庫 驚了 醒了 可庫 說了 尼 山
saman
薩 蠻

可庫！追趕而去可庫！獲得聲名時可庫！指示看了可庫！彷彿之故可庫！請求帶來了可庫！本晚可庫！在昏暗的地方可庫！追趕了魂可庫！在兇惡的地方可庫！去取生命來著可庫！返回來了可庫！寬廣的柳樹可庫！在本枝上可庫！領頭的鵰可庫！附在枝上可庫！花鵰可庫！圍繞山的可庫！金鶺鴒可庫！圍繞瀋陽的可庫！銀鶺鴒可庫！彪虎可庫！脆牲熊可庫！八尋蟒可庫！九尋蛇可庫！檀木叢可庫！八對鬼祟可庫！芒木叢可庫！十對鬼祟可庫！請使他活過來可庫！救助帶來吧可庫！驚了！醒了！可庫！說了後，尼山薩蠻

可库！追赶而去可库！获得声名时可库！指示看了可库！彷佛之故可库！请求带来了可库！本晚可库！在昏暗的地方可库！追赶了魂可库！在凶恶的地方可库！去取生命来着可库！返回来了可库！宽广的柳树可库！在本枝上可库！领头的鵰可库！附在枝上可库！花鵰可库！围绕山的可库！金鹡鸰可库！围绕沈阳的可库！银鹡鸰可库！彪虎可库！脆牲熊可库！八寻蟒可库！九寻蛇可库！檀木丛可库！八对鬼祟可库！芒木丛可库！十对鬼祟可库！请使他活过来可库！救助带来吧可库！惊了！醒了！可库！说了后，尼山萨蛮

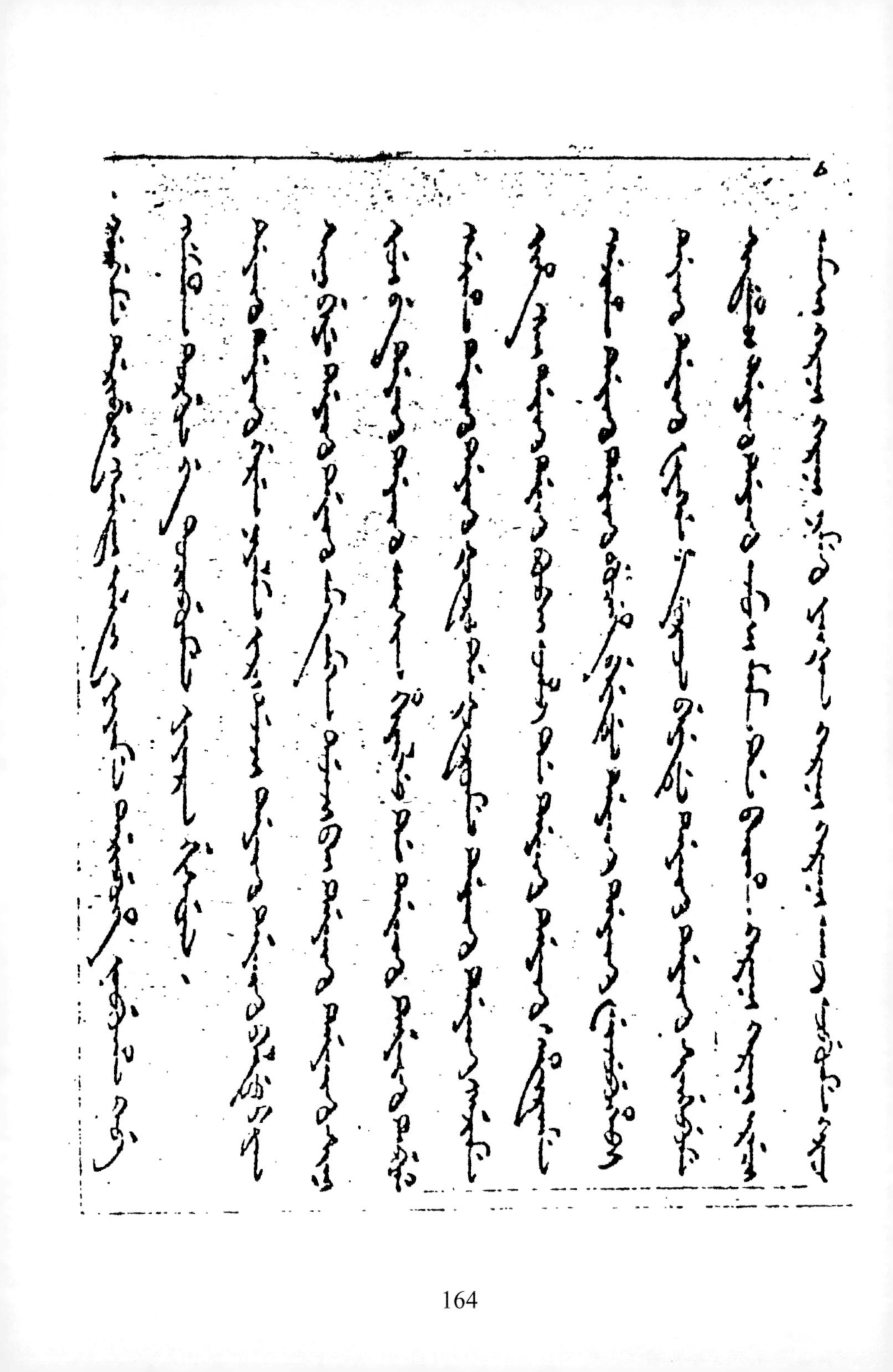

šurgeme deribufi gaitai ilifi yayame deribuhe yabuha
打 顫 開始了 忽然 起立 喋喋 開始了 行的
babe gamaha turgun be tucibume yayara gisun, deyangku
把處 拿去 緣由 把 使 出 喋喋的 言 德揚庫
deyangku geren niyalma jari donji deyangku deyangku
德揚庫 衆 人 念神歌者聽 德揚庫 德揚庫
baldu bayan sini beye deyangku deyangku emke emken
巴爾杜 巴顏 你的 自身 德揚庫 德揚庫 一 一個
donji bai deyangku deyangku sini jui be deyangku
聽吧 罷 德揚庫 德揚庫 你的 子 把 德揚庫
deyangku aisin hiyanglu de deyangku deyangku tebume
德揚庫 金 香 爐 於 德揚庫 德揚庫 裝 着
gajiha deyangku deyangku šoforo de šoforome deyangku
帶來了德揚庫 德揚庫 撮 於 抓 着 德揚庫
deyangku gajime jihe kai deyangku deyangku boobai oho
德揚庫 帶來 來了 啊 德揚庫 德揚庫 寶貝 了
de deyangku deyangku hafirame gajiha deyangkudeyangku
於德揚庫 德揚庫 夾 着 帶來了德揚庫 德揚庫
bucehe beyede deyangku deyangku weijubuhebi deyangku
死的 於身 德揚庫 德揚庫 使活過來了 德揚庫
deyangku fayangga be oron beyede deyangku deyangku
德揚庫 魂 把 空 於身 德揚庫 德揚庫
singgebume sindahabi deyangku deyangku omosi mama
使入己 放 了 德揚庫德揚庫 子孫 娘娘
de baiha kerani kerani ereci amasi kerani kerani nimeku
於求了 克蘭尼 克蘭尼 從此以後 克蘭尼克蘭尼 病
yangšan kerani kerani akū obume kerani
小兒病 克蘭尼克蘭尼 無 成爲 克蘭尼

開始打顫，忽然站了起來，開始喋喋地把所行之處，帶去緣由說出來。喋喋地說：德揚庫德揚庫！眾人、唱神歌的人聽吧德揚庫德揚庫！巴爾杜巴顏你自己德揚庫德揚庫！一件一件聽著吧德揚庫德揚庫！把你的孩子德揚庫德揚庫！在金香爐裏德揚庫德揚庫！裝著帶來了德揚庫德揚庫！以抓抓著德揚庫德揚庫！帶來了啊德揚庫德揚庫！當成了寶貝德揚庫德揚庫！夾著帶來了德揚庫德揚庫！在死了的身體裏德揚庫德揚庫！使活過來了德揚庫德揚庫！把魂在空身上德揚庫德揚庫！放了使入己體了德揚庫德揚庫！請求子孫娘娘克蘭尼克蘭尼！從此以後克蘭尼克蘭尼！小兒疾病克蘭尼克蘭尼！成為沒有克蘭尼

开始打颤，忽然站了起来，开始喋喋地把所行之处，带去缘由说出来。喋喋地说：德扬库德扬库！众人、唱神歌的人听吧德扬库德扬库！巴尔杜巴颜你自己德扬库德扬库！一件一件听着吧德扬库德扬库！把你的孩子德扬库德扬库！在金香炉里德扬库德扬库！装着带来了德扬库德扬库！以抓抓着德扬库德扬库！带来了啊德扬库德扬库！当成了宝贝德扬库德扬库！夹着带来了德扬库德扬库！在死了的身体里德扬库德扬库！使活过来了德扬库德扬库！把魂在空身上德扬库德扬库！放了使入己体了德扬库德扬库！请求子孙娘娘克兰尼克兰尼！从此以后克兰尼克兰尼！小儿疾病克兰尼克兰尼！成为没有克兰尼

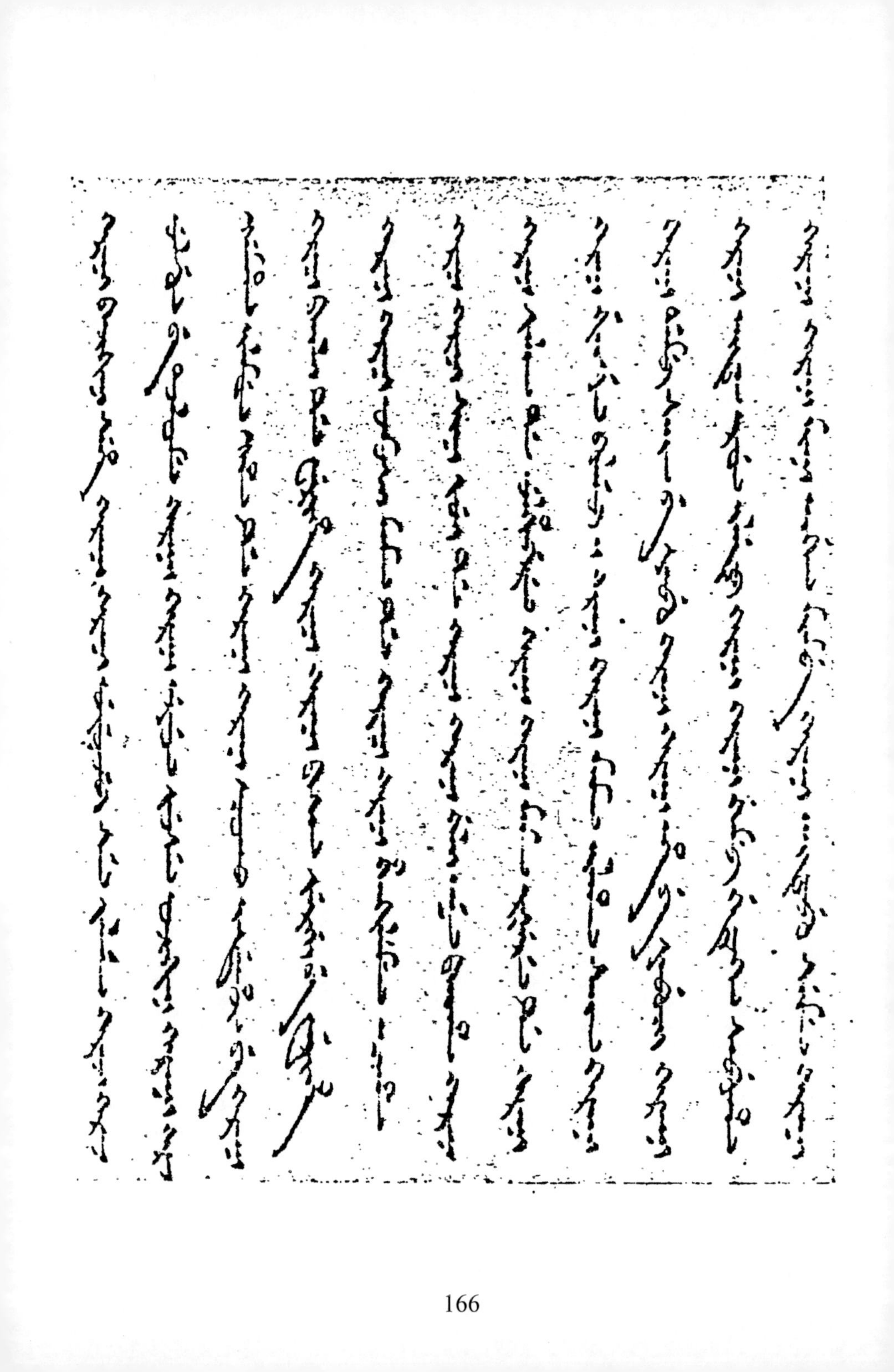

kerani banjikini sehe kerani kerani uyunju se jalgan
克蘭尼 生活呢 說了 克蘭尼 克蘭尼 九 十 歲 壽命
kerani kerani ulgun be tolome kerani kerani uyun juse
克蘭尼 克蘭尼 城石?把 數着 克蘭尼 克蘭尼 九 子們
ujikini kerani kerani gamaha ilmun han de kerani kerani
養呢 克蘭尼 克蘭尼 帶去 閻羅 王 於 克蘭尼克蘭尼
coko indahūn be kerani kerani baili de werihe kerani
鷄 犬 把 克蘭尼 克蘭尼 恩情 於 留了 克蘭尼
kerani basan jergi be werihe kerani kerani omosi mama
克蘭尼 工錢 等 把 留了 克蘭尼 克蘭尼 子孫 娘娘
de kerani kerani hengkileme acaha kerani kerani sini
於 克蘭尼 克蘭尼 叩 頭 見了 克蘭尼 克蘭尼 你的
jui de kerani kerani geli enen baiha kerani kerani jalan
子 於 克蘭尼 克蘭尼 又 子嗣 求了 克蘭尼克蘭尼 世
de ulhibure kerani kerani mama eršere de kerani kerani
於 使曉 克蘭尼 克蘭尼 痘 出的 於 克蘭尼 克蘭尼
ginggun bolgo i kerani kerani mama ilha sain kerani
恭 敬 潔 淨 的 克蘭尼 克蘭尼 痘 花 好 克蘭尼
kerani damu sain be yabu kerani kerani ehe be yabuci
克蘭尼 僅 善 把 行 克蘭尼 克蘭尼 惡 把 若行
kerani kerani eiten erun iletu kerani kerani gemugetuken
克蘭尼 克蘭尼 一切 刑 明顯 克蘭尼 克蘭尼 皆 明白
sabuha kerani kerani mini eigen mimbe kerani kerani
看了 克蘭尼 克蘭尼 我的 夫 把我 克蘭尼 克蘭尼
aitubu seme kerani
救助 云 克蘭尼

克蘭尼!過日子呢克蘭尼克蘭尼!九十歲壽限克蘭尼克蘭尼!數著城石克蘭尼克蘭尼(注 35)!養九子呢克蘭尼克蘭尼!給閻羅王帶去的克蘭尼克蘭尼!鷄犬克蘭尼克蘭尼!為恩情留下了克蘭尼克蘭尼!留下了工錢等克蘭尼克蘭尼!對子孫娘娘克蘭尼克蘭尼!叩見了克蘭尼克蘭尼!為你的孩子克蘭尼克蘭尼!又求了子嗣克蘭尼克蘭尼!讓世人曉得克蘭尼克蘭尼!出痘時克蘭尼克蘭尼!痘花好克蘭尼克蘭尼!只有行善克蘭尼克蘭尼!若行惡時克蘭尼克蘭尼!一切刑罰彰顯克蘭尼克蘭尼!都明白的看了克蘭尼克蘭尼!我的夫婿說把我克蘭尼克蘭尼!救活吧克蘭尼

克兰尼!过日子呢克兰尼克兰尼!九十岁寿限克兰尼克兰尼!数着城石克兰尼克兰尼(注 35)!养九子呢克兰尼克兰尼!给阎罗王带去的克兰尼克兰尼!鸡犬克兰尼克兰尼!为恩情留下了克兰尼克兰尼!留下了工钱等克兰尼克兰尼!对子孙娘娘克兰尼克兰尼!叩见了克兰尼克兰尼!为你的孩子克兰尼克兰尼!又求了子嗣克兰尼克兰尼!让世人晓得克兰尼克兰尼!出痘时克兰尼克兰尼!痘花好克兰尼克兰尼!只有行善克兰尼克兰尼!若行恶时克兰尼克兰尼!一切刑罚彰显克兰尼克兰尼!都明白的看了克兰尼克兰尼!我的夫婿说把我克兰尼克兰尼!救活吧克兰尼

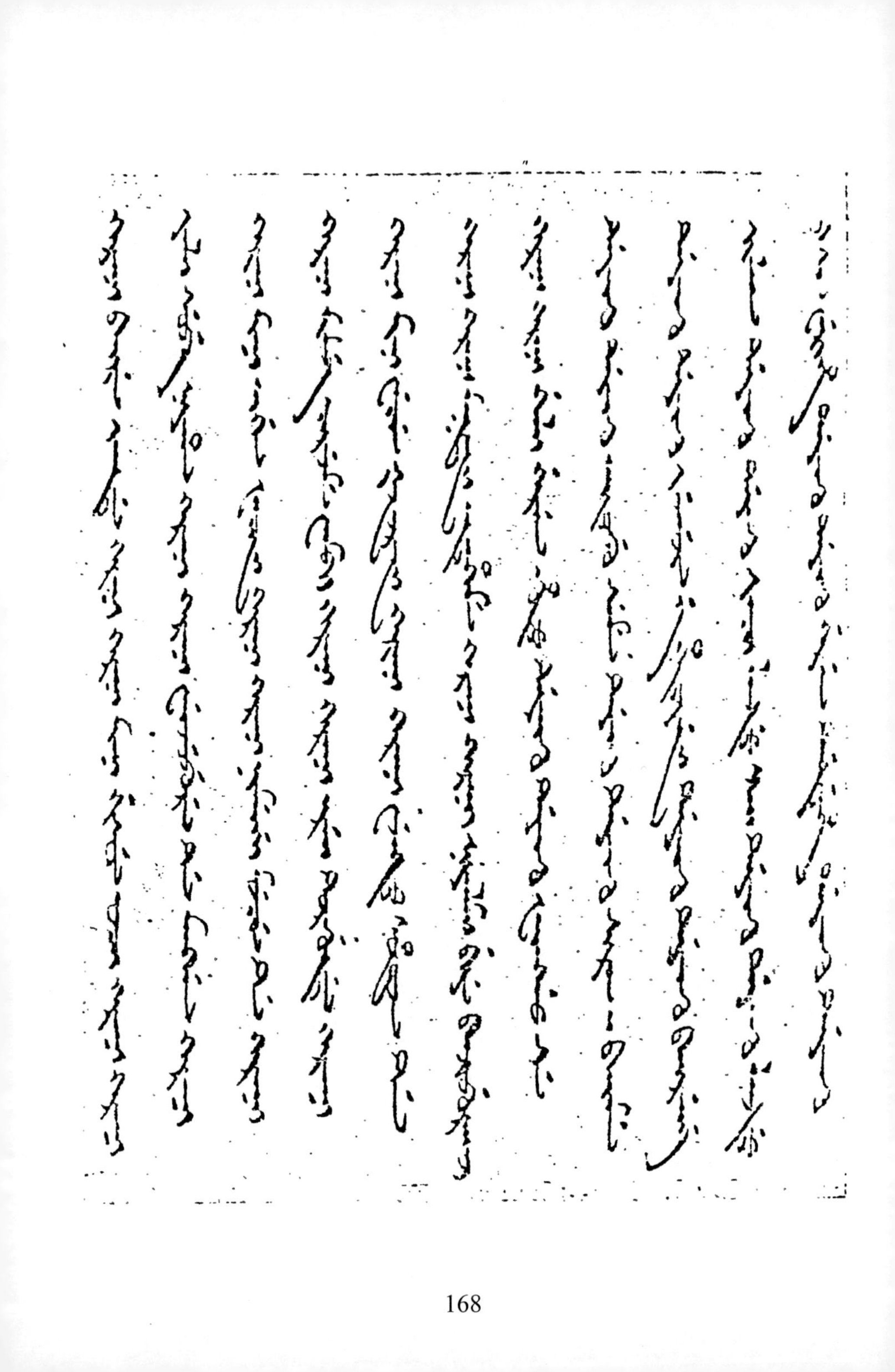

kerani baire jakade kerani kerani mini gisun oci kerani
克蘭尼 請的 之故 克蘭尼 克蘭尼 我的 言 若是克蘭尼
kerani yali sube niyaha kerani kerani weijubure de
克蘭尼 肉 筋 腐爛了 克蘭尼 克蘭尼 使活過來 於
mangga kerani kerani mini eigen fancafi kerani kerani
難 克蘭尼 克蘭尼 我的 夫 生氣了 克蘭尼 克蘭尼
nimenggi mucen de kerani kerani mimbe carume wambi
油 鍋 於 克蘭尼 克蘭尼 把我 烹着 殺
kerani kerani erei turgunde kerani kerani mini wecen
克蘭尼 克蘭尼 這的 緣故 克蘭尼 克蘭尼 我的 神祇
šoforofi kerani kerani fungtu hoton de kerani kerani
抓了 克蘭尼 克蘭尼 酆都 城 於 克蘭尼 克蘭尼
maktafi enteheme kerani kerani niyalmai beye banjiburakū
拋了 永久 克蘭尼 克蘭尼 人 的 身 不使出生
kerani kerani geli geren hutu deyangku deyangku fainggo
克蘭尼 克蘭尼 又 衆 鬼 德揚庫 德揚庫 魂
se deyangku deyangku aitubu seme deyangku deyangku
們 德揚庫 德揚庫 救吧 云 德揚庫 德揚庫
siran i baime deyangku deyangku jugūn be heturefi
陸續 的 請求 德揚庫 德揚庫 路 把 截了
deyangku deyangku bairengge jilaka deyangku deyangku
德揚庫 德揚庫 請 的 可憐 德揚庫 德揚德
jaci labdu kai deyangku deyangku labdu basan werihe
太 多 啊 德揚庫 德揚庫 多 工錢 留了
deyangku deyangku geren dekdehe deyangku deyangku
德揚庫 德揚庫 衆 浮起了 德揚庫 德揚庫

克蘭尼！這樣請求時克蘭尼克蘭尼！我的話是克蘭尼克蘭尼！肉筋腐爛了克蘭尼克蘭尼！難於救活過來克蘭尼克蘭尼！我的夫婿生氣了克蘭尼克蘭尼！在油鍋裏克蘭尼克蘭尼！要烹殺我克蘭尼克蘭尼！為此緣故克蘭尼克蘭尼！我的神祇抓了克蘭尼克蘭尼！到酆都城克蘭尼克蘭尼！拋了永久克蘭尼克蘭尼！不讓他轉生人身克蘭尼克蘭尼！又眾鬼德揚庫德揚庫！魂們德揚庫德揚庫！救活吧德揚庫德揚庫！相繼請著德揚庫德揚庫！截了路德揚庫德揚庫！所請求者可憐德揚庫德揚庫！太多啊德揚庫德揚庫！留下了很多工錢德揚庫德揚庫！眾鬼魂騰起了德揚庫德揚庫！

克兰尼！这样请求时克兰尼克兰尼！我的话是克兰尼克兰尼！肉筋腐烂了克兰尼克兰尼！难于救活过来克兰尼克兰尼！我的夫婿生气了克兰尼克兰尼！在油锅里克兰尼克兰尼！要烹杀我克兰尼克兰尼！为此缘故克兰尼克兰尼！我的神只抓了克兰尼克兰尼！到酆都城克兰尼克兰尼！抛了永久克兰尼克兰尼！不让他转生人身克兰尼克兰尼！又众鬼德扬库德扬库！魂们德扬库德扬库！救活吧德扬库德扬库！相继请着德扬库德扬库！截了路德扬库德扬库！所请求者可怜德扬库德扬库！太多啊德扬库德扬库！留下了很多工钱德扬库德扬库！众鬼魂腾起了德扬库德扬库！

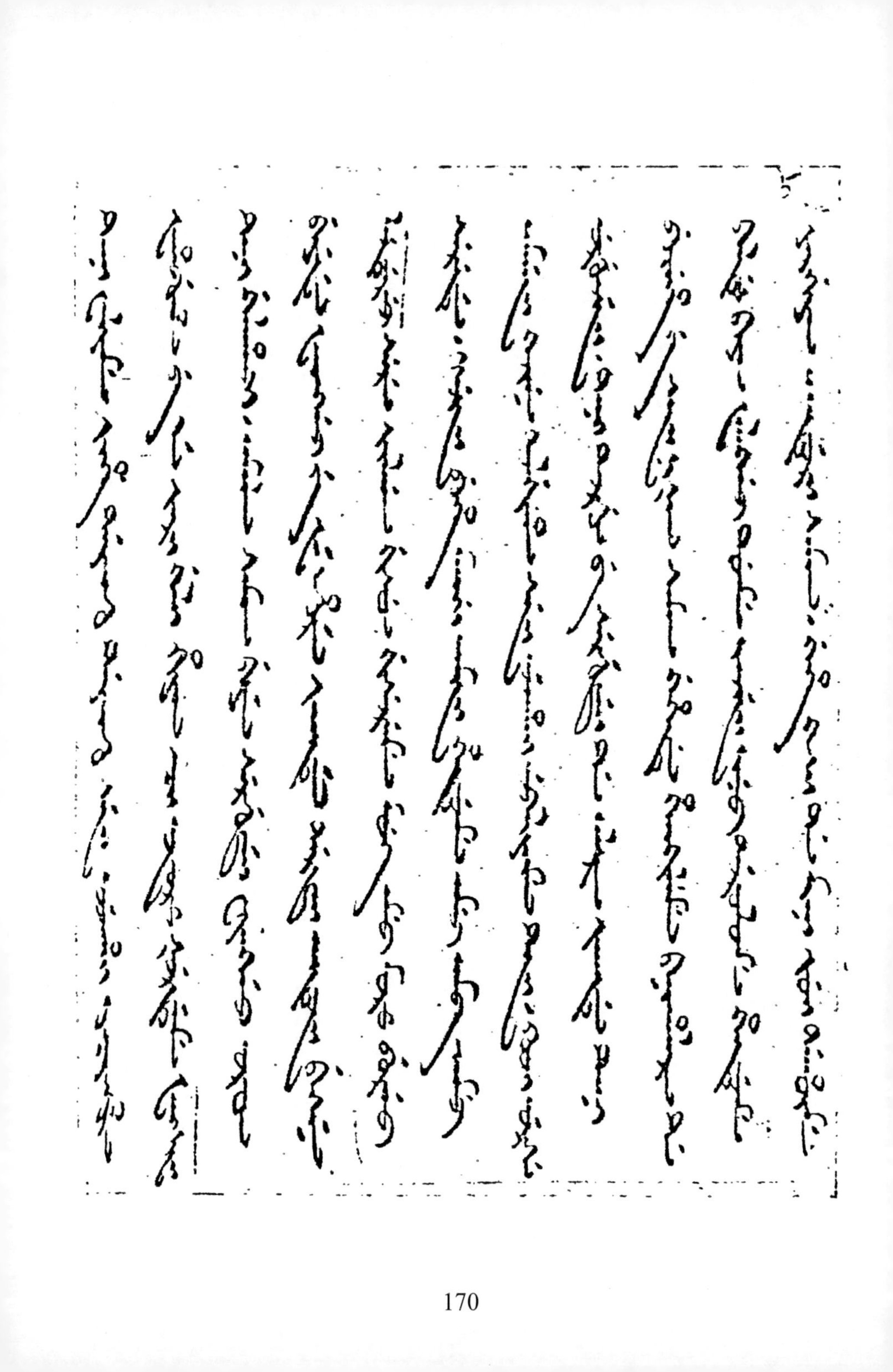

teni waliyame jihe deyangku deyangku sefi uthai
才 祭祀 來了 德揚庫 德揚庫 說了 即
oncohūn fahabuha be da jari geli hiyan ci oforo
仰面 跌倒了 把首唱神歌者 又 香 以 鼻
šurdeme fangsifi teni gelahabi, amala saman beye
周圍 燻了 才 醒了 後來 薩蠻 自身
sergudai fiyanggo oron beyede fainggo be feshure jakade
色爾古代 費揚古 空 於身 魂 把 放了 之故
dartai aitufi bekene luduru sere jilgan gisun gisureme
暫時 救活了 硬 生 然 聲 言 說
muke emu moro bureo serede, gajifi buhe manggi omifi
水 一 椀 請給 說時 拿來了給了 後 飲了
hendume emu amba amu amgafi kejine tolgiha sefi
說 一 大 覺 睡了 好一會 做夢了 說了
uthai ubaliyame tefi, booi urse urgunjefi, teni turgun
即 翻着 坐了 家的 衆人 歡喜了 才 緣由
be sergudai de alara jakade teni bucehe be safi nišan
把 色爾古代 於告訴的之故 才 死了 把知了 尼山
saman gehede hengkileme banihalara de baldu bayan
薩蠻 於姐姐 叩頭 道謝 時 巴爾杜 巴顏
falanggo dume injefi inu dorolome hendume yargiyan i
掌 拍打 笑了 也 行禮 說 實在 的
enduri saman, gehe kesi de mini jui dahūme
神 薩蠻 姐姐 恩 於 我的 子 復

才祭祀而來了德揚庫德揚庫！說完就仰面跌倒了。領頭唱神歌的人又用香燻了鼻子周圍才醒過來了。後來薩蠻自己把魂放入色爾古代費揚古的空身裏(注 36)，一會兒活過來了，以生硬的聲音說著話：請給一椀水吧！說了時拿來給了。喝了後說：睡了一大覺，好一會的夢，說完就翻身坐了。家人們非常歡喜，才把緣由告訴色爾古代，所以才知道死了，向尼山薩蠻姐姐叩頭道謝時，巴爾杜巴顏拍掌笑了，也行禮說：實在是神薩蠻，靠姐姐恩典，我的孩子復

才祭祀而来了德扬库德扬库！说完就仰面跌倒了。领头唱神歌的人又用香熏了鼻子周围才醒过来了。后来萨蛮自己把魂放入色尔古代费扬古的空身里(注 36)，一会儿活过来了，以生硬的声音说着话：请给一椀水吧！说了时拿来给了。喝了后说：睡了一大觉，好一会的梦，说完就翻身坐了。家人们非常欢喜，才把缘由告诉色尔古代，所以才知道死了，向尼山萨蛮姐姐叩头道谢时，巴尔杜巴颜拍掌笑了，也行礼说：实在是神萨蛮，靠姐姐恩典，我的孩子复

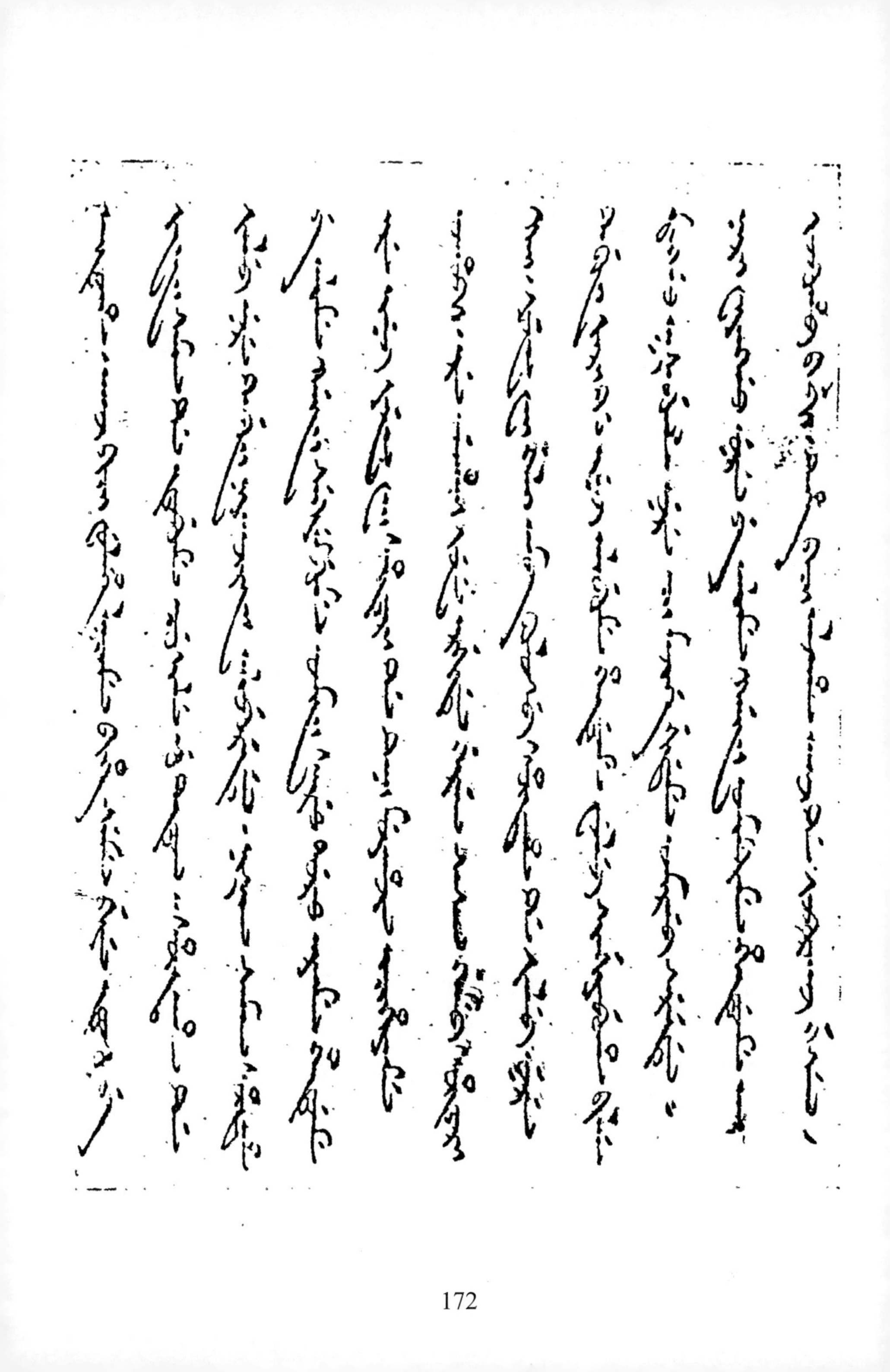

aituha, akū bici fulehe lakcame bihe seme beye etuku
救活了 不若 根 斷 來着 云 身 衣
be jafafi saman de etubume cusile gu tetun i hūntahade
把 拿了 薩蠻 於 使穿 水晶 玉 器 的 盃 於
jalu nure tebufi niyakūrafi aliburede, nišan saman
滿 酒 裝了 下跪了 呈遞時 尼山 薩蠻
hūntaha be alime gaifi sekiyembume omifi karu doro
盃 把 受 接了 滴 水 喝了 回 禮
arame hendume ere inu yuwan wai hūturi de teni
做 說 此 也 員 外 福 於 才
muyahūn icihiyame ohobi, ere uthai juwe ergide geren
完全 處理 了 此 卽 二 於方 衆
sasa gemu hūturi kai, yuwan wai geli amba bolosu
一齊 皆 福 啊 員 外 又 大 玻璃
hūntaha de jalu nure tebufi jari de inu alibume
盃 於 滿 酒 裝了 唱神歌者 於 也 呈遞
hendume fulu singiyabuha bilga monggo akšabuha nure
說 多 酸痛了 咽喉 脖項 哈辣了 酒
ci majige gidame omireo serede, nari fiyanggo nure be
以 稍 壓 喝吧 說時 納哩 費揚古 酒 把
alime gaifi omimbime hendume ai joboho babi, tehe
受 接 喝而 說 何 辛苦 有處 坐的
baci aljaha akū de joborakū gese
從處 離開 無 於 不辛苦 似

活過來了，不然就斷根了。說著拿了自己的衣服給薩蠻穿上，在水晶、玉器的盃上盛滿了酒，下跪呈遞時，尼山薩蠻接受酒盃喝乾了，回禮說：這也是靠了員外的福才完全處理了，這就是兩方大家一齊都是福啊！員外又在大玻璃盃上盛滿了酒，也呈給唱神歌的人，說：多酸痛了，咽喉、脖項哈辣了，請喝酒稍微壓一壓吧！唱神歌的人接受了酒，喝著說：有什麼辛苦之處？沒離開坐位，似不辛苦

活过来了，不然就断根了。说着拿了自己的衣服给萨蛮穿上，在水晶、玉器的杯上盛满了酒，下跪呈递时，尼山萨蛮接受酒杯喝干了，回礼说：这也是靠了员外的福才完全处理了，这就是两方大家一齐都是福啊！员外又在大玻璃杯上盛满了酒，也呈给唱神歌的人，说：多酸痛了，咽喉、脖项哈辣了，请喝酒稍微压一压吧！唱神歌的人接受了酒，喝着说：有什么辛苦之处？没离开坐位，似不辛苦

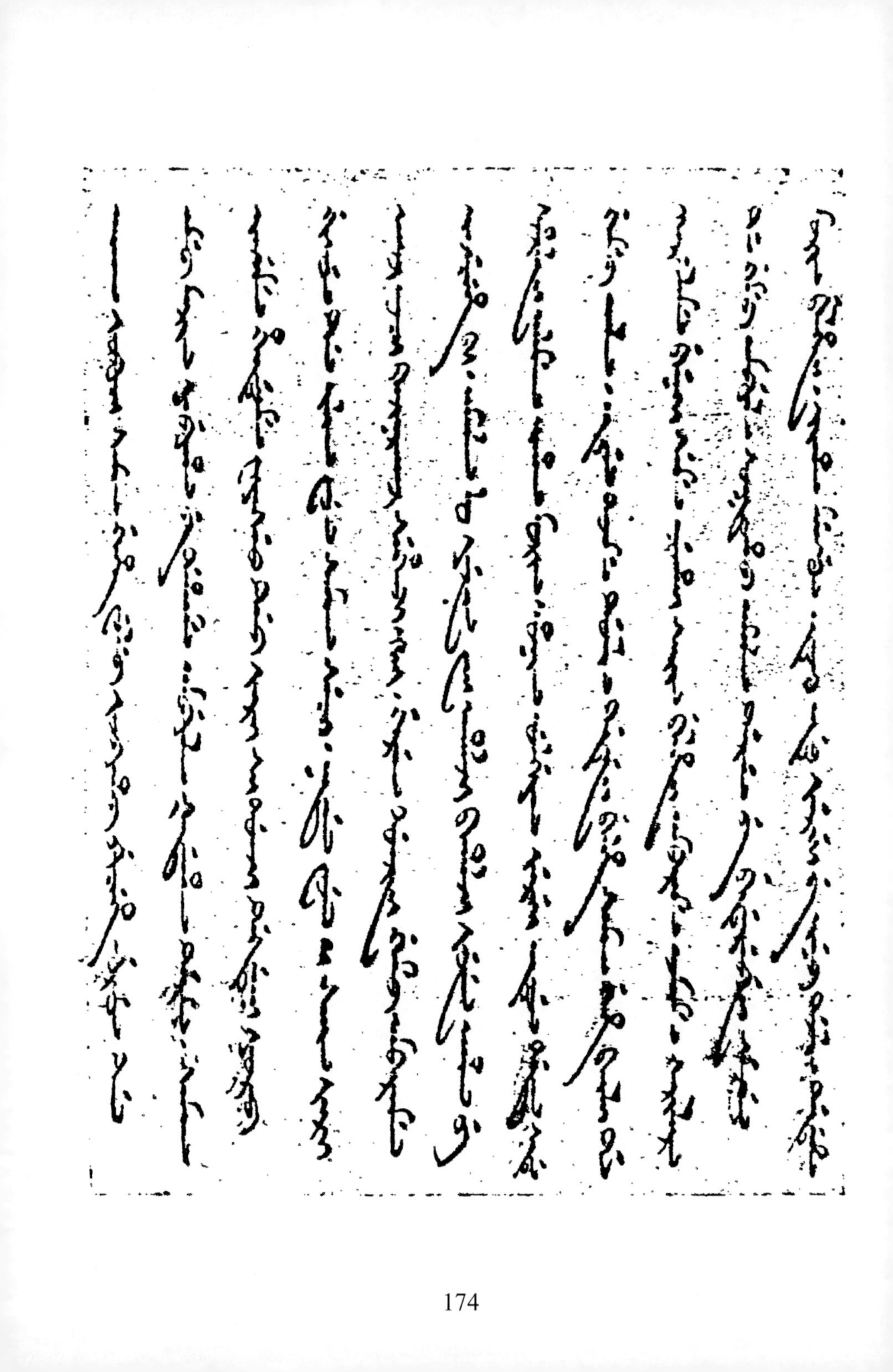

aika joboci saman gehe fulu joboho bucehe gurun de
若是 若辛苦 薩蠻 姐姐 多 辛苦了 死的 國 於
emu marin yabuha be dahame ambula šadaha dere,
一 遭 行了 既 然 廣 多 疲乏了 吧
saman injeme hendume fiyanggo deo jari si donji
薩蠻 笑着 說 費揚古 弟 唱神歌者 你 聽 吧
dekdeni yoro gisun de ilan fun saman seci, nadan fun
常言 謠言 言 於 三 分 薩蠻 若說 七 分
i sain jari akū oci banjinarakū sehebi kai, geren
的 好 唱神歌者 無 若 不 成 說了 啊 衆
donjifi gemu ambarame injecehe bi, amala lo yuwan
聽 了 皆 大 笑 了 了 其後 老 員
wai ahalji bahalji juwe aha be hūlafi alame ihan
外 阿哈爾濟 巴哈爾濟 二 奴僕 把 喚 了 告 訴 牛
morin honin ulgiyan jergi adun data sade gemu ala,
馬 羊 猪 等 牧群 各長 於們 皆 告訴
adun tome dulin dendefi belhe saman gehe baili de
牧群 每 半 分 了 預 備 薩蠻 姐 姐 恩 情 於
karulame beneki seme uthai sarin belhefi ambarame
報 答 欲送去 云 卽 酒宴 預備了 大
omime sarilara de gemu ambula soktoho amala deren
飲 酒 宴 於 皆 廣 多 醉 了 其後 桌
be bedrebufi sejen morin belhefi, jiha menggun etuku
把 使 歸 了 車 馬 預備了 錢 銀 衣
adu jergi be inu dulin dendeme
服 等 把 也 半 分

若說辛苦時，薩蠻姐姐辛苦多了。卽然到死國走了一遭回來，太疲乏了吧！薩蠻笑著說：費揚古弟唱神歌的人你聽著，常言道，若說三分薩蠻，則七分若無良好唱神歌的人就不成啊！眾人聽了都大笑了。後來老員外喚了阿哈爾濟、巴哈爾濟兩個奴僕告訴說：向牛、馬、羊、豬等各牧長們都告訴他們，每群分一半送去給薩蠻姐姐，以報答恩情，就預備了酒宴大吃大喝，在宴席上都大醉，然後撤回了食桌，預備了車馬，錢、銀、衣服等也分成一半

若说辛苦时，萨蛮姐姐辛苦多了。即然到死国走了一遭回来，太疲乏了吧！萨蛮笑着说：费扬古弟唱神歌的人你听着，常言道，若说三分萨蛮，则七分若无良好唱神歌的人就不成啊！众人听了都大笑了。后来老员外唤了阿哈尔济、巴哈尔济两个奴仆告诉说：向牛、马、羊、猪等各牧长们都告诉他们，每群分一半送去给萨蛮姐姐，以报答恩情，就预备了酒宴大吃大喝，在宴席上都大醉，然后撤回了食桌，预备了车马，钱、银、衣服等也分成一半

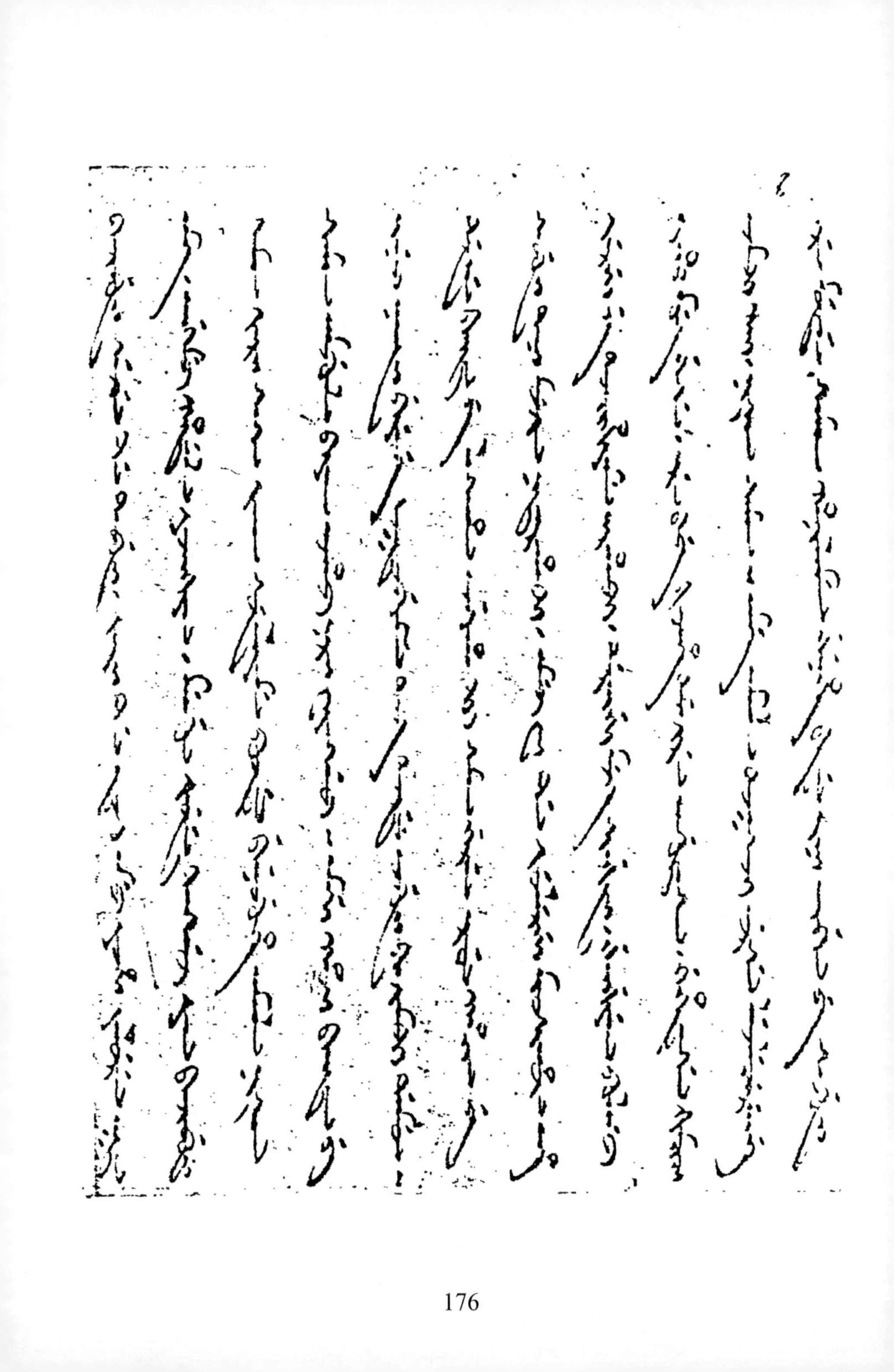

banjibufi sejen de tebufi, jari de etuku emu yohi
編了 車 於 裝了 唱神歌者 於 衣 一 套
yalure akta emke, enggemu hadala yongkiyan menggun
騎的 騸馬一個 鞍 轡 全備 銀
juwe tanggū yan banjibufi saman jari sasa jaka
二 百 兩 使成了 薩蠻 唱神歌者 一 齊 物
suwaliyame boode benebuhe amala nišan saman ambula
一 併 於家 使送去了 其後 尼山 薩蠻 廣多
bayan oho nari fiyanggo i emgi haji baita be inu nakafi
富裕 了 納哩 費揚古 的共同 親近 事 把 也停了
beyebe toktobume tob tondo obufi banjimbi demun i
把身 定 正 公平 使成 生活 怪異 的
dufen baita be lasha obuhabi, saman geren erun hacin
貪淫 事 把 斷 使成了 薩蠻 衆 刑 項
be sabufi teni mujin nitarahabi, emu fi de julergi
把 見了 才 心 氣平了 一 筆 以 以前
miosihūn ehe jergi be toncihiyame arahabi, duranggi
邪 惡 等 把 摮要 寫 了 濁
muke singifi, genggiyen bolgo oho muke gese, ere babe
水 融化 清 明 潔 淨 了 水 似 此 把處
bithe donjire agutasa, gehetese kimcici ombi kai, nišan
書 聽 的 衆老兄 衆姐姐 若詳察 可 啊 尼山
saman i emge amala toksoi urse leolecerengge ere mudan
薩蠻 的婆 婆 其後 村莊的衆人 談 論 者 此 次
saman hanilame genehe bade ini eigen be sabufi
薩蠻 隨 合 去的 地方他的 夫 把 看了

裝在車上，給唱神歌的人衣服一套，騎的騸馬一匹，鞍轡全備，湊成二百兩銀子，連同物品一齊送往薩蠻、唱神歌的人家裏。後來尼山薩蠻很富裕了，同納哩費揚古親近的事也停止了，決定使自己公平正直地過日子，斷絕怪異的貪淫之事。薩蠻看了各種刑罰才心平氣消了，把以前的邪惡等一筆摘記下來，如濁水溶化沉下成了明淨的水。這事聽書的衆老兄、姐姐們可詳察啊！尼山薩蠻的婆婆後來聽到村莊的衆人談論這次薩蠻同路所往的地方看見了他的大夫，

装在车上，给唱神歌的人衣服一套，骑的骟马一匹，鞍辔全备，凑成二百两银子，连同物品一齐送往萨蛮、唱神歌的人家里。后来尼山萨蛮很富裕了，同纳哩费扬古亲近的事也停止了，决定使自己公平正直地过日子，断绝怪异的贪淫之事。萨蛮看了各种刑罚才心平气消了，把以前的邪恶等一笔摘记下来，如浊水溶化沉下成了明净的水。这事听书的众老兄、姐姐们可详察啊！尼山萨蛮的婆婆后来听到村庄的众人谈论这次萨蛮同路所往的地方看见了他的大夫，

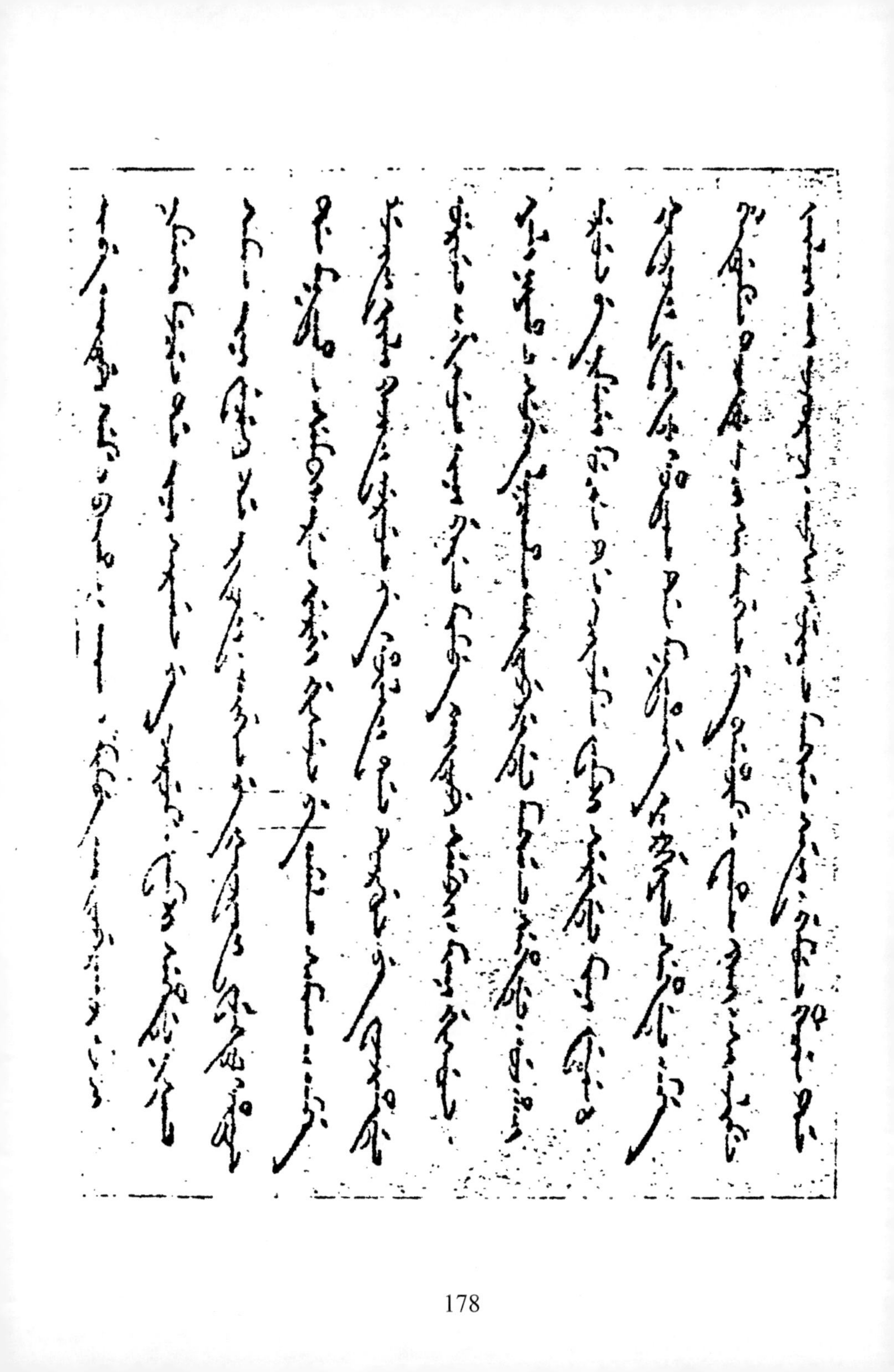

ibe aitubu seme baiha, aika mimbe aituburakū oci
把他 救助 云 請了 若 把我 不救活 若
nimenggi mucen de ini sargan be carume wambi sehede
油 鍋 於他的 妻 把 烹 殺 說了時
nišan saman ini weceku de ertufi, eigen be šoforofi
尼山 薩蠻 他的 神祇 於倚靠了 夫 把 抓 了
fungtu hoton de maktaha sembi, ere jergi gisun be
酆 都 城 於 拋 了 云 此 等 言 把
amala saman i emge donjifi jili banjifi urun be hūlafi
其後 薩蠻 的婆婆 聽了 怒 生了 媳 把 喚 了
da turgun be fonjihade urun i gisun ini beye mimbe
本 緣 由 把 問了時 媳 的 言 他的 自身 把我
aitubu sembi, mini gisun yali niyaha sube lakcaha
救助 云 我的 言 肉 腐爛了 筋 斷 了
aituburede mangga sehede, uthai urun be nimenggi mucen
於救助 難 說了時 卽 媳 把 油 鍋
de carume wambi serede mini weceku šoforofi fungtu
於 烹 殺 說時 我的 神 祇 抓 了 酆 都
hoton de maktahangge yargiyan sehede emge hendume
城 於 拋 者 實 在 說了時 婆婆 說
tuttu oci si eigen be dahūme waha kai, si olime jailaci
那樣 若 你 夫 把 再 殺了 啊 你 躲着 若避
ai ojorakū, absi gūnin mangga sefi, gemun hecen de
何 不 可 怎麼 心 硬 說了 京 城 於

請求救活他，說：若是不救活我時，要在油鍋上烹殺他的妻子。尼山薩蠻倚靠了他的神祇，抓了夫婿拋到酆都城等語。後來薩蠻的婆婆聽到了這些話，生了氣，喚媳婦問了本來緣由時，媳婦說：他自己說救活我。我說：肉腐爛了，筋斷了，難於救活，就要把媳婦在油鍋上烹殺，我的神祇抓了拋到酆都城者是實。婆婆說：那樣你再度殺了夫婿啊！你若躲避有何不可？心多麼硬！說後到京城

请求救活他，说：若是不救活我时，要在油锅上烹杀他的妻子。尼山萨蛮倚靠了他的神只，抓了夫婿抛到酆都城等语。后来萨蛮的婆婆听到了这些话，生了气，唤媳妇问了本来缘由时，媳妇说：他自己说救活我。我说：肉腐烂了，筋断了，难于救活，就要把媳妇在油锅上烹杀，我的神祇抓了抛到酆都城者是实。婆婆说：那样你再度杀了夫婿啊！你若躲避有何不可？心多么硬！说后到京城

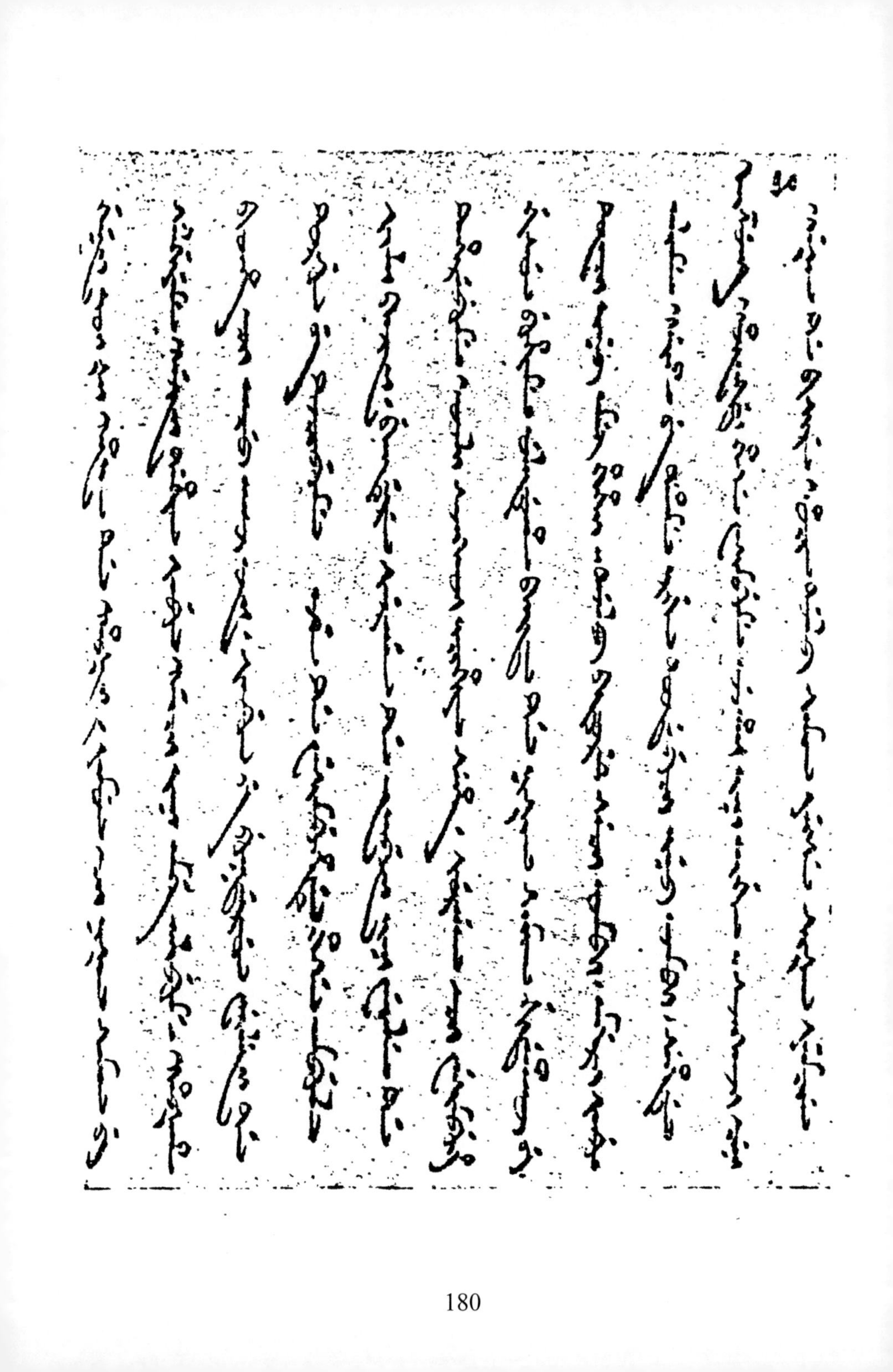

genefi ioi ši hafan de habšafi, yamun ci nišan saman
去了 御 史 官 於 告 了 衙門 由 尼山 薩 蠻
be selgiyeme gajifi dahin jabun gaici ini emge alibume
把 傳 令 帶來了 復 口 供 取時他的 婆婆 呈
habšaha bithe ci encu akū ofi, jabun be bukdarun
告 的 文 從 異 無 因 口 供 把 卷
weilefi da turgun be tucibume ejen de wesimbuhede hese
造了 本 緣由 把 使 出 主 於上 奏 時 旨
ambula jili banjifi, beidere jurgan de afabufi ini
廣 多 怒 生 了 刑 部 於 交 了 他的
weile de teherebume kooli songkoi icihiya sehe, jurgan
罪 於 相 等 例 照 處 理 說了 部
ci wesimbuhe gisun buhime uladuha baita de nišan
從 上奏了 言 疑 傳 說 事 於 尼山
saman gidahakū be tuwaci inu emu hehei i dolo baturu
薩蠻 不隱 把 看 時 也 一 女 的 的內 勇
seci ombi, emgeri jabun alime gaiha be dahame ergen
若說 可 旣已 口供 受 接 了 把 旣 然 命
toodabuci inu ombi, sehede taidzung hūwangdi hese
若償還 也 可 說了時 太 宗 皇 帝 旨
wasimbume uthai ini eigen i songkoi ceni gašan de
降 卽 他的 夫 的 照 他們的 鄉 村 於
bisire hocin dolo saman yekse siša yemcen
現有 井 內 薩蠻 神 帽 腰鈴 男手鼓

去向御史官告狀。衙門傳令把尼山薩蠻拿來，又取了口供，因與其婆婆所呈告狀無異，所以把供詞造了卷子，具陳本由呈奏皇上時，大為生氣，降旨量其罪照例辦理。部院奏稱，傳說的事情，尼山薩蠻不加隱瞞，看來也可說是女流中一勇者，卽已承認供詞，也可還命等語。太宗皇帝降旨，卽照其夫在他們的鄉村現有井內，把薩蠻神帽、腰鈴、男手鼓

去向御史官告状。衙门传令把尼山萨蛮拿来，又取了口供，因与其婆婆所呈告状无异，所以把供词造了卷子，具陈本由呈奏皇上时，大为生气，降旨量其罪照例办理。部院奏称，传说的事情，尼山萨蛮不加隐瞒，看来也可说是女流中一勇者，卽已承认供词，也可还命等语。太宗皇帝降旨，卽照其夫在他们的乡村现有井内，把萨蛮神帽、腰铃、男手鼓

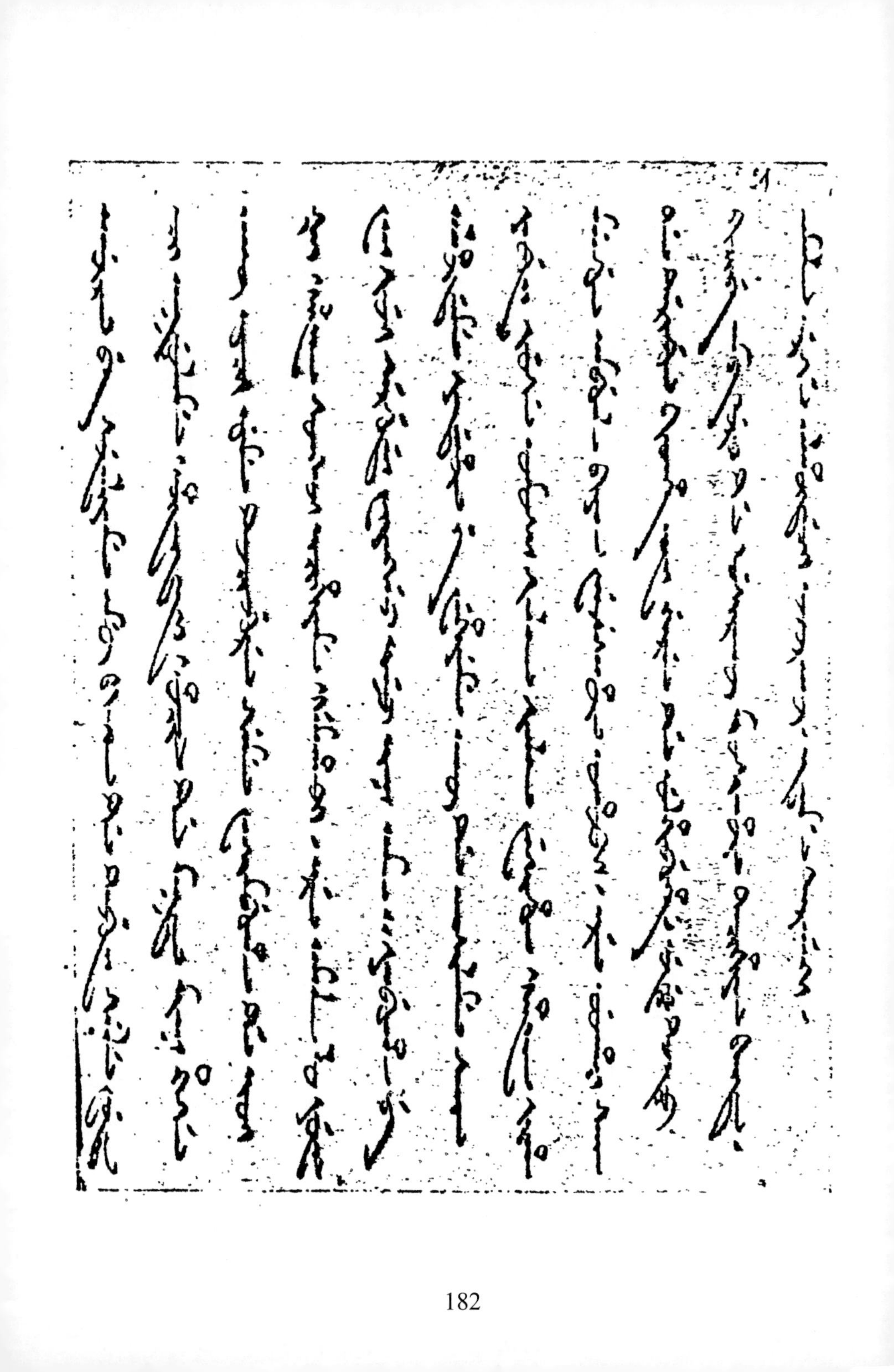

agūra be suwaliyame emu pijan de tebufi sele futa ci
器具把一併　一皮箱於裝了鐵索以
akdulame hūwaitafi hocin de makta mini hese akū oci
牢　拴了　井　於拋　我的旨　無　若
ume tucibure seme wasimbuha de ioi ši hafan songkoi
勿　使出　云　降了　於御史官　照
icihiyame gamahabi, ere amala lo yuwan wai jui
辦理　帶去了　此　後　老員外　子
sergudai fiyanggo inu ini ama i yabuha be alhūdame
色爾古代　費揚古　也　他的父　的　行的　把　效法
yadahūn be wehiyeme akū de aisilame sain yabufi juse
貧　把　扶助　無　於　援助　善　行了　子們
omosi jalan jalan wesihun hafan jiha menggun ambula
衆孫　世　代　貴　官　錢　銀　廣多
bayan wenjeshūn ohobi, ere uthai sain da deribun bithe
富　富裕　了　此　即　善　本始　書
ofi geren de ulhibuhe, udu tuttu bicibe amba doro de
因　衆人於　使曉了　雖　那樣　雖　大道　於
dosirakū miosihūn tacihiyan baita, amala urse alhūdaci
不入　邪　教　事　其後　衆人　若效法
ojorakū, eteme targaki,
不可　務　戒吧

器具一併裝在一個皮箱裏，用鐵索拴牢後拋到井裏，若無朕旨，不得拿出來。御史官遵照辦理去了。此後老員外的兒子色爾古代費揚古也效法他父親的行事，助貧濟乏以行善，子孫世世當了貴官，銀錢很多，極富裕了。因為這就是善本原書，所以讓大家曉得，雖然那樣，不入大道的邪教之事，後人不可效法，務宜戒之，

器具一并装在一个皮箱里，用铁索拴牢后抛到井里，若无朕旨，不得拿出来。御史官遵照办理去了。此后老员外的儿子色尔古代费扬古也效法他父亲的行事，助贫济乏以行善，子孙世世当了贵官，银钱很多，极富裕了。因为这就是善本原书，所以让大家晓得，虽然那样，不入大道的邪教之事，后人不可效法，务宜戒之，

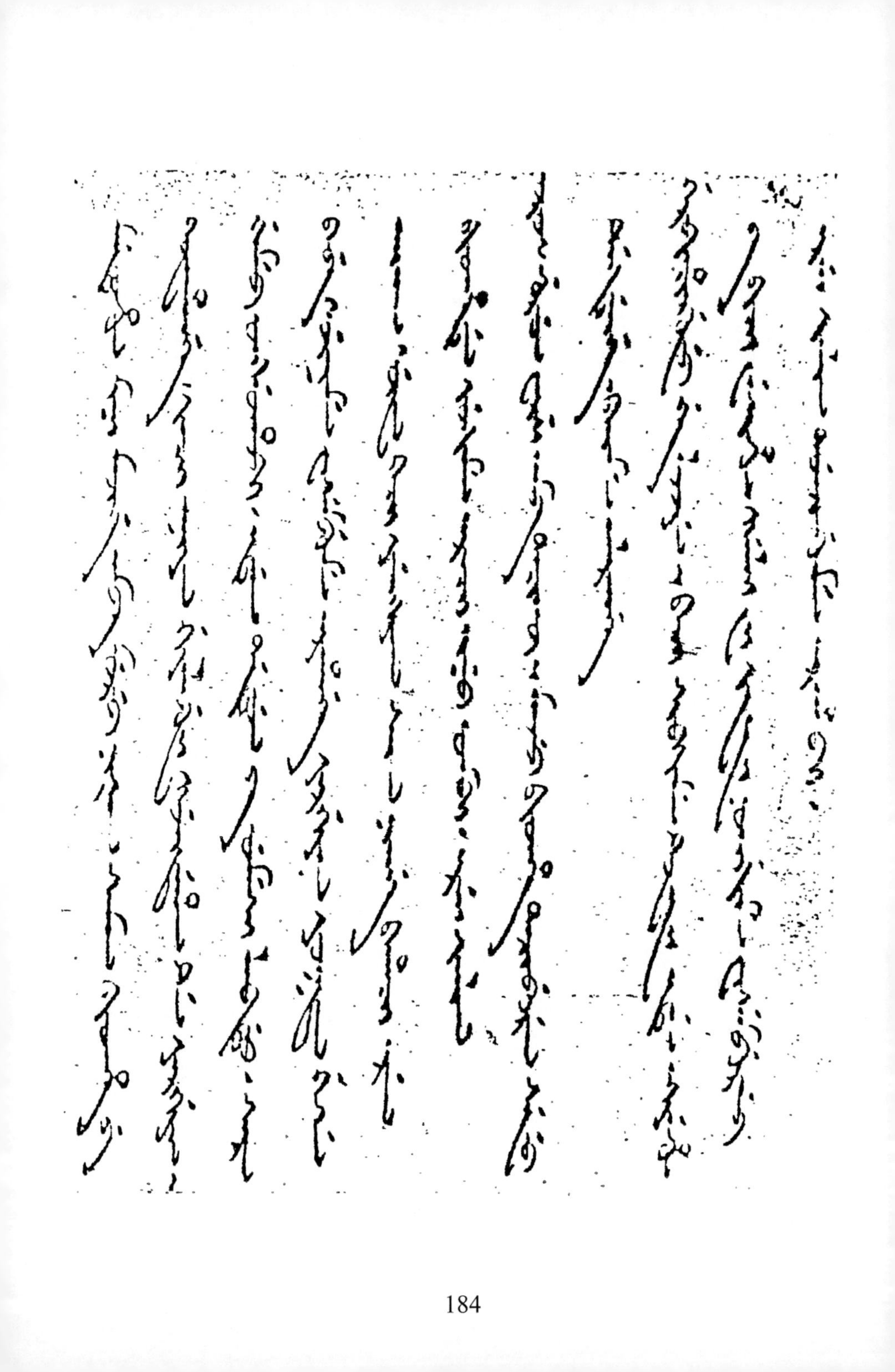

mentuhun mini majige amba muru nišan saman bithe be
愚昧 我的 稍 大概 尼山薩蠻書 把
tuwahangge, jaci aniya giyalabufi goidaha deyargiyan
看的 頗 年 使間隔了 久 於實在
i gemu onggohobi, edun dadun ba umesi labdu, sara
的皆 忘了 殘 缺 地甚 多 知的
babe gūnime fisembume arahangge yargiyan yokta gese
把處 想着 述說 寫的 實在 幼克塔 似
aika gūwa baci yungkiyan sain ningge bahaci ere
若是 別 從處 完全 善 者 若得 此
bithede jukime araci inu ombi, erei jalin oros gurun
於書 補滿 若寫 也 可 此 爲 俄羅斯 國
wargi amba tacikū i manju bithe tacibure sefu
西 大 學 的 滿洲 文 教的 師傅
dekdengge i baime alarangge gerbincig'ufu ge looye i
德克登額 的 請求 告訴的 格爾賓古夫 葛 老爺 的
baci sibkime tuwafi eden ekiyehun ba bici wesihun
從處 詳究 看了 殘 缺 處 若有 貴
gala fi jafafi nonggime fisembureo erei jalin
手 筆 拿了 增添 述說吧 此 爲
donjibume arahabi.
使聞 寫了

愚昧的我把尼山薩蠻傳稍微大概的看了，因隔年甚久，實在都忘了，殘缺的地方很多，知道的地方想著敘述，所寫的實在像幼克塔，若是從別處得到完善者時，也可補寫此傳，為此請教俄羅斯國西大學滿州文教師德克登額，據他告訴說：格爾賓古夫從葛老爺的地方詳究閱看了，若有殘缺的地方，請貴手執筆增添敘述吧！為此具書以聞。

愚昧的我把尼山萨蛮传稍微大概的看了，因来年甚久，实在都忘了，残缺的地方很多，知道的地方想着叙述，所写的实在像幼克塔，若是从别处得到完善者时，也可补写此传，为此请教俄罗斯国西大学满州文教师德克登额，据他告诉说：格尔宾古大从葛老爷的地方详究阅看了，若有残缺的地方，请贵手执笔增添叙述吧！为此具书以闻。

注　釋

（注 1）已爾杜巴顏（baldu bayan）係人名，案滿文 bayan ，漢譯為富，巴爾杜巴顏即富人巴爾杜。

（注 2）案費揚古（fiyangg ŭ）意即老生子，或末子，色爾古代費揚古，即老生子色爾古代。

（注 3）tana，即東珠，為混同江等處特產。nicuke，又讀作 nicuhe，卽珍珠。

（注 4）原稿 hodon，又讀作 hūdun，意即快速。

（注 5）aculan，又作 anculan，意卽隼。

（注 6）sure，漢譯作聰明，sure morin，應作 surumorin，意即白馬。

（注 7）下頦，滿文讀作 sencehe，原稿 sencike 一詞，似卽 sencehe 之異音。

（注 8）surume 似卽 sureme 之異音，意即喊叫。

（注 9）kuri，漢譯為黎犬，卽虎斑之犬，原稿 keri，似即係 kuri 之異音。

（注 10）ejin 即 ejen 之異音，意即主子。

（注 11）obinggi，又作 obonggi，意卽泡沫。

（注 12）kumucuku，又作 kumucuhun，漢譯為羅鍋腰，意卽彎曲之腰。deyangku，係神歌尾音，音譯作德揚庫。

（注 13）ara koro，係神歌尾音，koro 之原意為傷心。

（注 14）dume 又作 tūme，卽打樂器之打。

（注 15）原稿 ice gala，應作 ici gala，漢譯作右手。

（注 16）yemcen，卽 imcin 之異音，意卽男手鼓。

（注 17）geyeme，係薩蠻請神作法時所唱之音，其聲咕咕然。

（注 18）hobage，係薩蠻等所唱神歌之尾音。

（注 19）原稿 fainggo，卽 fayangga 之異音，意即魂。

（注 20）原稿 emge，或為 emke 之異音，意即一個，或為 emeke 之異音，意卽婆婆。

注 释

（注 1）巴尔杜巴颜（baldu bayan）系人名，案满文 bayan ，汉译为富，巴尔杜巴颜即富人巴尔杜。

（注 2）案费扬古（fiyangg ū）意即老生子，或末子，色尔古代费扬古，即老生子色尔古代。

（注 3）tana，即东珠，为混同江等处特产。nicuke，又读作 nicuhe，即珍珠。

（注 4）原稿 hodon，又读作 hūdun，意即快速。

（注 5）aculan，又作 anculan，意即隼。

（注 6）sure，汉译作聪明，sure morin，应作 surumorin，意即白马。

（注 7）下颏，满文读作 sencehe，原稿 sencike 一词，似即 sencehe 之异音。

（注 8）surume 似即 sureme 之异音，意即喊叫。

（注 9）kuri，汉译为黎犬，即虎斑之犬，原稿 keri，似即系 kuri 之异音。

（注 10）ejin 即 ejen 之异音，意即主子。

（注 11）obinggi，又作 obonggi，意即泡沫。

（注 12）kumucuku，又作 kumucuhun，汉译为罗锅腰，意即弯曲之腰。deyangku，系神歌尾音，音译作德扬库。

（注 13）ara koro，系神歌尾音，koro 之原意为伤心。

（注 14）dume 又作 tūme，即打乐器之打。

（注 15）原稿 ice gala，应作 ici gala，汉译作右手。

（注 16）yemcen，即 imcin 之异音，意即男手鼓。

（注 17）geyeme，系萨蛮请神作法时所唱之音，其声咕咕然。

（注 18）hobage，系萨蛮等所唱神歌之尾音。

（注 19）原稿 fainggo，即 fayangga 之异音，意即魂。

（注 20）原稿 emge，或为 emke 之异音，意即一个，或为 emeke 之异音，意即婆婆。

（注 21）mafulafi，應作 mabulafi，意即揩抹。

（注 22）hanilambi，似即 kanilambi 之異音，意即隨和。

（注 23）巴爾杜以巴顏為姓，原稿 bayara，似即 bayan 之誤。

（注 24）hungken 未詳，案 emu hungken jiha，意即一印錢，與原稿意義不相合。案 hunker embi，意即傾注，hungken 似即倒水之濕地。

（注 25）arsun，即 ersun 之異音，漢譯為醜陋。laihi，似即 laihū 之異音，又作 laif ū，意即賴皮。

（注 26）dacin，即 dancan，漢譯為娘家。

（注 27）goirame，似即 goimarame 之異音，漢譯為粧俏。

（注 28）原稿 kemteku 未詳，疑即耳殘，或單耳。kalji，即 kalja 之異音，gaba，即 gafa 之異音。

（注 29）gašiha，與 gacuha 同，漢譯作背式骨，為小兒玩具。

（注 30）aikime，似即 akiyame 之異音，意即乾透。

（注 31）hungkenehe，似即 honggonoho 之異音，意即破爛。

（注 32）kira，似係 kiri 之異音，意即剛硬。

（注 33）omosi mama，漢譯作子孫娘娘，即求福之神，故又譯作福神。

（注 34）horšome，似即 hoššome 之異音，意即哄誘。

（注 35）ulgun 未詳。案滿文 ulhun，係城頭把沿石，即土台石，原稿 ulgun，似即 ulhun 之異音。

（注 36）feshure，似為 fushure 之異音，意即開放之放，與 sindambi 同。

（注 21）mafulafi，应作 mabulafi，意即揩抹。

（注 22）hanilambi，似即 kanilambi 之异音，意即随和。

（注 23）巴尔杜以巴颜为姓，原稿 bayara，似即 bayan 之误。

（注 24）hungken 未详，案 emu hungken jiha，意即一印钱，与原稿意义不相合。案 hunker embi，意即倾注，hungken 似即倒水之湿地。

（注 25）arsun，即 ersun 之异音，汉译为丑陋。laihi，似即 laihū 之异音，又作 laifū，意即赖皮。

（注 26）dacin，即 dancan，汉译为娘家。

（注 27）goirame，似即 goimarame 之异音，汉译为妆俏。

（注 28）原稿 kemteku 未详，疑即耳残，或单耳。kalji，即 kalja 之异音，gaba，即 gafa 之异音。

（注 29）gašiha，与 gacuha 同，汉译作背式骨，为小儿玩具。

（注 30）aikime，似即 akiyame 之异音，意即干透。

（注 31）hungkenehe，似即 honggonoho 之异音，意即破烂。

（注 32）kira，似系 kiri 之异音，意即刚硬。

（注 33）omosi mama，汉译作子孙娘娘，即求福之神，故又译作福神。

（注 34）horšome，似即 hoššome 之异音，意即哄诱。

（注 35）ulgun 未详。案满文 ulhun，系城头把沿石，即土台石，原稿 ulgun，似即 ulhun 之异音。

（注 36）feshure，似为 fushure 之异音，意即开放之放，与 sindambi 同。